建筑与市政工程施工现场专业人员职业标准培训教材

劳务员岗位知识与专业技能

建筑与市政工程施工现场专业人员职业标准培训教材编审委员会
中国建设教育协会　　组织编写
尤　完　刘哲生　主编

中国建筑工业出版社

图书在版编目（CIP）数据

劳务员岗位知识与专业技能/尤完，刘哲生主编. —北京：中国建筑工业出版社，2013.4
建筑与市政工程施工现场专业人员职业标准培训教材
ISBN 978-7-112-15322-0

Ⅰ.①劳… Ⅱ.①尤… ②刘… Ⅲ.①建筑工业-劳务-管理-技术培训-教材 Ⅳ.①F407.94

中国版本图书馆 CIP 数据核字（2013）第 076073 号

建筑与市政工程施工现场专业人员职业标准培训教材
劳务员岗位知识与专业技能
建筑与市政工程施工现场专业人员职业标准培训教材编审委员会　组织编写
中国建设教育协会
尤　完　刘哲生　主编

*

中国建筑工业出版社出版、发行（北京西郊百万庄）
各地新华书店、建筑书店经销
北京科地亚盟排版公司制版
北京市密东印刷有限公司印刷

*

开本：787×1092 毫米　1/16　印张：12½　字数：310 千字
2013 年 5 月第一版　2015 年 6 月第六次印刷
定价：33.00 元
ISBN 978-7-112-15322-0
（23450）

版权所有　翻印必究
如有印装质量问题，可寄本社退换
（邮政编码　100037）

2011年住房和城乡建设部颁布了《建筑与市政工程施工现场专业人员职业标准》(JGJ/T 250—2011)，其中新增了从事劳务管理的劳务员岗位。在住房城乡建设部、中国建设教育协会的指导下，我们根据《建筑与市政工程施工现场专业人员职业标准考核评价大纲》的要求，组织国内高等院校、建筑企业和行业协会的相关专家编写了本书，作为全国各省（直辖市、自治区）实施《建筑与市政工程施工现场专业人员职业标准》的培训教材。

本书主要内容有：劳务员岗位相关的标准和管理规定、劳动定额的基本知识、劳动力需求计划、劳动合同的基本知识、劳务分包管理的相关知识、劳务用工实名制管理、劳务纠纷处理办法、社会保险的基本知识、劳务管理计划、劳务资格审查与培训、劳动合同管理、劳务纠纷处理、劳务资料管理。

责任编辑：朱首明　李　明
责任设计：董建平
责任校对：肖　剑　王雪竹

建筑与市政工程施工现场专业人员职业标准培训教材
编审委员会

主　任：赵　琦　李竹成

副主任：沈元勤　张鲁风　何志方　胡兴福　危道军
　　　　尤　完　赵　研　邵　华

委　员：（按姓氏笔画为序）

王兰英	王国梁	孔庆璐	邓明胜	艾永祥
艾伟杰	吕国辉	朱吉顶	刘尧增	刘哲生
孙沛平	李　平	李　光	李　奇	李　健
李大伟	杨　苗	时　炜	余　萍	沈　汛
宋岩丽	张　晶	张　颖	张亚庆	张燕娜
张晓艳	张悠荣	陈　曦	陈再杰	金　虹
郑华孚	胡晓光	侯洪涛	贾宏俊	钱大志
徐家华	郭庆阳	韩丙甲	鲁　麟	魏鸿汉

出 版 说 明

建筑与市政工程施工现场专业人员队伍素质是影响工程质量和安全生产的关键因素。我国从20世纪80年代开始，在建设行业开展关键岗位培训考核和持证上岗工作，对于提高建设行业从业人员的素质起到了积极的作用。进入本世纪，在改革行政审批制度和转变政府职能的背景下，建设行业教育主管部门转变行业人才工作思路，积极规划和组织职业标准的研发。在住房和城乡建设部人事司的主持下，由中国建设教育协会、苏州二建建筑集团有限公司等单位主编了建设行业的第一部职业标准——《建筑与市政工程施工现场专业人员职业标准》，已由住房和城乡建设部发布，作为行业标准于2012年1月1日起实施。为推动该标准的贯彻落实，进一步编写了配套的14个考核评价大纲。

该职业标准及考核评价大纲有以下特点：（1）系统分析各类建筑施工企业现场专业人员岗位设置情况，总结归纳了8个岗位专业人员核心工作职责，这些职业分类和岗位职责具有普遍性、通用性。（2）突出职业能力本位原则，工作岗位职责与专业技能相互对应，通过技能训练能够提高专业人员的岗位履职能力。（3）注重专业知识的完整性、系统性，基本覆盖各岗位专业人员的知识要求，通用知识具有各岗位的一致性，基础知识、岗位知识能够体现本岗位的知识结构要求。（4）适应行业发展和行业管理的现实需要，岗位设置、专业技能和专业知识要求具有一定的前瞻性、引导性，能够满足专业人员提高综合素质和适应岗位变化的需要。

为落实职业标准，规范建设行业现场专业人员岗位培训工作，我们依据与职业标准相配套的考核评价大纲，组织编写了《建筑与市政工程施工现场专业人员职业标准培训教材》。

本套教材覆盖《建筑与市政工程施工现场专业人员职业标准》涉及的施工员、质量员、安全员、标准员、材料员、机械员、劳务员、资料员8个岗位14个考核评价大纲。每个岗位、专业，根据其职业工作的需要，注意精选教学内容、优化知识结构、突出能力要求，对知识、技能经过合理归纳，编写为《通用与基础知识》和《岗位知识与专业技能》两本，供培训配套使用。本套教材共29本，作者基本都参与了《建筑与市政工程施工现场专业人员职业标准》的编写，使本套教材的内容能充分体现《建筑与市政工程施工现场专业人员职业标准》，促进现场专业人员专业学习和能力提高的要求。

作为行业现场专业人员第一个职业标准贯彻实施的配套教材，我们的编写工作难免存在不足，因此，我们恳请使用本套教材的培训机构、教师和广大学员多提宝贵意见，以便进一步的修订，使其不断完善。

建筑与市政工程施工现场专业人员职业标准培训教材编审委员会

前　言

根据国家统计局披露的数据，我国建筑行业劳务作业层面的用工数量达4400多万人，这支数千万大军的业务素质和管理状况，直接关系到建筑产品的工程质量和施工安全。因此，以农民工为主体的施工劳务队伍已经成为我国工程建设领域中的一支重要力量。在我国建筑行业由施工总承包企业、专业承包企业、劳务作业分包企业构成的企业组织结构中，无论是公司管理部门、还是项目经理部、现场作业队伍都不同程度地存在着面向施工作业过程进行劳务用工管理的问题。正是因为施工劳务管理的重要性，2011年7月，住房和城乡建设部在发布的《建筑与市政工程施工现场专业人员职业标准》（JGJ/T 250—2011）中，专门设置了从事劳务管理的劳务员岗位。

根据《建筑与市政工程施工现场专业人员职业标准考核评价大纲》的要求，在住房城乡建设部、中国建设教育协会的指导下，我们组织国内高等院校、建筑企业和行业协会的相关专家，编写了《劳务员岗位知识和专业技能》一书，作为全国各省（自治区、直辖市）实施《建筑与市政工程施工现场专业人员职业标准》的培训教材。

本教材内容由岗位知识和专业技能两部分组成。岗位知识部分的主要内容包括劳务员岗位相关的标准和管理规定、劳动定额的基本知识、劳动力需求计划、劳动合同的基本知识、劳务分包管理的相关知识、劳务用工实名制管理、劳务纠纷处理办法、社会保险的基本知识等。专业技能部分包括劳务管理计划、劳务资格审查与培训、劳动合同管理、劳务纠纷处理、劳务资料管理等。

本教材由北京建筑大学尤完教授、北京建筑业人力资源协会刘哲生会长担任主编，北京建筑业人力资源协会李红意、重庆建工第七建筑工程有限公司李洪、北方工业大学刘丽苹担任副主编，北京建筑业人力资源协会林思聪、顾庆福、北京万科企业有限公司尤天翔、北方工业大学崔万朋、李建立、周京等参加了编写工作。

贾宏俊教授担任本书主审。

在本教材的编写过程中，我们参考了相关专家学者的研究成果和观点，在此一并表示感谢！

限于编者水平，书中疏漏和错误难免，敬请读者批评指正。

编　者
2013年4月

目　　录

上篇　岗位知识

一、劳务员岗位相关的标准和管理规定 ………………………………… 1
　　(一) 劳务用工基本规定 ………………………………………………… 1
　　(二) 建筑劳务企业上岗证书的规定及种类 …………………………… 3
　　(三) 建筑企业资质制度的相关规定 …………………………………… 4
　　(四) 农民工权益保护的有关规定 ……………………………………… 9
　　(五) 工伤事故处理程序 ………………………………………………… 21
　　(六) 劳务培训计划的编制与实施 ……………………………………… 35
二、劳动定额的基本知识 ……………………………………………………… 37
　　(一) 劳动定额基本原理 ………………………………………………… 37
　　(二) 劳动定额的制定方法 ……………………………………………… 38
　　(三) 工作时间研究 ……………………………………………………… 42
三、劳动力需求计划 …………………………………………………………… 46
　　(一) 施工劳动力的类型和结构特点 …………………………………… 46
　　(二) 劳动力需求计划 …………………………………………………… 47
　　(三) 劳动力总量需求计划的编制方法 ………………………………… 47
　　(四) 劳动力计划平衡方法 ……………………………………………… 48
四、劳动合同的基本知识 ……………………………………………………… 50
　　(一) 劳动合同的种类和内容 …………………………………………… 50
　　(二) 劳动合同审查的内容和要求 ……………………………………… 60
　　(三) 劳动合同的实施和管理 …………………………………………… 61
　　(四) 劳动合同的法律效力 ……………………………………………… 63
五、劳务分包管理的相关知识 ………………………………………………… 65
　　(一) 劳务分包管理的一般规定 ………………………………………… 65
　　(二) 劳务招投标管理 …………………………………………………… 72
　　(三) 劳务分包作业管理 ………………………………………………… 75
　　(四) 劳务分包队伍的综合评价 ………………………………………… 92
　　(五) 劳务费用的结算与支付 …………………………………………… 92
六、劳务用工实名制管理 ……………………………………………………… 96
　　(一) 实名制管理的作用和主要内容 …………………………………… 96

（二）各类企业实名制管理的内容和重点 ·················· 97
　　（三）实名制备案系统管理程序 ·························· 97
七、劳务纠纷处理办法 ·· 101
　　（一）劳务纠纷常见形式 ································ 101
　　（二）劳务纠纷调解程序 ································ 103
　　（三）劳务纠纷解决方法 ································ 104
　　（四）劳务工资纠纷紧急预案 ···························· 105
八、社会保险的基本知识 ······································ 110
　　（一）社会保险的依据与种类 ···························· 110
　　（二）社会保险的管理 ·································· 121

下篇　专业技能

九、劳务管理计划 ·· 124
　　（一）编制劳务用工需求量计划 ·························· 124
　　（二）编制劳务管理计划 ································ 128
　　（三）编制劳务培训计划 ································ 132
十、劳务资格审查与培训 ······································ 136
　　（一）劳务队伍资质验证 ································ 136
　　（二）劳务人员身份、职业资格的核验 ···················· 136
　　（三）劳务分包合同的评审 ······························ 138
　　（四）劳务分包队伍综合评价 ···························· 145
　　（五）劳务培训计划的实施 ······························ 147
十一、劳动合同管理 ·· 152
　　（一）劳动合同的规范性审查 ···························· 152
　　（二）劳务分包款的核实 ································ 158
　　（三）劳务人员工资核实 ································ 164
　　（四）劳务人员个人工资台账的建立 ······················ 165
十二、劳务纠纷处理 ·· 171
　　（一）编制劳务人员工资纠纷应急预案 ···················· 171
　　（二）组织实施劳务人员工资纠纷应急预案 ················ 171
　　（三）处理劳务纠纷 ···································· 174
　　（四）参与工伤事故善后处理工作 ························ 181
十三、劳务资料管理 ·· 187
　　（一）收集、整理劳务管理资料 ·························· 187
　　（二）编制劳务管理资料档案 ···························· 189
主要参考文献 ·· 191

上篇 岗位知识

一、劳务员岗位相关的标准和管理规定

（一）劳务用工基本规定

1. 对劳务人员的规定

（1）年龄和身体条件

1）从事建筑业劳动的务工人员，必须是年满十六周岁以上，国家规定的正常退休年龄以下，具有劳动能力的人员；从事繁重体力劳动和接触有毒有害物质的必须年满十八周岁以上。

2）由于建筑业的工作大多是强体力劳动，因此务工者必须身体健康。凡患有高血压、心脏病、贫血、慢性肝炎、癫痫（羊角风）等症的人不宜从事建筑业的工作。

（2）务工人员上岗前应具备的岗位知识

务工人员上岗前应接受相应的岗前培训，掌握一定的技术技能，提高文明施工、安全生产及法律法规意识，以适应相应的工作岗位的需要。

1）基本技能和技术操作规程的培训

不同行业、不同工种、不同岗位的技能培训要求各不相同。基本技能和技术操作规程的培训可以使务工者掌握一定的操作技能，满足相应岗位的基本要求。

2）安全生产和工程质量常识培训

培训内容有建筑施工安全常识、典型事故案例分析、施工质量基本知识。通过培训，使务工人员了解施工现场主要工种和辅助工种的工作关系，熟悉本工种有关的安全操作技术规程，正确使用个人防护用品和认真落实安全防护措施，提高质量意识，确保施工安全。

3）政策、法律法规知识培训

务工人员需要具备一些基本的法律知识，如《劳动法》、《建筑法》、《安全生产法》、《建设工程安全生产管理条例》、《建设工程质量管理条例》、《治安管理处罚条例》等。了解这些法律法规能够增强务工者遵纪守法和利用法律保护自身合法权益的意识。

4）职业道德和城市生活常识培训

这方面培训的内容包括城市公共道德、职业道德、城市生活常识等。培训的目的是增强务工者适应城市工作和生活的能力,养成良好的公民道德意识,树立建设城市、爱护城市、保护环境、遵纪守法、文明礼貌的社会风尚。

(3) 职业资格证书

职业资格证书是反映劳动者具备某种职业所需要的专业知识和技能的证明,它是劳动者求职、从业的资格凭证,是用人单位招聘录用劳动者的重要依据之一,也是就业时证明劳动者技能水平的有效证件。职业资格证书与职业劳动活动密切相连,是根据特定职业的实际工作内容、特点、标准和规范等规定的技能水平确定等级,其等级分为初级工、中级工、高级工、技师和高级技师五级。从事特殊工种的人员,还必须经过专门培训并取得相应特种作业资格后才能上岗。

2. 对劳务企业的规定

(1) 资质要求

1) 根据《公司法》的相关规定,劳务企业应办理工商注册并取得《企业法人营业执照》;

2) 根据原建设部 2007 年《建筑业企业资质管理规定》(建设部令第 159 号),具备由企业工商注册所在地区的市人民政府建设主管部门核发的《建筑业企业资质证书》,并符合资质许可的规定范围;

3) 按照原建设部《建筑业企业资质等级标准》(建建 [2001] 82 号),建筑劳务企业资质划分 13 类,其中包括:

A 木工作业分包企业资质标准

B 砌筑作业分包企业资质标准

C 抹灰作业分包企业资质标准

D 石制作分包企业资质标准

E 油漆作业分包企业资质标准

F 钢筋作业分包企业资质标准

G 混凝土作业分包企业资质标准

H 脚手架作业分包企业资质标准

I 模板作业分包企业资质标准

J 焊接作业分包企业资质标准

K 水暖电安装作业分包企业资质标准

L 钣金作业分包企业资质标准

M 架线作业分包企业资质标准

根据建筑劳务企业的注册资本金、专业技术人员和技术工人数量以及业绩等情况,其中有 6 类资质划分一级、二级,其余 7 类资质不分等级。

(2) 政策管理要求

1) 应具有根据相关部门要求建立"工资保证金专用账户"、"农民工工资专用账户"的证明材料。

2) 应具有劳务分包企业规模、组织架构、技术力量、施工业绩以及财务、劳资、质量、安全等管理制度等材料。

3) 劳务企业施工队长应当具有公司法人签署的项目负责人任命证书。此外,还需严格执行各省市有关规定。如北京市的规定是:工程施工队长在北京市住建委的备案信息,须领取《北京市建筑业企业劳务施工队长证书》并应当取得年度岗位培训和继续教育合格证书。

4) 企业从业人员花名册、岗位证书及特种作业人员的持证情况。

5) 劳务员应当具有住房和城乡建设部颁发的劳务员岗位证书,并应当取得年度岗位培训和继续教育合格证书。

同时,劳务企业应符合施工项目所在地建设主管部门相关管理要求,进行相关备案。

(3) 人员要求

劳务分包企业施工队伍必须配备相应的管理人员,全部管理人员应100%持有国家相关部门颁发的管理岗位证书;一般技术工人、特种作业人员、劳务普工等注册人员必须100%持有相应工种的岗位证书;对于劳务分包工程队伍人数超过50人的,其中中级工比例不低于40%、高级工比例不得低于5%。

(二) 建筑劳务企业上岗证书的规定及种类

1. 持证上岗的制度规定

(1) 劳务分包企业施工队伍必须配备相应的管理人员,不得低于注册人数的8%,全部管理人员应100%持有国家相关部门颁发的管理岗位证书。

(2) 管理人员配备应符合以下标准:

1) 每个注册的劳务分包企业的法人代表、项目负责人、专职安全员必须具有安全资格证书。

2) 队伍人数在百人以上的劳务分包企业,必须配备一名专职劳务员,不足百人的可配备兼职管理人员,劳务员必须持有岗位资格证书。

(3) 一般技术工人、特种作业人员、劳务普工注册人员必须100%持有相应工种的岗位证书。

(4) 劳务分包工程队伍中的初级工、中级工、高级工均须取得相应资格证书。

2. 岗位证书的种类

(1) 管理人员岗位证书

管理人员须持《住房和城乡建设部××岗位管理人员岗位证书》。

(2) 职业技能岗位证书

技术工人、普工须持《××工种国家职业资格证书》或住房和城乡建设部《××工种职业技能岗位证书》。

(3) 特种作业人员操作证书

特种作业人员须持住房和城乡建设部或国家安监局颁发的《××工种特种作业人员操

作证书》；建筑行业起重设备操作人员须持住房和城乡建设部核发的《××工种建筑施工特种作业人员操作资格证》。

（4）特种设备作业人员证书

特种设备作业人员须持国家质量技术监督管理局《××工种特种设备作业人员证》。

（三）建筑企业资质制度的相关规定

1. 建筑业企业的概念

根据住原建设部159号令（《建筑业企业资质管理规定》）的规定，建筑业企业是指从事土木工程、建筑工程、线路管道设备安装工程、装修工程的新建、扩建、改建等活动的企业。

2. 建筑业企业的分类

建筑业企业资质分为施工总承包、专业承包和劳务分包三个序列。

3. 建筑业企业资质等级标准及承包工程范围

取得施工总承包资质的企业（以下简称施工总承包企业），可以承接施工总承包工程。施工总承包企业可以对所承接的施工总承包工程内各专业工程全部自行施工，也可以将专业工程或劳务作业依法分包给具有相应资质的专业承包企业或劳务分包企业。

取得专业承包资质的企业（以下简称专业承包企业），可以承接施工总承包企业分包的专业工程和建设单位依法发包的专业工程。专业承包企业可以对所承接的专业工程全部自行施工，也可以将劳务作业依法分包给具有相应资质的劳务分包企业。

取得劳务分包资质的企业（以下简称劳务分包企业），可以承接施工总承包企业或专业承包企业分包的劳务作业。

4. 建筑业企业的资质申请和审批

根据建设部159号令中关于资质许可有以下规定：

第九条 下列建筑业企业资质的许可，由国务院建设主管部门实施：

（一）施工总承包序列特级资质、一级资质；

（二）国务院国有资产管理部门直接监管的企业及其下属一层级的企业的施工总承包二级资质、三级资质；

（三）水利、交通、信息产业方面的专业承包序列一级资质；

（四）铁路、民航方面的专业承包序列一级、二级资质；

（五）公路交通工程专业承包不分等级资质、城市轨道交通专业承包不分等级资质。

申请前款所列资质的，应当向企业工商注册所在地省、自治区、直辖市人民政府建设主管部门提出申请。其中，国务院国有资产管理部门直接监管的企业及其下属一层级的企业，应当由国务院国有资产管理部门直接监管的企业向国务院建设主管部门提出申请。

省、自治区、直辖市人民政府建设主管部门应当自受理申请之日起 20 日内初审完毕并将初审意见和申请材料报国务院建设主管部门。

国务院建设主管部门应当自省、自治区、直辖市人民政府建设主管部门受理申请材料之日起 60 日内完成审查，公示审查意见，公示时间为 10 日。其中，涉及铁路、交通、水利、信息产业、民航等方面的建筑业企业资质，由国务院建设主管部门送国务院有关部门审核，国务院有关部门在 20 日内审核完毕，并将审核意见送国务院建设主管部门。

第十条　下列建筑业企业资质许可，由企业工商注册所在地省、自治区、直辖市人民政府建设主管部门实施：

（一）施工总承包序列二级资质（不含国务院国有资产管理部门直接监管的企业及其下属一层级的企业的施工总承包序列二级资质）；

（二）专业承包序列一级资质（不含铁路、交通、水利、信息产业、民航方面的专业承包序列一级资质）；

（三）专业承包序列二级资质（不含民航、铁路方面的专业承包序列二级资质）；

（四）专业承包序列不分等级资质（不含公路交通工程专业承包序列和城市轨道交通专业承包序列的不分等级资质）。

前款规定的建筑业企业资质许可的实施程序由省、自治区、直辖市人民政府建设主管部门依法确定。

省、自治区、直辖市人民政府建设主管部门应当自作出决定之日起 30 日内，将准予资质许可的决定报国务院建设主管部门备案。

第十一条　下列建筑业企业资质许可，由企业工商注册所在地设区的市人民政府建设主管部门实施：

（一）施工总承包序列三级资质（不含国务院国有资产管理部门直接监管的企业及其下属一层级的企业的施工总承包三级资质）；

（二）专业承包序列三级资质；

（三）劳务分包序列资质；

（四）燃气燃烧器具安装、维修企业资质。

前款规定的建筑业企业资质许可的实施程序由省、自治区、直辖市人民政府建设主管部门依法确定。

企业工商注册所在地设区的市人民政府建设主管部门应当自作出决定之日起 30 日内，将准予资质许可的决定通过省、自治区、直辖市人民政府建设主管部门，报国务院建设主管部门备案。

第十二条　建筑业企业资质证书分为正本和副本，正本一份，副本若干份，由国务院建设主管部门统一印制，正、副本具备同等法律效力。资质证书有效期为 5 年。

第十三条　建筑业企业可以申请一项或多项建筑业企业资质；申请多项建筑业企业资质的，应当选择等级最高的一项资质为企业主项资质。

第十四条　首次申请或者增项申请建筑业企业资质，应当提交以下材料：

（一）建筑业企业资质申请表及相应的电子文档；

（二）企业法人营业执照副本；

（三）企业章程；

（四）企业负责人和技术、财务负责人的身份证明、职称证书、任职文件及相关资质标准要求提供的材料；

（五）建筑业企业资质申请表中所列注册执业人员的身份证明、注册执业证书；

（六）建筑业企业资质标准要求的非注册的专业技术人员的职称证书、身份证明及养老保险凭证；

（七）部分资质标准要求企业必须具备的特殊专业技术人员的职称证书、身份证明及养老保险凭证；

（八）建筑业企业资质标准要求的企业设备、厂房的相应证明；

（九）建筑业企业安全生产条件有关材料；

（十）资质标准要求的其他有关材料。

第十五条 建筑业企业申请资质升级的，应当提交以下材料：

（一）本规定第十四条第（一）、（二）、（四）、（五）、（六）、（八）、（十）项所列资料；

（二）企业原资质证书副本复印件；

（三）企业年度财务、统计报表；

（四）企业安全生产许可证副本；

（五）满足资质标准要求的企业工程业绩的相关证明材料。

第十六条 资质有效期届满，企业需要延续资质证书有效期的，应当在资质证书有效期届满60日前，申请办理资质延续手续。

对在资质有效期内遵守有关法律、法规、规章、技术标准，信用档案中无不良行为记录，且注册资本、专业技术人员满足资质标准要求的企业，经资质许可机关同意，有效期延续5年。

第十七条 建筑业企业在资质证书有效期内名称、地址、注册资本、法定代表人等发生变更的，应当在工商部门办理变更手续后30日内办理资质证书变更手续。

由国务院建设主管部门颁发的建筑业企业资质证书，涉及企业名称变更的，应当向企业工商注册所在地省、自治区、直辖市人民政府建设主管部门提出变更申请，省、自治区、直辖市人民政府建设主管部门应当自受理申请之日起2日内将有关变更证明材料报国务院建设主管部门，由国务院建设主管部门在2日内办理变更手续。

前款规定以外的资质证书变更手续，由企业工商注册所在地的省、自治区、直辖市人民政府建设主管部门或者设区的市人民政府建设主管部门负责办理。省、自治区、直辖市人民政府建设主管部门或者设区的市人民政府建设主管部门应当自受理申请之日起2日内办理变更手续，并在办理资质证书变更手续后15日内将变更结果报国务院建设主管部门备案。

涉及铁路、交通、水利、信息产业、民航等方面的建筑业企业资质证书的变更，办理变更手续的建设主管部门应当将企业资质变更情况告知同级有关部门。

第十八条 申请资质证书变更，应当提交以下材料：

（一）资质证书变更申请；
（二）企业法人营业执照复印件；
（三）建筑业企业资质证书正、副本原件；
（四）与资质变更事项有关的证明材料。

企业改制的，除提供前款规定资料外，还应当提供改制重组方案、上级资产管理部门或者股东大会的批准决定、企业职工代表大会同意改制重组的决议。

第十九条　企业首次申请、增项申请建筑业企业资质，不考核企业工程业绩，其资质等级按照最低资质等级核定。

已取得工程设计资质的企业首次申请同类别或相近类别的建筑业企业资质的，可以将相应规模的工程总承包业绩作为工程业绩予以申报，但申请资质等级最高不超过其现有工程设计资质等级。

第二十条　企业合并的，合并后存续或者新设立的建筑业企业可以承继合并前各方中较高的资质等级，但应当符合相应的资质等级条件。

企业分立的，分立后企业的资质等级，根据实际达到的资质条件，按照本规定的审批程序核定。

企业改制的，改制后不再符合资质标准的，应按其实际达到的资质标准及本规定申请重新核定；资质条件不发生变化的，按本规定第十八条办理。

第二十一条　取得建筑业企业资质的企业，申请资质升级、资质增项，在申请之日起前一年内有下列情形之一的，资质许可机关不予批准企业的资质升级申请和增项申请：

（一）超越本企业资质等级或以其他企业的名义承揽工程，或允许其他企业或个人以本企业的名义承揽工程的；
（二）与建设单位或企业之间相互串通投标，或以行贿等不正当手段谋取中标的；
（三）未取得施工许可证擅自施工的；
（四）将承包的工程转包或违法分包的；
（五）违反国家工程建设强制性标准的；
（六）发生过较大生产安全事故或者发生过两起以上一般生产安全事故的；
（七）恶意拖欠分包企业工程款或者农民工工资的；
（八）隐瞒或谎报、拖延报告工程质量安全事故或破坏事故现场、阻碍对事故调查的；
（九）按照国家法律、法规和标准规定需要持证上岗的技术工种的作业人员未取得证书上岗，情节严重的；
（十）未依法履行工程质量保修义务或拖延履行保修义务，造成严重后果的；
（十一）涂改、倒卖、出租、出借或者以其他形式非法转让建筑业企业资质证书；
（十二）其他违反法律、法规的行为。

第二十二条　企业领取新的建筑业企业资质证书时，应当将原资质证书交回原发证机关予以注销。

企业需增补（含增加、更换、遗失补办）建筑业企业资质证书的，应当持资质证书增补申请等材料向资质许可机关申请办理。遗失资质证书的，在申请补办前应当在公众媒体上刊登遗失声明。资质许可机关应当在2日内办理完毕。

5. 建筑业企业资质的年检与监督管理

关于建筑业企业资质的监督管理，建设部159号令做出了如下规定：

第二十三条　县级以上人民政府建设主管部门和其他有关部门应当依照有关法律、法规和本规定，加强对建筑业企业资质的监督管理。

上级建设主管部门应当加强对下级建设主管部门资质管理工作的监督检查，及时纠正资质管理中的违法行为。

建设主管部门、其他有关部门履行监督检查职责时，有权采取下列措施：

（一）要求被检查单位提供建筑业企业资质证书、注册执业人员的注册执业证书，有关施工业务的文档，有关质量管理、安全生产管理、档案管理、财务管理等企业内部管理制度的文件；

（二）进入被检查单位进行检查，查阅相关资料；

（三）纠正违反有关法律、法规和本规定及有关规范和标准的行为。

建设主管部门、其他有关部门依法对企业从事行政许可事项的活动进行监督检查时，应当将监督检查情况和处理结果予以记录，由监督检查人员签字后归档。

第二十五条　建设主管部门、其他有关部门在实施监督检查时，应当有两名以上监督检查人员参加，并出示执法证件，不得妨碍企业正常的生产经营活动，不得索取或者收受企业的财物，不得谋取其他利益。

有关单位和个人对依法进行的监督检查应当协助与配合，不得拒绝或者阻挠。

监督检查机关应当将监督检查的处理结果向社会公布。

第二十六条　建筑业企业违法从事建筑活动的，违法行为发生地的县级以上地方人民政府建设主管部门或者其他有关部门应当依法查处，并将违法事实、处理结果或处理建议及时告知该建筑业企业的资质许可机关。

第二十七条　企业取得建筑业企业资质后不再符合相应资质条件的，建设主管部门、其他有关部门根据利害关系人的请求或者依据职权，可以责令其限期改正；逾期不改的，资质许可机关可以撤回其资质。被撤回建筑业企业资质的企业，可以申请资质许可机关按照其实际达到的资质标准，重新核定资质。

第二十八条　有下列情形之一的，资质许可机关或者其上级机关，根据利害关系人的请求或者依据职权，可以撤销建筑业企业资质：

（一）资质许可机关工作人员滥用职权、玩忽职守作出准予建筑业企业资质许可的；

（二）超越法定职权作出准予建筑业企业资质许可的；

（三）违反法定程序作出准予建筑业企业资质许可的；

（四）对不符合许可条件的申请人作出准予建筑业企业资质许可的；

（五）依法可以撤销资质证书的其他情形。

以欺骗、贿赂等不正当手段取得建筑业企业资质证书的，应当予以撤销。

第二十九条　有下列情形之一的，资质许可机关应当依法注销建筑业企业资质，并公告其资质证书作废，建筑业企业应当及时将资质证书交回资质许可机关：

（一）资质证书有效期届满，未依法申请延续的；

（二）建筑业企业依法终止的；

（三）建筑业企业资质依法被撤销、撤回或吊销的；

（四）法律、法规规定的应当注销资质的其他情形。

第三十条 有关部门应当将监督检查情况和处理意见及时告知资质许可机关。资质许可机关应当将涉及有关铁路、交通、水利、信息产业、民航等方面的建筑业企业资质被撤回、撤销和注销的情况告知同级有关部门。

第三十一条 企业应当按照有关规定，向资质许可机关提供真实、准确、完整的企业信用档案信息。

企业的信用档案应当包括企业基本情况、业绩、工程质量和安全、合同履约等情况。被投诉举报和处理、行政处罚等情况应当作为不良行为记入其信用档案。

企业的信用档案信息按照有关规定向社会公示。

（四）农民工权益保护的有关规定

1. 农民工权益保护的指导思想和基本原则

在《国务院关于解决农民工问题的若干意见》中，全面表述了农民工权益保护的指导思想和基本原则。

（1）指导思想

以邓小平理论和"三个代表"重要思想为指导，按照落实科学发展观和构建社会主义和谐社会的要求，坚持解放思想，实事求是，与时俱进；坚持从我国国情出发，统筹城乡发展；坚持以人为本，认真解决涉及农民工利益的问题。着力完善政策和管理，推进体制改革和制度创新，逐步建立城乡统一的劳动力市场和公平竞争的就业制度，建立保障农民工合法权益的政策体系和执法监督机制，建立惠及农民工的城乡公共服务体制和制度，拓宽农村劳动力转移就业渠道，保护和调动农民工的积极性，促进城乡经济繁荣和社会全面进步，推动社会主义新农村建设和中国特色的工业化、城镇化、现代化健康发展。

（2）基本原则

公平对待，一视同仁。尊重和维护农民工的合法权益，消除对农民进城务工的歧视性规定和体制性障碍，使他们和城市职工享有同等的权利和义务。

强化服务，完善管理。转变政府职能，加强和改善对农民工的公共服务和社会管理，发挥企业、社区和中介组织作用，为农民工生活与劳动创造良好环境和有利条件。

统筹规划，合理引导。实行农村劳动力异地转移与就地转移相结合。既要积极引导农民进城务工，又要大力发展乡镇企业和县域经济，扩大农村劳动力在当地转移就业。

因地制宜，分类指导。输出地和输入地都要有针对性地解决农民工面临的各种问题。鼓励各地区从实际出发，探索保护农民工权益、促进农村富余劳动力有序流动的办法。

立足当前，着眼长远。既要抓紧解决农民工面临的突出问题，又要依靠改革和发展，逐步解决深层次问题，形成从根本上保障农民工权益的体制和制度。

2. 农民工权益保护的一般规定

《国务院关于解决农民工问题的若干意见》、《国务院办公厅关于做好农民进城务工就业管理和服务工作的通知》、《国务院办公厅关于进一步做好改善农民进城就业环境工作的通知》、《司法部、建设部关于为解决建设领域拖欠工程款和农民工工资问题提供法律服务和法律援助的通知》等文献中都强调了关于农民工权益保护的相关规定。

（1）相关的基本概念

农民工：根据国务院《全民所有制企业招用农民合同制工人的规定》（1991年国务院87号令），进城务工的农民被称为"农民合同制工人"，简称"农民工"，以区别于在城市中的全民或集体所有制企业中的拥有城市户口的工人。而"农民合同制工人"指的是从农民中率先分化出来的、与土地保持着一定的经济联系、但从事非农生产和经营、并以工资收入为其基本生活来源的，并具有非城镇居民身份的非农化从业人员。也就是说，农民工指的是没有城市户口，而在城市就业和工作的并以农村户籍为标志的农村进城务工或经商人员。

农民工这个概念主要包含了三个方面的涵义：①农民工没有城市户口，仍然保留着农村户籍。按照我国户籍管理的规定，将全国人口划分为农业户口和非农业户口两大类，相应的也就有了城市户口和农村户口之分。而农民工只拥有农村户口，因此从身份上讲还保留着农民的身份。②农民工在城市就业和工作，从事第二和第三产业，其劳动收入主要是依靠非农产业的工资性收入。因此，就职业上而言，农民工已经是工人。③农民工是农村进城务工经商的人员，即农民工是"离土又离乡"的农村劳动力。

简言之，农民工是具有农村户口身份但又在城镇务工的劳动者，他们的户籍身份虽然是农民，但职业身份却是工人。相对而言，他们不同于农民的是所从事的职业，而不同于工人的是所属的身份。与城市市民相比，他们是没有城市户口的准市民。因为，他们不仅没有城市户口，而且无法享受到依附于城市户口之上的各种市民待遇，他们无法完全地融入城市社会。虽然已长时间在当地劳动和生活，农民工却不被承认是当地的社会成员，他们只能以劳动力的身份存在，不能以居民（市民）的身份存在。因此，实际上，农民工是处于游离或边缘状态、身份特殊、地位尴尬、流动性强、未来发展不确定性明显、且需给予高度重视和关注的社会弱势群体。

（2）农民工权益

宪法和法律赋予了公民各种合法权益，包括政治权利、人身权利、民主权利、社会经济权利、教育权利以及其他权利等正当利益的总称。因此，所谓农民工权益指的是国家宪法和法律规定或认可的处在各种社会劳动关系中的农民工，在城镇企业履行劳动义务的同时所享有的与劳动有关的权利，还包括作为国家公民所享有的权利和相应的权益。如民主权利、政治权利、社会权利、经济权利、教育权利、劳动权利、就业权利、安全权利、人身自由权利、自由流动与自由迁徙权利、平等权利、发展权利、利益表达权利等。具体来说，主要包括两个层次的权利：基本生存权和发展权两类。其中，基本生存权包括劳动就业权、平等就业权、自由择业权、劳动报酬权、同工同酬权、劳动休息权、劳动安全卫生权、自由迁徙居住权、参与团体组织权、土地承包权及社会救助权等；发展权包括受教育培训权、子女受教育权、人格尊严权、民主政治参与权、文化身心发展权及社会保险权等。

另外,农民工合法权益也可界定为经济性权益、社会性权益和政治性权益,主要包括下面几种类型的权益:劳动权益、劳动报酬权益、自由择业权益、劳动休息权益、社会保障权益、文化教育权益、子女受教育权益、自由迁徙居住权益、民主政治权益。

(3) 相关法律对农民工权益保护的规定

《劳动合同法》和《就业促进法》(简称"两法")从2008年1月1日开始施行,"两法"是在我国正处在加快构建社会主义和谐社会的关键时期颁布的重要法律,"两法"对保障农民工的公平就业、参加职业培训等方面的权利给予了明确规定。"两法"的颁布实施,给农民工就业带来了积极的影响。

《就业促进法》明确规定:"农村劳动者进城就业享有与城镇劳动者平等的权利,不得对农村劳动者进城就业设置歧视性限制。"《就业促进法》明确规定劳动者对实施就业歧视的行为可以向人民法院提起诉讼,请求人民法院以国家审判权来保护其合法权益。在求职者行使就业诉权后,人民法院应当依照法定诉讼程序解决其就公平就业和因就业歧视所发生的纠纷,保障其受到侵犯的就业权利。《就业促进法》实施后,用人单位、职业中介或者其他相关社会主体实施了就业歧视行为就不再仅仅是受到社会舆论的谴责或者主管部门的干预,而是面临法律的制裁。本条规定的重要意义还在于:劳动者的求职权是有别于一般劳动权的重要权利,是一项源于宪法保障的基本权利。因此,当就业权受到侵犯时,劳动者享有的是直接向人民法院提起诉讼的权利,有别于其他劳动权利之诉讼须以劳动仲裁为前置程序。

城市农民工从事着城市中最脏、最累、最危险的职业,往往承受着极高的劳动强度与恶劣的劳动环境。许多农民工在卫生与安全保护设施根本不达标的条件下长期作业,患上职业病甚至身体慢性中毒,对其人身健康造成了巨大损害。为了赚取可称微薄的劳动报酬,相当数量的农民工付出了健康甚至生命的代价,社会保障的缺位使农民工承受了巨大的经济与心理压力,农民工的人身权利也极易受用人单位非法限制与侵犯。针对这些问题,《劳动合同法》明确规定了在多种情形下,给劳动者造成损害的,应当承担赔偿责任。

农民工这个群体非常庞大,并且面临的问题也非常多。许多农民工的工作既没有"合同"保障,就业也极不稳定。针对农民工问题《就业促进法》、《劳动合同法》从用工管理、就业服务、社会保障、公共服务、权益保障等方面都作出了明确规定。劳动合同法将"劳动报酬"作为劳动合同的必备条款之一,并规定:劳动合同中缺少劳动报酬条款的,由劳动行政部门责令改正;给劳动者造成损害的,由用人单位承担赔偿责任。用人单位与劳动者签订的劳动合同,应当明确约定工资支付的形式、标准、周期、日期等主要内容,其中工资标准不得低于最低工资标准。这条法规的主体劳动者,无疑也包括农民工,如果出现拖欠工资的情况,农民工可以依照《劳动合同法》的相关规定主张自己的权利。

【案例】

2009年4月27日,上海市某区人民法院审结一起劳动合同纠纷案。某塑胶公司因未与员工签订书面劳动合同,被判分别支付鲁先生等4名农民工8个月的2倍工资各2万余元,并支付经济补偿金各2450余元。

2008年1月,来沪务工的鲁先生等4名农民工进入上海某塑胶公司工作,担任电工和机修工。在双方未签订书面劳动合同的情况下，公司就让鲁先生等上岗工作，公司以每月2450余元的工薪，分别向4名员工发放了第1个月的工资。2008年9月，塑胶公司才想到还没有与鲁先生等4名员工签订劳动合同，便立即口头通知鲁先生等人于2008年9月26日前与公司协商签订劳动合同。

在协商合同的签订日期时，公司认为应该从鲁先生等人进公司起算；而鲁先生等人坚持要从9月份开始，现有工资按税后算。双方无法达成一致，因此劳动合同没有签订。两天后，公司出具告知书，称鲁先生等4人因未签订劳动合同，经公司研究决定，于2008年9月29日终止其与公司的劳动关系。

为此，对于公司无理由解除双方的劳动关系，鲁先生等人认为是公司侵犯了他们的合法权益。故今年2月鲁先生等4名农民工诉至法院，要求塑胶公司各支付2008年2月到同年9月未签订劳动合同8个月的双倍工资差额各2.1万余元；并支付经济补偿金2500余元。

塑胶公司认为，鲁先生等人在2008年1月进公司时，已向鲁先生等人发了签订劳动合同的书面通知，是原告没有前来签订劳动合同，故被告不同意支付双倍工资以及经济补偿金。

法院审理后认为，根据劳动合同法有关规定，用人单位自用工之日起超过1个月不满1年没有与劳动者订立书面劳动合同的，应当向劳动者每月支付2倍工资。原、被告在2008年1月5日之后存在劳动关系，但并未签订书面的劳动合同。被告认为书面通知要求原告签订劳动合同，而原告表示从未拿到合同也没有接到通知，直到2008年9月份被告才要求与原告签订劳动合同，该时间显然已经超过法定1个月期限，因此原告要求被告支付2008年2月到同年9月的2倍工资符合法律规定。同时根据相关规定，除向劳动者每月支付2倍的工资外，对于劳动者不与用人单位订立书面劳动合同的，用人单位应当书面通知劳动者终止劳动关系，并支付经济补偿，原告主张支付1个月工资经济补偿金应予支持。故法院作出上述判决。

3. 农民工的就业服务

(1) 农民工就业服务概述

20世纪80年代以来，亿万农村劳动力向非农产业转移和大规模跨地区流动就业，使一大批农民离开农村进入城市，从务农者转为打工者，并成为新的产业工人。农民工在流动就业过程中产生的大量需求，催生了一个巨大的就业服务市场，同时也给过去主要面向城市劳动者的就业服务和职业培训工作带来了挑战。正是在这样的背景下，以农民工为对象的就业服务和职业培训应运而生。

农民工在就业中所需要的服务也是多方面的，是多项制度、政策、法律、财政等所构成的一个密切联系的有机体系。从广义而言，农民工就业服务主要包括以下几方面：信息服务、培训服务、劳资关系服务、社会保障服务、生活服务、文化服务、创业服务、后方服务、发展服务。然而，农民进城务工，能否及时准确地得到就业信息，尽快获得就业机会，是他们首先面对和关心的问题。职业技能的高低则是他们就业的稳定性和收入水平高低的决定性因素。这二者同时关系着农民工的平等就业权能否得以实现。而就业信息的管理和职业技能的培训则正是农民工就业服务制度的核心内容。而狭义的农民工就业服务仅包括信息服务（或称职业介绍）与职业技能培训两个方面。

(2) 农民工就业服务现状

公共就业服务既是政府转变职能的重要标志，也是新时期做好就业工作的重要依托。然而，我国的农民工就业服务及其体系还没有完全建立并充分发挥其应有之功效，还需要进一步的加强和完善，以保证我国庞大的农民工群体实现稳定、充分、有序的就业，为全面建设小康社会、构建社会主义和谐社会和贯彻落实科学发展观奠定坚实的基础和做好必要的准备，为加快我国的工业化、城市化、现代化进程做好铺垫，但必须基于此基本现状。

据国家统计局服务业调查中心2006年调查资料显示，尽管有一半的被调查的农民工参加过职业技能的培训，但大多也只是临时的、短期的岗前培训。农民工提高职业技能的主要方式有：参加短期（半年内）职业培训、自学专业知识、个人拜师学艺、接受长期（半年以上）职业教育等，分别占39.4%、24.1%、16.4%和9.7%。许多农民工在外出务工前并没有联系好工作，而是在进城后，农民工的求职主要靠亲朋好友。由定居地亲属、朋友介绍的占28.20%，由在外务工的同乡、亲友介绍的占25.99%，自荐到用工单位工作的占10.51%。据劳动和社会保障部2007年的调研显示，有45.3%的农民工没有接受任何培训，25%的人中接受过不超过15天的简单培训，接受过正规培训的人员仅占13.1%。同时，对外出务工农民的调查显示，有34.7%的人选择"托亲戚朋友找"，32.9%的人选择"去职业中介找"。据国家统计局公布的《2011年我国农民工调查监测报告》，既没有参加农业技术培训也没有参加非农职业技能培训的农民工占68.8%。由此可见，农民工文化素质和培训程度整体水平仍然偏低。目前，农民工的就业服务主要包括劳动力流出地的劳务输出服务和劳动力流入地的职业介绍服务。

(3) 农民工就业服务的重要性

江泽民同志曾指出："扩大就业，促进再就业，关系改革发展稳定的大局，关系人民生活水平的提高，关系国家的长治久安，不仅是重大的经济问题，也是重大的政治问题。就业问题解决得如何，是衡量一个执政党、一个政府的执政水平和治国水平的重要标志。"胡锦涛同志也强调："群众利益无小事。和谐社会建设，要从解决人民群众最关心、最直接、最现实的利益问题入手，为群众多办好事、实事。这是坚持以人为本的必然要求，也是坚持发展为了人民、发展依靠人民、发展成果由人民共享的必然要求。"劳动者的就业权在他作为劳动力市场的劳动力提供者时就享有，而不是建立劳动关系后才享有。而进城务工的农民工最关心的问题，对他们而言也是最紧迫的事情就是如何尽快找到工作，如何尽快获得相关的就业培训以找到工作或更好地工作。

(4) 相关法律法规视野下的农民工就业服务

1)《宪法》视野下的农民工就业服务

《宪法》是我国的根本大法，其他的一切法律皆以《宪法》为依据制定，不得与之相抵触。我国《宪法》共计四章一百三十八条，在2004年第四次宪法修正案中，《宪法》第十四条后增加了一款作为第四款，即："国家建立健全同经济发展水平相适应的社会保障制度。"其他的都没有直接涉及有关农民工就业服务权相关的法律规定。在我国《宪法》第四十二条第二款规定："国家通过各种途径，创造劳动就业条件，加强劳动保护，改善劳动条件，并在发展生产的基础上，提高劳动报酬和福利待遇。"该条第四款还规定"国家对就业前的公民进行必要的劳动就业训练。"这说明只要是中华人民共和国公民，政府就有义务为其提供相应的就业服务，他们均享有从国家和政府那里得到就业服务的权利。因此，此规定可以作为农民工获得就业服务的一个宪法性的权利，也是我们进行其他相关法律法规制定的宪法依据。

2)《劳动法》视野下的农民工就业服务

首先，从《劳动法》第三条第一款"劳动者享有平等就业和选择职业的权利、取得劳动报酬的权利、休息休假的权利、获得劳动安全卫生保护的权利、接受职业技能培训的权利、享受社会保险和福利的权利、提请劳动争议处理的权利以及法律规定的其他劳动权利。"从该款可知，只要是符合《劳动法》调整范围的一切劳动者都拥有平等就业和接受就业服务的权利，而农民工也当然地属于我国《劳动法》第二条所规定的调整范围。

其次，从该法第五条关于国家在《劳动法》规制下的义务之一的规定（即"国家采取各种措施，促进劳动就业，发展职业教育，制定劳动标准，调节社会收入，完善社会保险，协调劳动关系，逐步提高劳动者的生活水平。"）可知，《劳动法》将提供良好的就业服务的义务归结于国家的一项基本义务。这一方面表明了我国现行《劳动力市场管理规定》将我国劳动就业服务定性为公共就业服务，并将其界定为各级劳动保障部门提供的公益性就业服务；另一方面也是为了说明符合该法第二条关于该法调整范围的一切主体对于就业服务而言，他们是权利主体而非义务，且是以国家为义务主体的权利主体。

第三，该法第十一条规定："地方各级人民政府应当采取措施，发展多种类型的职业介绍机构，提供就业服务。"从该条可知，这也是《劳动法》关于农民工就业服务权的一个较为明确的规定。

3)《劳动合同法》视野下的农民工就业服务

《劳动合同法》九十八个条文及《实施条例》三十八条中，没有明确规定有关农民工就业服务权方面的内容，唯有第二十二条及第十六条关于劳动者专项培训费用的规定，是有关劳动者就业服务权的鲜有规定之一。

4)《就业促进法》视野下的农民工就业服务

《就业促进法》是于2007年8月30日第十届全国人民代表大会常务委员会第二十九次会议通过。该法第二十八条规定："各族劳动者享有平等的劳动权利。"尤其是该法第三十一条规定："农村劳动者进城就业享有与城镇劳动者平等的劳动权利，不得对农村劳动者进城就业设置歧视性限制。"该法第五十二条、五十三条和第五十四条关于就业援助的相关规定，其中第五十四条规定："地方各级人民政府加强基层就业援助服务工作，对就业困难人员实施重点帮助，提供有针对性的就业服务和公益性岗位援助；地方各级政府鼓励和支持社会各方面为就业困难人员提供技能培训、岗位信息等服务。"

5) 其他法律法规的规定

《就业服务与就业管理规定》第五条规定："农村劳动者进城就业享有与城镇劳动者平等的就业权利，不得对农村劳动者进城就业设置歧视性限制。"这是关于进城务工农民工平等地享有就业服务权的又一次明文化。也是部门规章首次肯定了进城务工农民工能够享有与城镇居民平等的就业权的规定。

以上内容是我国现行法律体系下有关农民工就业服务权的相关法律规定。其他略述。

4. 国家关于农民工工资支付政策的主要内容和要求

《劳动合同法》、《国务院关于解决农民工问题的若干意见》、《关于印发〈建设领域农民工工资支付管理暂行办法〉的通知》等法律、法规和规章中明确了关于禁止拖欠农民工工资的规定。

农民工工资支付政策的主要内容：

1)《关于为解决建设领域拖欠工程款和农民工工资问题提供法律服务和法律援助的通知》（司发通〔2004〕159号）

通知规定："一是统一思想，充分认识为解决建设领域拖欠工程款和农民工工资问题提供法律服务和法律援助的重要性；二是支持、引导法律服务机构及人员为解决建设领域拖欠工程款和农民工工资提供及时有效的法律服务；三是法律援助机构要积极为解决建设领域拖欠工程款和农民工工资提供及时有效的法律援助；四是加强领导，切实做好为解决建设领域拖欠工程款和农民工工资问题提供法律服务和法律援助的工作。"

2)《关于印发〈建设领域农民工工资支付管理暂行办法〉的通知》（劳社部发〔2004〕22号）

通知规定："企业必须严格按照《劳动法》、《工资支付暂行规定》和《最低工资规定》等有关规定支付农民工工资，不得拖欠或克扣。企业应当根据劳动合同约定的农民工工资标准等内容，按照依法签订的集体合同或劳动合同约定的日期按月支付工资，并不得低于当地最低工资标准。具体支付方式可由企业结合建筑行业特点在内部工资支付办法中规定。企业应将工资直接发放给农民工本人，严禁发放给'包工头'或其他不具备用工主体资格的组织和个人。""工程总承包企业应对劳务分包企业工资支付进行监督，督促其依法支付农民工工资。业主或工程总承包企业未按合同约定与建设工程承包企业结清工程款，致使建设工程承包企业拖欠农民工工资的，由业主或工程总承包企业先行垫付农民工被拖欠的工资，先行垫付的工资数额以未结清的工程款为限。工程总承包企业不得将工程违反规定发包、分包给不具备用工主体资格的组织或个人，否则应承担清偿拖欠工资连带责任。"

3)《关于贯彻落实〈国务院关于解决农民工问题的若干意见〉有关问题的通知》（国资厅发法规〔2006〕28号）

通知规定："中央企业要严格规范用人单位工资支付行为，确保农民工工资按时足额发放给本人，做到工资发放月清月结或按劳动合同约定执行。"

"中央企业所有用人单位招用农民工都必须依法订立并履行劳动合同，建立权责明确的劳动关系。严格执行国家关于劳动合同试用期的规定，不得滥用试用期侵犯农民工权益。任何单位都不得违反劳动合同约定损害农民工权益。"

4)《劳动合同法》第三十条规定："用人单位应当按照劳动合同约定和国家规定，向劳动者及时足额支付劳动报酬。用人单位拖欠或者未足额支付劳动报酬的，劳动者可以依法向当地人民法院申请支付令，人民法院应当依法发出支付令。"

5)《国务院关于解决农民工问题的若干意见》的规定

① 建立农民工工资支付保障制度。严格规范用人单位工资支付行为，确保农民工工资按时足额发放给本人，做到工资发放月清月结或按劳动合同约定执行。建立工资支付监控制度和工资保证金制度，从根本上解决拖欠、克扣农民工工资问题。劳动保障部门要重点监控农民工集中的用人单位工资发放情况。对发生过拖欠工资的用人单位，强制在开户银行按期预存工资保证金，实行专户管理。切实解决政府投资项目拖欠工程款问题。所有建设单位都要按照合同约定及时拨付工程款项，建设资金不落实的，有关部门不得发放施工许可证，不得批准开工报告。对重点监控的建筑施工企业实行工资保证金制度。加大对拖欠农民工工资用人单位的处罚力度，对恶意拖欠、情节严重的，可依法责令停业整顿、降低或取消资质，直至吊销营业执照，并对有关人员依法予以制裁。各地方、各单位都要继续加大工资清欠力度，并确保不发生新的拖欠。

② 合理确定和提高农民工工资水平。规范农民工工资管理，切实改变农民工工资偏低、同工不同酬的状况。各地要严格执行最低工资制度，合理确定并适时调整最低工资标准，制定和推行小时最低工资标准。制定相关岗位劳动定额的行业参考标准。用人单位不得以实行计件工资为由拒绝执行最低工资制度，不得利用提高劳动定额变相降低工资水平。严格执行国家关于职工休息休假的规定，延长工时和休息日、法定假日工作的，要依法支付加班工资。农民工和其他职工要实行同工同酬。国务院有关部门要加强对地方制定、调整和执行最低工资标准的指导监督。各地要科学确定工资指导线，建立企业工资集体协商制度，促进农民工工资合理增长。

5. 违反农民工工资支付规定的处罚

《劳动法》第五十条规定："工资应当以货币形式按月支付给劳动者本人。不得克扣或者无故拖欠劳动者的工资。"

第九十一条规定："用人单位有下列侵害劳动者合法权益情形之一的，由劳动行政部门责令支付劳动者的工资报酬、经济补偿，并可以责令支付赔偿金：（一）克扣或者无故拖欠劳动者工资的；（二）拒不支付劳动者延长工作时间工资报酬的；（三）低于当地最低工资标准支付劳动者工资的；（四）解除劳动合同后，未依照本法规定给予劳动者经济补偿的。"《〈中华人民共和国劳动法〉行政处罚办法》还规定，对用人单位有克扣或者无故拖欠劳动者工资等问题的，劳动行政部门要责令其支付劳动者的工资报酬、经济补偿，并可责令按相当于支付劳动者工资报酬、经济补偿总和的一至五倍支付劳动者赔偿金。

6. 农民工权益保护的监督与保障

（1）《国务院关于解决农民工问题的若干意见》的相关规定

（二十五）保障农民工依法享有的民主政治权利。招用农民工的单位，职工代表大会要有农民工代表，保障农民工参与企业民主管理权利。农民工户籍所在地的村民委员会，在组织换届选举或决定涉及农民工权益的重大事务时，应及时通知农民工，并通过适当方式行使民主权利。有关部门和单位在评定技术职称、晋升职务、评选劳动模范和先进工作者等方面，要将农民工与城镇职工同等看待。依法保障农民工人身自由和人格尊严，严禁打骂、侮辱农民工的非法行为。

（二十六）深化户籍管理制度改革。逐步地、有条件地解决长期在城市就业和居住农民工的户籍问题。中小城市和小城镇要适当放宽农民工落户条件；大城市要积极稳妥地解决符合条件的农民工户籍问题，对农民工中的劳动模范、先进工作者和高级技工、技师以及其他有突出贡献者，应优先准予落户。具体落户条件，由各地根据城市规划和实际情况自行制定。改进农民工居住登记管理办法。

（二十七）保护农民工土地承包权益。土地不仅是农民的生产资料，也是他们的生活保障。要坚持农村基本经营制度，稳定和完善农村土地承包关系，保障农民工土地承包权益。不得以农民进城务工为由收回承包地，纠正违法收回农民工承包地的行为。农民外出务工期间，所承包土地无力耕种的，可委托代耕或通过转包、出租、转让等形式流转土地经营权，但不能撂荒。农民工土地承包经营权流转，要坚持依法、自愿、有偿的原则，任何组织和个人不得强制或限制，也不得截留、扣缴或以其他方式侵占土地流转收益。

（二十八）加大维护农民工权益的执法力度。强化劳动保障监察执法，加强劳动保障监察队伍建设，完善日常巡视检查制度和责任制度，依法严厉查处用人单位侵犯农民工权益的违法行为。健全农民工维权举报投诉制度，有关部门要认真受理农民工举报投诉并及时调查处理。加强和改进劳动争议调解、仲裁工作。对农民工申诉的劳动争议案件，要简化程序、加快审理，涉及劳动报酬、工伤待遇的要优先审理。起草、制定和完善维护农民工权益的法律法规。

（二十九）做好对农民工的法律服务和法律援助工作。要把农民工列为法律援助的重点对象。对农民工申请法律援助，要简化程序，快速办理。对申请支付劳动报酬和工伤赔偿法律援助的，不再审查其经济困难条件。有关行政机关和行业协会应引导法律服务机构和从业人员积极参与涉及农民工的诉讼活动、非诉讼协调及调解活动。鼓励和支持律师和相关法律从业人员接受农民工委托，并对经济确有困难而又达不到法律援助条件的农民工适当减少或免除律师费。政府要根据实际情况安排一定的法律援助资金，为农民工获得法律援助提供必要的经费支持。

（三十）强化工会维护农民工权益的作用。用人单位要依法保障农民工参加工会的权利。各级工会要以劳动合同、劳动工资、劳动条件和职业安全卫生为重点，督促用人单位履行法律法规规定的义务，维护农民工合法权益。充分发挥工会劳动保护监督检查的作用，完善群众性劳动保护监督检查制度，加强对安全生产的群众监督。同时，充分发挥共青团、妇联组织在农民工维权工作中的作用。

（2）农民工权益保护的对策

法律救济方面：

1）认真落实我国相关法律中对农民工权益保护的规定。

2）在涉及农民工权益的具体司法实践中，在法律规定的限度内向农民工一方实行"司法倾斜"，对侵害农民工权益者实施更严厉的惩处，对施害者起到警示惩戒作用。

3）简化解决纠纷的法律程序，为农民工提供一条维权的"便捷通道"。

4）建立专门的维护农民工权益的无偿法律救助机构，鼓励法律志愿者积极参与，解决农民工的疑难问题，帮助农民工在合法权益受到侵害的时候进行诉讼，以维护农民工的各项合法权益。

社会救济方面：

1）重视发挥新闻舆论在维护农民工合法权益方面的导向和监督作用，更好地维护农民工合法权益。

2）劳动和社会保障、工会、妇联、教育、工商等部门的积极参与，开辟多种农民工维权渠道。

3）开辟维权热线，使农民工的权利及时得到维护。

4）建立维权监督、举报制度，使农民工权益受损的情况及时反馈给有关部门。

加强对农民工的培训，提高农民工的素质：

流出地的责任：

1）加大农村教育经费投入，提高农村劳动力的整体素质。

2）改变农村教育模式，培养适合农村及社会发展需要的人才。

3）加大对农村转移劳动力的职业技能培训。

4）加强对农村转移劳动力法律知识的培训。

流入地的责任：

1）加大对农民工岗前或其他职业技能的培训。

2）为农民工接受继续教育提供便利。

3）为农民工子女接受教育创造条件。

(3) 其他权益保护

1)《国务院关于解决农民工问题的若干意见》的规定

(二十) 把农民工纳入城市公共服务体系。输入地政府要转变思想观念和管理方式，对农民工实行属地管理。要在编制城市发展规划、制定公共政策、建设公用设施等方面，统筹考虑长期在城市就业、生活和居住的农民工对公共服务的需要，提高城市综合承载能力。要增加公共财政支出，逐步健全覆盖农民工的城市公共服务体系。

(二十一) 保障农民工子女平等接受义务教育。输入地政府要承担起农民工同住子女义务教育的责任，将农民工子女义务教育纳入当地教育发展规划，列入教育经费预算，以全日制公办中小学为主接收农民工子女入学，并按照实际在校人数拨付学校公用经费。城市公办学校对农民工子女接受义务教育要与当地学生在收费、管理等方面同等对待，不得违反国家规定向农民工子女加收借读费及其他任何费用。输入地政府对委托承担农民工子女义务教育的民办学校，要在办学经费、师资培训等方面给予支持和指导，提高办学质量。输出地政府要解决好农民工托留在农村子女的教育问题。

(二十二) 加强农民工疾病预防控制和适龄儿童免疫工作。输入地要加强农民工疾病预防控制工作，强化对农民工健康教育和聚居地的疾病监测，落实国家关于特定传染病的免费治疗政策。要把农民工子女纳入当地免疫规划，采取有效措施提高国家免疫规划疫苗的接种率。

(二十三) 进一步搞好农民工计划生育管理和服务。实行以输入地为主、输出地和输入地协调配合的管理服务体制。输入地政府要把农民工计划生育管理和服务经费纳入地方财政预算,提供国家规定的计划生育、生殖健康等免费服务项目和药具。用人单位要依法履行农民工计划生育相关管理服务责任。输出地要做好农民工计划生育宣传、教育和技术服务工作,免费发放《流动人口婚育证明》,及时向输入地提供农民工婚育信息。加强全国流动人口计划生育信息交换平台建设。

(二十四)多渠道改善农民工居住条件。有关部门要加强监管,保证农民工居住场所符合基本的卫生和安全条件。招用农民工数量较多的企业,在符合规划的前提下,可在依法取得的企业用地范围内建设农民工集体宿舍。农民工集中的开发区和工业园区,可建设统一管理、供企业租用的员工宿舍,集约利用土地。加强对城乡结合部农民工聚居地区的规划、建设和管理,提高公共基础设施保障能力。各地要把长期在城市就业与生活的农民工居住问题,纳入城市住宅建设发展规划。有条件的地方,城镇单位聘用农民工,用人单位和个人可缴存住房公积金,用于农民工购买或租赁自住住房。

2)《劳动合同法》监督检查

第七十三条 国务院劳动行政部门负责全国劳动合同制度实施的监督管理

县级以上地方人民政府劳动行政部门负责本行政区域内劳动合同制度实施的监督管理。

县级以上各级人民政府劳动行政部门在劳动合同制度实施的监督管理工作中,应当听取工会、企业方面代表以及有关行业主管部门的意见。

第七十四条 县级以上地方人民政府劳动行政部门依法对下列实施劳动合同制度的情况进行监督检查:

(一)用人单位制定直接涉及劳动者切身利益的规章制度及其执行的情况;
(二)用人单位与劳动者订立和解除劳动合同的情况;
(三)劳务派遣单位和用工单位遵守劳务派遣有关规定的情况;
(四)用人单位遵守国家关于劳动者工作时间和休息休假规定的情况;
(五)用人单位支付劳动合同约定的劳动报酬和执行最低工资标准的情况;
(六)用人单位参加各项社会保险和缴纳社会保险费的情况;
(七)法律、法规规定的其他劳动监察事项。

第七十五条 县级以上地方人民政府劳动行政部门实施监督检查时,有权查阅与劳动合同、集体合同有关的材料,有权对劳动场所进行实地检查,用人单位和劳动者都应当如实提供有关情况和材料。

劳动行政部门的工作人员进行监督检查,应当出示证件,依法行使职权,文明执法。

第七十六条 县级以上人民政府建设、卫生、安全生产监督管理等有关主管部门在各自职责范围内,对用人单位执行劳动合同制度的情况进行监督管理。

第七十七条 劳动者合法权益受到侵害的,有权要求有关部门依法处理,或者依法申请仲裁、提起诉讼。

第七十八条 工会依法维护劳动者的合法权益,对用人单位履行劳动合同、集体合同的情况进行监督。用人单位违反劳动法律、法规和劳动合同、集体合同的,工会有权提出意见或者要求纠正;劳动者申请仲裁、提起诉讼的,工会依法给予支持和帮助。

第七十九条 任何组织或者个人对违反本法的行为都有权举报,县级以上人民政府劳动行政部门应当及时核实、处理，并对举报有功人员给予奖励。

(4) 农民工权益保护的法律责任

1) 民事责任

民事责任，是指行为人违反民事法律上的约定或者法定义务所应承担的对其不利的法律后果，其目的主要是恢复受害人的权利和补偿权利人的损失。我国《民法通则》根据民事责任的承担原因将民事责任主要划分为两类，即违反合同的民事责任（违约责任）和侵权的民事责任（侵权责任）。

民事责任的种类有：

① 违约责任：是指合同当事人不履行合同或者履行合同不符合约定而应承担的民事责任；

② 侵权责任：是指行为人不法侵害社会公共财产或者他人财产、人身权利而应承担的民事责任。

2) 行政责任

行政责任，是指有违反有关行政管理的法律规范的规定，但尚未构成犯罪的行为所依法应当受到的法律制裁。行政责任主要包括行政处罚和行政处分。

3) 刑事责任

刑事责任，是指犯罪主体因违反刑法，实施了犯罪行为所应承担的法律责任。刑事责任是法律责任中最强烈的一种，其承担方式主要是刑罚，也包括一些非刑罚的处罚方法。

4) 相关法条涉及农民工权益保护的规定

《劳动合同法》明确规定，劳动合同应当具备社会保险和劳动保护、劳动条件和职业危害防护等条款。劳动者拒绝用人单位管理人员违章指挥、强令冒险作业的劳动合同。劳动者对危害生命安全和身体健康的劳动条件，有权对用人单位提出批评、检举和控告。用人单位未依法为劳动者缴纳社会保险费的，劳动者可以解除劳动合同；用人单位以暴力、威胁或者非法限制人身自由的手段强迫劳动者劳动的，或者用人单位违章指挥、强令冒险作业危及劳动者人身安全的，劳动者可以立即解除劳动合同，不需事先告知用人单位。用人单位严重侵犯劳动者权益的，依法给予行政处罚；构成犯罪的，依法追究刑事责任；给劳动者造成损害的，应当承担赔偿责任。

《工伤保险条例》第六十条规定，"用人单位依照本条例规定应当参加工伤保险而未参加的，由劳动保障行政部门责令改正；未参加工伤保险期间用人单位发生工伤的，由该用人单位按照本条例规定的工伤保险待遇项目和标准支付费用。"

《劳动合同法》第五十六条规定，用人单位违反集体合同，侵犯职工劳动权益的，工会可以依法要求用人单位承担责任；因履行集体合同发生争议，经协商解决不成的，工会可以依法申请仲裁、提起诉讼。

第八十二条规定，用人单位自用工之日起超过一个月不满一年未与劳动者订立书面劳动合同的，应当向劳动者每月支付二倍的工资。

用人单位违反本法规定不与劳动者订立无固定期限劳动合同的，自应当订立无固定期限劳动合同之日起向劳动者每月支付二倍的工资。

第八十五条规定，用人单位有下列情形之一的，由劳动行政部门责令限期支付劳动报酬、加班费或者经济补偿；劳动报酬低于当地最低工资标准的，应当支付其差额部分；逾期不支付的，责令用人单位按应付金额百分之五十以上百分之一百以下的标准向劳动者加付赔偿金：

（一）未按照劳动合同的约定或者国家规定及时足额支付劳动者劳动报酬；
（二）低于当地最低工资标准支付劳动者工资的；
（三）安排加班不支付加班费的；
（四）解除或者终止劳动合同，未依照本法规定向劳动者支付经济补偿。

（五）工伤事故处理程序

1. 工伤与伤亡事故分类、认定及工伤保险

（1）工伤与伤亡事故分类

1）工伤的概念

工伤，又称为职业伤害、工作伤害，是指劳动者在从事职业活动或者与职业活动有关的活动时所遭受的事故伤害和职业病伤害。并由此造成职工及家庭成员的精神痛苦和经济损失，也就是说劳动者的生命健康权、生存权和劳动权力受到影响、损害甚至被剥夺了。

《中国职业安全卫生百科全书》将工伤认定为："企业职工在生产岗位上，从事与生产劳动有关的工作中，发生的人身伤害事故、急性中毒事故"。但职工即使不是在生产、劳动岗位上，而由于企业设施不安全或劳动条件、作业环境不良引起的人身伤害事故，也属工伤。

2）伤亡事故分类

① 事故类别

伤亡事故类别主要分为以下几种：

物体打击；车辆伤害；机械伤害；起重伤害；触电；淹溺；灼烫；火灾；高处坠落；坍塌；冒顶片帮；透水；放炮；火药爆炸；瓦斯爆炸；锅炉爆炸；容器爆炸；其他爆炸；中毒和窒息；其他伤害。

② 伤害程度分类

A. 轻伤：指损失工作日低于 105 日的失能伤害。

B. 重伤：指相当于表定损失工作日等于和超过 105 日的失能伤害。

C. 死亡。

③ 事故严重程度分类

A. 轻伤事故：指只有轻伤的事故。

B. 重伤事故：指有重伤无死亡的事故。

C. 死亡事故

a. 重大伤亡事故：指一次事故死亡 1~2 人的事故。

b. 特大伤亡事故：指一次事故死亡 3 人以上的事故（含 3 人）。

(2) 工伤认定及工伤保险

1) 工伤认定相关问题

① 工伤认定的概念

工伤认定,是指劳动保障行政部门依据国家有关法律、政策的规定,依法作出劳动者受伤是否属于工伤范围的决定的行政行为。工伤认定是劳动者能否享受工伤待遇、获得工伤赔偿的前提,经认定为工伤的劳动者才可以依法主张享受工伤待遇、获得工伤赔偿。

② 工伤的类型

按照《工伤保险条例》第十四条的规定,工伤主要有以下类型:

A. 在工作时间和工作场所内,因工作原因受到事故伤害的;

B. 工作时间前后在工作场所内,从事与工作有关的预备性或者收尾性工作受到事故伤害的;

C. 在工作时间和工作场所内,因履行工作职责受到暴力等意外伤害的;

D. 患职业病的;

E. 因工外出期间,由于工作原因受到伤害或者发生事故下落不明的;

F. 在上下班途中,受到机动车事故伤害的;

G. 法律、行政法规规定应当认定为工伤的其他情形。

③ 视同工伤的情形

A. 在工作时间和工作岗位,突发疾病死亡或者在 48 小时之内经抢救无效死亡的;

B. 在抢险救灾等维护国家利益、公共利益活动中受到伤害的;

C. 职工原在军队服役,因战、因公负伤致残,已取得革命伤残军人证,到用人单位后旧伤复发的。

④ 不得认定为工伤或者视同工伤的情形

A. 因犯罪或者违反治安管理伤亡的;

B. 醉酒导致伤亡的;

C. 自残或者自杀的。

⑤ 工伤认定的主体及时效

工伤认定的主体为:

A. 职工所在单位;

B. 职工或者其直系亲属;

C. 职工所在单位的工会组织。

工伤认定的时效:

职工发生事故伤害或者按照职业病防治法规定被诊断、鉴定为职业病,所在单位应当自事故伤害发生之日或者被诊断、鉴定为职业病之日起 30 日内,向统筹地区劳动保障行政部门提出工伤认定申请。遇有特殊情况,经报劳动保障行政部门同意,申请时限可以适当延长。

用人单位未按前款规定提出工伤认定申请的,工伤职工或者其直系亲属、工会组织在事故伤害发生之日或者被诊断、鉴定为职业病之日起 1 年内,可以直接向用人单位所在地统筹地区劳动保障行政部门提出工伤认定申请。按照本条第一款规定应当由省级劳动保障行政部门进行工伤认定的事项,根据属地原则由用人单位所在地的设区的市级劳动保障行政部门办理。

⑥ 工伤认定的条件

工作时间、工作场所和工作原因是工伤认定条件。

"工作时间",是指劳动合同规定的工作时间或者用人单位规定的工作时间以及加班加点的时间。其中的"因工外出期间",是指职工受单位指派或根据工作性质要求并经单位授权在公共场所以外从事与职务相关活动的时间;

"工作场所",是指用人单位能够对从事日常生产经营活动进行有效管理的区域和职工为完成某项特定工作所涉及的单位内或单位以外的相关区域。"上下班途中"则是指职工在合理时间内往返于工作单位和居住地的合理路线;

"因工作原因受到事故伤害",是指职工因从事生产经营活动导致的伤害和在工作过程中临时解决必需的生理需要时由于单位设施不安全因素造成的意外伤害。

具体说来,因工造成职工人身伤害(轻伤、重伤、死亡、急性中毒)和职业病或因其他原因造成伤亡的符合下列情况之一的应认定为工伤:

A. 从事本单位日常生产、工作或者本单位负责人临时指定的工作的,在紧急情况下,虽未经本单位负责人指定但从事直接关系本单位重大利益的工作的;

B. 经本单位负责人安排或者同意,从事与本单位有关的科学试验、发明创造和技术改进工作的;

C. 在生产工作环境中接触职业性有害因素造成职业病的;

D. 在生产工作的时间和区域内,由于不安全因素造成意外伤害的,或者由于工作紧张突发疾病造成死亡或经第一次抢救治疗后全部丧失劳动能力的;

E. 因履行职责遭致人身伤害的;

F. 从事抢险、救灾、救人等维护国家、社会和公众利益的活动的;

G. 因公、因战致残的军人复员转业到企业工作后旧伤复发的;

H. 因公外出期间,由于工作原因,遭受交通事故或其他意外事故造成伤害或者失踪的,或因突发疾病造成死亡,或者经第一次抢救治疗后全部丧失劳动能力的;

I. 在上下班的规定时间和路线上,发生无本人责任或者非本人主要责任的道路交通机动车事故的。

⑦ 工伤认定所需的材料

提出工伤认定申请应当填写《工伤认定申请表》,并提交下列材料:(a)劳动合同文本或其他建立劳动关系的有效证明;(b)医疗机构出具的受伤后诊断证明或者职业病诊断证明书(职业病诊断鉴定书)。

属于用人单位提出工伤认定申请的还应提交本单位的营业执照复印件。属于下列情形的还需提供以下相关证明材料,且因取得这些证明材料所需时间不计算在申请工伤认定的时效内:(a)因履行工作职责受到暴力等意外伤害的,提交公安机关或人民法院的证明或判决书;(b)因工外出期间发生事故或者在抢险救灾中失踪,下落不明认定因工死亡的,应提交人民法院宣告死亡的结论;(c)因工外出或在上下班途中,受到机动车事故伤害的,提交公安交通管理部门的责任认定书或相关处理证明;(d)在维护国家利益、公众利益活动中受到伤害的，提交相关职能部门出具的证明；(e) 复退、转业军人旧伤复发的，提交《革命伤残军人证》及劳动能力鉴定委员会旧伤复发的鉴定证明；(f) 其他特殊情形，依据有关法律、法规规定应当提供的相关证明材料。

⑧ 工伤认定的办理程序

A. 职工所在用人单位应当自事故发生之日或者被诊断、鉴定为职业病之日起 30 日内，向统筹地区劳动保障行政部门提出工伤认定申请。

B. 劳动保障行政部门收到申请人的工伤认定申请后，应及时进行审核，申请人提供材料不完整的，劳动保障行政部门应当当场或者在 5 个工作日内一次性书面告知申请人需要补正的全部材料。

C. 劳动保障行政部门受理工伤认定申请后，根据需要可以指派两名以上工作人员对事故伤害进行调查核实。对依法取得职业病诊断证明书或者职业病诊断鉴定书的，劳动保障行政部门不再进行调查核实。

D. 劳动保障行政部门受理工伤认定申请后，应当自受理之日起 60 日内作出工伤认定决定，并在工伤认定决定做出之日起 10 个工作日内以书面形式通知用人单位、职工或者其直系亲属，并抄送经办机构。

⑨ 工伤认定行政案件注意事项

A. 时效问题。目前，大部分务工人员认为在工作中受伤，单位就要认定他为工伤，不知道要向有关部门提出申请工伤认定。有些单位的老板在工人受伤后不及时申请工伤认定，员工也不去申请，待时效过后工人才到处上访。法官提醒，劳动者通过行政复议、行政诉讼等法律途径维护自身合法权益，或者申请工伤认定、职业病诊断与鉴定等，一定要注意在法定的时限内提出申请。如果超过了法定时限，有关申请可能不会被受理，致使自身权益难以得到保护。

B. 尽量与用人方订立书面合同。《劳动法》实施 8 年多来，仍有不少外来工还不知道国家有劳动法，打工不知道要签劳动合同，目前至少 95% 以上的劳务工没有与用人单位签订劳动合同。法官提醒，尽管与用人单位存在事实劳动关系的劳动者，也依法享有劳动保障权利，但是，如果劳动者与用人单位之间没有签订劳动合同，劳动者的权益仍然有可能难以得到全面保护。

《劳动法》明确规定，劳动合同是劳动者与用人单位确立劳动关系、明确双方权利和义务的协议，建立劳动关系应当订立劳动合同。一是由于双方没有签订劳动合同，劳动者必须通过其他途径证明其与用人单位之间存在劳动关系，如果劳动者不能证明其与用人单位之间存在劳动关系，则其各种劳动保障权益将难以得到保护。二是如果劳动者与用人单位没有签订劳动合同，则劳动者难以证明双方有关工资等事项的一些口头约定，致使这些双方口头约定的劳动保障权益难以得到保护。

C. 复议前置。劳动者对劳动行政部门作出的工伤认定结论不服的，应先向作出工伤认定结论的劳动行政部门的上级行政机关申请行政复议，对复议决定不服的，再向人民法院起诉。

《工伤保险条例》第五十三条的规定，申请工伤认定的职工或者其直系亲属、该职工所在单位对工伤认定结论不服的，有关单位和个人可以依法申请行政复议；对复议决定不服的,可以依法提起行政诉讼。

2) 工伤保险相关问题

① 工伤保险概念

工伤保险是指国家或社会为生产、工作中遭受事故伤害和患职业性疾病的劳动者及家属提供医疗救治、生活保障、经济补偿、医疗和职业康复等物质帮助的一种社会保障制度。

具体来说,工伤保险是员工因在生产经营活动中所发生的或在规定的某些特殊情况下,遭受意外伤害、职业病以及因这两种情况造成死亡,在员工暂时或永久丧失劳动能力时,员工或其遗属能够从国家、社会得到必要的物质补偿。是劳动者因工作原因遭受意外伤害或患职业病而造成死亡、暂时或永久丧失劳动能力时,劳动者及其遗属能够从国家、社会得到必要的物质补偿的一种社会保险制度。这种补偿既包括受到伤害的职工医疗、康复的费用,也包括生活保障所需的物质帮助。工伤保险是社会保险制度的重要组成部分,也是建立独立于企事业单位之外的社会保障体系的基本制度之一。

② 工伤保险与商业保险的区别

目的不同。工伤保险作为一种社会保险是国家强制实行的,企业必须参加。雇主责任险、人身意外险是商业保险,用人单位可以自愿选择参加。

保险对象不同。工伤保险的实施对象是所有企业的各类职工,只要是与属于工伤保险实施对象的企业有劳动关系的职工都是工伤保险的实施对象。所以,工伤保险的被保险人与企业之间的关系是一种劳动关系。商业保险的实施对象是符合保险合同规定条件的任何人,保险人与被保险人之间的关系是一种等价交换关系,双方根据保险合同产生权利与义务。

实施方式不同。工伤保险属于强制实施的一种保险制度,而商业保险的实施方式则是自愿的。

③ 工伤保险的作用

工伤保险是维护职工合法权利的重要手段。工伤事故与职业病严重威胁广大职工的健康和生命,影响工伤职工工作、经济收入、家庭生活,关系到社会稳定。参加工伤保险,一旦发生工伤,职工可以得到及时救治、医疗康复和必要的经济补偿。

工伤保险是分散用人单位风险,减轻用人单位负担的重要措施。工伤保险通过基金的互济功能,分散不同用人单位的工伤风险,避免用人单位一旦发生工伤事故便不堪重负,严重影响生产经营,甚至导致破产,有利于企业的正常经营和生产活动。

工伤保险是建立工伤事故和职业病危害防范机制的重要条件。工伤保险可以促进职业安全,通过强化用人单位工伤保险缴费责任,通过实行行业差别费率和单位费率浮动机制,建立工伤保险费用与工伤发生率挂钩的预防机制,有效地促进企业的安全生产。

④ 工伤保险赔偿的几种特殊情况

工伤职工有下列情形之一的,停止享受工伤保险待遇:

A. 丧失享受待遇条件的;

B. 拒不接受劳动能力鉴定的;

C. 拒绝治疗的。

用人单位未参加工伤保险的，职工因工作遭受事故伤害或者患职业病的情形：

根据《工伤保险条例》第六十条的规定，用人单位依照本条例规定应当参加工伤保险而未参加的，由社会保险行政部门责令改正；未参加工伤保险期间用人单位职工发生工伤的，由该用人单位按照本条例规定的工伤保险待遇项目和标准支付费用。用人单位对于参保和未参保职工的所负责任是一样的，只不过责任承担的方式不同，用人单位如果未承担缴纳工伤保险费的责任，就要承担受伤职工工伤待遇的全部责任，同时保证参保和未参保职工在发生工伤时，享有工伤待遇的标准一致。

⑤ 我国工伤保险的范围

现行《工伤保险条例》的覆盖范围是：中华人民共和国境内的企业和有雇工的个体工商户，以及与企业形成劳动关系的劳动者和个体工商户的雇工。外籍员工在华工作也应该参加工伤保险，我国与该国在社会保障方面签有相关协议的除外。

根据《工伤保险条例》第二条规定："中华人民共和国境内的各类企业、有雇工的个体工商户应当依照本条例规定参加工伤保险。"作为企业的一种类型，乡镇企业也应该按照《工伤保险条例》的规定，参加工伤保险。

⑥ 工伤认定申请应当提交的材料

A. 填写《工伤认定申请表》，包括事故发生的时间、地点、原因以及职工受伤情况等基本情况，一式两份；

B. 医疗诊断证明（或者病历复印件），或者职业病诊断证明书（或者职业病诊断鉴定书）；

C. 省社会保险基金管理局的工伤保险参保证明；

D. 劳动合同复印件或者其他建立劳动关系的有效证明；

E. 用人单位的伤害事故调查报告（应包括事故时间、地点场所、受伤职工、受伤经过、伤情诊断、原因分析、整改措施等基本内容；导致重伤或死亡的伤害事故，应同时出具当地安全生产监督管理部门的事故调查报告）。属机动车事故的需同时提供交通事故责任认定书；如果属暴力、刑事等伤害事故，需同时提交公安机关证明材料；如果符合视同工伤情形条件第三条的，另外要求出具县级以上卫生防疫部门的验证报告；

F. 申请人身份证复印件。如果员工本人死亡的，同时提交直系亲属关系证明材料（户口本、结婚证等复印件）。

3）劳动能力鉴定相关问题

① 职工发生工伤，经治疗伤情相对稳定后存在残疾、影响劳动能力的，应当进行劳动能力鉴定。劳动能力鉴定是指利用医学科学方法和手段，依据鉴定标准，对伤病劳动者的伤、病、残程度和丧失劳动能力的综合评定，它能够准确认定职工的伤残、病残程度，是确定工伤保险待遇的基础，有利于保障伤残、病残职工的合法权益。中国的劳动能力鉴定工作的范围包括对因工负伤和患职业病或因疾病或非因工而导致的劳动能力鉴定问题。劳动能力鉴定也可以叫做劳动鉴定。

提出劳动能力鉴定申请需提交下列材料：

A. 填写《伤病职工劳动能力鉴定表》一式三份；

B. 工伤认定决定书复印件；

C. 在医疗机构救治期间的诊疗病历复印件，诊断证明书或者职业病诊断证明书（或者职业病诊断鉴定书）复印件；

D. 相关的检查报告复印件（如 X 光报告、B 超报告、肝功能、肾功能等）、影像检查（X 光片、CT、MRI（核磁共振））等。

② 提出劳动能力重新鉴定申请，除上述 4 项材料外，还需当面提交下列材料：

A. 职工所在的统筹地区劳动能力鉴定委员会作出的劳动能力鉴定结论；

B. 职工所在的统筹地区劳动能力鉴定委员会作出的劳动能力复查鉴定结论，以及签收时间证明材料；

C. 申请人（单位）的申请报告；

D. 申请人身份证复印件。

③ 因伤病申请提前退休而要求进行劳动能力鉴定的，需要提交以下材料：

A. 填写《伤病职工劳动能力鉴定表》，一式三份；

B. 省社会保险基金管理局核定的职工连续工龄核定表或养老保险对账单（1998 年 7 月 1 日前参加工作，1998 年 7 月 1 日后申请退休的累计缴费年限（含视同缴费年限）满 10 年；1998 年 7 月 1 日后参加工作的，累计缴费年限满 15 年）；

C. 诊疗病历复印件，诊断证明书或者职业病诊断证明书（或者职业病诊断鉴定书）复印件；

D. 相关的检查报告复印件（如肝功能、B 超、血像、肾功能等）、影像检查（X 光片、CT、MRI（核磁共振））等；

E. 身份证复印件（要求男职工达到 50 周岁，女职工达到 45 周岁）。

④ 申请劳动能力鉴定的程序

提出申请。工伤发生后初次申请鉴定的，用人单位应当在职工医疗终结期满三十日内提出。申请重新鉴定的，应当在自收到所在参保统筹地区的复查鉴定结论之日起，十五日内凭书面材料当面提出（邮寄函件不受理）。因伤病要求提前退休申请劳动能力鉴定的，应在达到规定年龄和缴费年限（含视同缴费年限）后再提出（建议在提出申请前带上伤病诊疗资料、身份证、养老保险对账单等，先到相关部门进行初步审核）。

审查受理。申请人提供材料不完整的，劳动保障行政部门应当及时告知劳动能力鉴定申请人需要补正的全部材料。申请人提供的申请材料完整且符合规定要求，属于劳动保障行政部门管辖范围且在受理时效内的，予以受理。

组织鉴定。劳动保障行政部门受理劳动能力鉴定申请之后，应当在规定时间内，按照规定的办法、程序和标准，作出劳动能力鉴定结论。

结论送达。劳动能力鉴定结论作出后，应当及时送达劳动能力鉴定申请的单位和个人。

2. 抢救伤员与保护现场

（1）常见工伤事故抢救伤员的方法

1）抢救烧伤伤员的方法

现场抢救是救活烧伤伤员的起点，非常重要。其方法可概括为灭、查、防、包、送 5

个字。即：灭：熄灭伤员身上的火，使其尽快脱离热源，缩短烧伤时间。查：查伤员呼吸、心跳、中毒、颅脑损伤、胸腹腔内脏损伤和呼吸道烧伤。防：防休克、窒息、创面污染。包：用较干净的衣服，把创伤面包裹起来，防止再次污染。在现场，除化学烧伤可用大量流动的清水持续冲洗外，对创伤面一般不作处理，尽量不弄破水泡，保护皮肤表面。送：就是迅速离开现场，把严重烧伤的伤员送往医院。

2) 抢救高温中暑伤员方法

在处理矿井火灾事故中遇到高温中暑的伤员，必须因地制宜、及时进行抢救。应当将伤员迅速转送至阴凉通风而安全的巷道解开衣服，脱掉胶靴，让其平卧，头部不要垫高。然后用凉水或酒精擦伤员全身直至使皮肤发红、血管扩张以促进散热。也可放在风筒口吹或放在巷道凉水沟中浸湿降温。对于能饮水的伤员，应使其喝足凉盐水和其他饮料。处理呼吸、循环衰竭的伤员时，一般现场有困难，应在现场人员的精心护理下，迅速转送到地面医院。

3) 抢救中毒、窒息伤员方法

在有毒有害的环境中抢救遇险人员时，抢救人员应佩带自救器，对被抢救的伤员要立即给他们带好自救器，迅速救出灾区。把伤员运送到有新鲜风流的安全地点，并立即检查伤员的心跳、脉搏、呼吸及瞳孔情况，并注意保暖。同时解开领口、放松腰带，口腔有杂物、痰液、假牙或是呼吸道不畅通，应将污物等清理取出、使呼吸道畅通。如受一氧化碳中毒，中毒者还没有停止呼吸或呼吸虽已经停止但心脏仍有跳动，要立即搓抹他的皮肤，将他的皮肤搓热后立即进行人工呼吸。如心脏停止，应迅速进行体外心脏按压，同时做人工呼吸。如果因瓦斯或二氧化碳等窒息，情况不重时，抬到新鲜风流中稍作休息，即会苏醒。如窒息时间较长，就要在皮肤摩擦后进行人工呼吸。

4) 井下发生冒顶埋压人时抢救方法

在抢险救灾中，发现因冒顶、片帮、人员被煤和矸石埋压时，应按以下方法进行抢救：处理冒顶事故的主要任务就是采取一切办法扒通冒落区抢救出遇险遇难人员。查明事故地点顶板两帮情况及人员埋压的位置、人数和埋压的状况。采取措施，加固支护，确保在抢救中不会再次冒落后，小心地搬运开遇险人员身上的煤、岩，把他救出。如煤岩块等较大，无法搬开时，可用千斤顶等工具抬起救出伤员，绝不可用镐刨、锤砸破岩等方法扒人。对救出的伤员，要立即抬到安全地点，根据伤情妥善救护：对轻伤破口出血者，要先止血包扎；对重伤或骨折人员，如无医护人员在现场，要及时转送到医院，转送前对骨折要进行临时固定，小心搬运。对失去知觉，停止呼吸时间不长的伤员，要及时进行输氧和人工呼吸抢救。

5) 抢救触电人员方法

发生触电时，最重要的抢救措施是先迅速切断电源，然后再抢救伤者。切断电源拨开电线时，救助者应穿上胶鞋或站在干的木板凳子上，戴上塑胶手套，用干的木棍等不导电的物体挑开电线。人工呼吸和胸外心脏按压不得中途停止，一直等到急救医务人员到达，由他们采取进一步的急救措施，具体分为以下情况：

症状较轻者：即神志清醒，呼吸心跳均自主者可就地平卧，严密观察，暂时不要站立或走动，防止继发休克或心衰。

呼吸停止、心搏存在者：将伤者就地平卧，解松衣扣，通畅气道，立即进行口对口人工呼吸，有条件的可实施气管插管，加压氧气人工呼吸。亦可针刺人中、涌泉等穴，或给予呼吸兴奋剂（如山梗菜碱、咖啡因、尼可刹米）。

心搏停止、呼吸存在者：应立即作胸外心脏按压。

呼吸心跳均停止者：现场抢救最好能两人分别施行口对口人工呼吸及胸外心脏按压，以2：15的比例进行，即人工呼吸2次，心脏按压15次。如现场抢救仅有1人，也应按2比15的比例进行人工呼吸和胸外心脏按压。

处理电击伤时，应注意有无其他损伤。如触电后弹离电源或自高空跌下，常并发颅脑伤、血气胸、内脏破裂、四肢和骨盆骨折等。如有外伤、灼伤均需同时处理。

现场抢救中，不要随意移动伤员。移动伤员或将其送医院，除应使伤员平躺在担架上并在背部垫以平硬阔木板外，应继续抢救，心跳呼吸停止者要继续人工呼吸和胸外心脏按压，在医院医务人员未接替前救治不能中止。

如果触电者有皮肤灼伤，可用净水冲洗拭干，再用纱布或手帕等包扎好，以防感染。

6）抢救溺水人员原则

井下发生突水事故时，由于水势急，冲力大，人员躲避不及，就会被水冲走，遭致水淹。有时人员在水仓或水井附近工作，不慎失足，也会造成溺水。溺水时，大量的水由口鼻灌入肺部和胃里，引起窒息，使呼吸心跳停止。在井下发现有人溺水时，应该尽快把溺水者捞出水，并以最快的速度撬开他的牙齿，清除堵塞在嘴中的煤渣和泥土，并把他的舌头拉出来，使呼吸道畅通。救护者取半跪的姿势，把溺水的人员的腹部放在自己的膝盖上，头部下垂，并不断地压迫他的背部，把灌入胃里的水控出来。也可抱住溺水者的腰部，使他的背部向上，头部下垂，使积水从溺水者的胃里控出。还可以抱起溺水者，把腹部放在急救者的肩膀上，快步奔跑或不断上下耸肩，以达到使积水者不断控出的目的。把溺水者胃里的水控出以后，要立即进行人工呼吸，如心跳已经停止。且必须连续进行，直到确实无效后才能停止。在整个的抢救过程中，要特别注意使溺水的人员身体保温。如果条件允许的话，可给伤员输氧。

7）抢救高处坠物砸伤伤员方法

高处坠物包括由地面2m以上高度坠落和由地面向地坑、地井坠落。坠落产生的伤害主要是脊椎损伤、内脏损伤和骨折。为避免施救方法不当使伤情扩大，抢救时应注意以下几点：

① 发现坠落伤员，首先看其是否清醒，能否自主活动。若能站起来或移动身体，则要让其躺下用担架抬送医院，或是用车送往医院。因为某些内脏伤害，当时可能感觉不明显。

② 若已不能动，或不清醒，切不可乱抬，更不能背起来送医院，这样极容易拉脱伤者脊椎，造成永久性伤害。此时应进一步检查伤者是否骨折。若有骨折，应首先采用夹板固定。找两到三块比骨折骨头稍长一点的木板，托住骨折部位，然后绑三道绳，使骨折处由夹板依托不产生横向受力。绑绳不能太紧，以能够在夹板上左右移动1~2cm为准。

③ 送医院时应先找一块能使伤者平躺下的木板，然后在伤者一侧将小臂伸入伤者身下，并有人分别托住头、肩、腰、胯、腿等部位，同时用力，将伤者平稳托起，再平稳放

在木板上，抬着木板送医院。

④ 若坠落在地坑内，也要按上述程序救护。若地坑内杂物太多，应有几个人小心抬抱，放在平板上抬出。若坠落地井中，无法让伤者平躺，则应小心将伤者抱入筐中吊上来。施救时应注意无论如何也不能让伤者脊椎、颈椎受力。

8）人工呼吸和人工胸外心脏挤压的方法

人工呼吸是现场急救的重要手段。人工呼吸有多种办法，但最好的办法就是口对口或口对鼻人工呼吸法。

口对口人工呼吸法：

对因触电、溺水及其他意外事故导致伤者无知觉、无呼吸的，应迅速采用口对口人工呼吸法抢救。具体做法如下：

① 解开伤者衣领，松开上衣扣子及裤带，使其胸部能自由扩张，不影响呼吸。

② 使伤者平卧，侧脸清除伤者口腔内妨碍呼吸的食物、血块、杂物、脱落的假牙等，舌根下陷时应拉出。

③ 使伤者头部后仰，鼻孔朝天，口部张开，保持呼吸道畅通。

④ 救护者在伤者头部一侧，一只手捏住伤者的两个鼻孔，另一只手将其下颌拉向下方或托住其后颈，使其嘴巴张开，然后深吸一口气，紧贴伤者嘴巴用力吹气，大约2秒钟一次。吹气时应注意观察其胸部是否鼓起。

⑤ 救护者换气时，要迅速离开伤者嘴巴，同时松开捏鼻孔的手，让其自动换气，并观察其胸部下陷。

吹气时的力量和次数要适中，开始应快一些，逐渐地保持5秒钟一次。对儿童进行人工呼吸时，可不捏鼻子，其胸部鼓起不可过分膨胀，以免引起肺泡破裂。

口对鼻人工呼吸法：

伤者因牙关紧闭等原因，不能进行口对口人工呼吸，可采用口对鼻人工呼吸法。方法与口对口呼吸法基本相同，只是把捏鼻改成捏口，对住鼻孔吹气，吹气量要大，时间要长。

人工胸外心脏挤压：

在触电、溺水等意外事故中，受伤者如果心脏停止跳动，除进行人工呼吸外，还必须做人工胸外心脏挤压。判断心脏是否停止跳动，现场主要是"听"、"摸"、"看"。听，就是听心跳音；摸，摸就是摸脉搏，其部位在喉结旁边脉血管，这个部位较腕部明显；看，主要是看强光无收缩反应，说明心脏已停止跳动。施救时的具体做法如下：

① 受伤者朝上平卧，松开衣服，清除口内杂物，后背处应是平整硬地板火垫上木板。

② 救护者位于伤者一侧或跨骑在其股部，左手掌叠放于右手掌背上（对儿童可以一只手），下面一只手的掌根放在伤者胸骨下部三分之一处，中指尖位与其颈部下端凹陷处的下边缘，势力点恰好在胸骨中部与腹部连接处的活动端。要注意，找准正确的压点位置是抢救成功的关键。

③ 找到正确的压点后，自上而下稳当而迅速地按压。按压时手指分开，手掌用力，目的是把心脏里的血向外挤。成年人可压下3~4cm，儿童用力稍小。

④ 按压后，掌根要突然放松（手指不要离开），使心脏恢复原状，血液回流。

上述步骤按每秒钟一次的频率持续进行。若一个救护者既要做人工呼吸，又要做心脏挤压，则可采取每进行 115～120 次心脏挤压后，再进行 2～3 次人工呼吸的方法，如此循环。当伤者面色开始好转，口唇潮红，瞳孔缩小，自主心跳和呼吸逐步恢复时，可暂停数秒，进行观察。若已能维持自主心跳和呼吸，则应停止。

注意：抢救中绝对禁止给昏迷不醒的人强行灌入任何药物或液体。禁止对瞳孔尚未扩大（心脏位停）或肋骨骨折的伤者施行胸外心脏挤压，应迅速送医院抢救。

（2）保护现场

1）保护现场的意义

发生工伤事故后，当事人必须履行保护现场的义务。这里所说的当事人，是指与某种法律事实有直接关系的人，即与违反规定造成事故或者过失造成事故这一法律事实有直接关系的人。当事人在事故发生后，事故处理人员尚未到达现场之前，必须互相主动出示证件，证明身份、姓名、单位，以防有人为逃避责任乘乱溜走，给现场勘查和事故处理带来麻烦。然后，设法保护现场。保护现场是保证现场勘查工作顺利进行，取得客观准确材料的前提，也为准确地认定事故责任，依法处理交通事故创造有利条件。既然发生了交通事故，一般都会遗留大量的痕迹和物证，如不保护好现场，将给勘查工作带来很大困难。影响事故责任的认定。因此，当事人要很好地保护现场。

2）事故发生后如何保护现场

① 事故发生后，应立即组织营救伤员，之后要排除事故再次发生的危险源，除此之外，对于现场一般不予搬动。

② 制作现场图及照片：除了警方例行的绘图外，建议现场负责人自行制作现场图及事故情况说明，将事故发生的情况尽可能地详细记录。

③ 寻找现场目击证人，并留下证人资料、以供日后联络之用。

3. 工伤事故报告、调查与处理

（1）工伤事故报告

1）事故报告程序

事故发生后，事故现场有关人员应当立即向本单位负责人报告；单位负责人接到报告后，应当于 1 小时内向事故发生地县级以上人民政府安全生产监督管理部门和负有安全生产监督管理职责的有关部门报告。情况紧急时，事故现场有关人员可以直接向事故发生地县级以上人民政府安全生产监督管理部门和负有安全生产监督管理职责的有关部门报告。安全生产监督管理部门和负有安全生产监督管理职责的有关部门接到事故报告后，应当依照下列规定上报事故情况，并通知公安机关、劳动保障部门、工会和人民检察院：①特别重大事故、重大事故逐级上报至国务院安全生产监督管理部门和负有安全生产监督管理职责的有关部门；②较大事故逐级上报至省、自治区、直辖市人民政府安全生产监督管理部门和负有安全生产监督管理职责的有关部门；③一般事故上报至设区的市级人民政府安全生产监督管理部门和负有安全生产监督管理职责的有关部门。安全生产监督管理部门和负有安全生产监督管理职责的有关部门依照上述规定上报事故情况，应当同时报告本级人民政府。国务院安全生产监督管理部门和负有安全生产监督管理职责的有关部门以及省级人民政府接到发生特别重大事故、重大事故的报告后，应当立即报告国务院。必要时安全生产监督管理部门和负有安全生产监督管职责的有关部门可以越级上报事故情况。安全生产监督管理部门和负有安全生产监督管理职责的有关部门逐级上报事故情况，每级上报的时间不得超过 2 小时。

2) 事故报告内容

报告事故应当包括下列内容：①事故发生单位概况；②事故发生的时间、地点以及事故现场情况；③事故的简要经过；④事故已经造成或者可能造成的伤亡人数；⑤已经采取的措施；⑥其他应当报告的情况。

事故报告后出现的新情况，应当及时补报。自事故发生起 30 日内，事故造成的伤亡人数发生变化的，应当及时补报，火灾事故自发生之日起 7 日内，事故造成的伤亡人数发生变化的，应当及时补报。

(2) 工伤事故的调查与处理

在进行伤亡事故调查分析时，应按国家标准《企业职工伤亡事故调查分析规则》等规定执行。

1) 事故调查程序

① 死亡、重伤事故，应按如下要求进行调查。轻伤事故的调查，可参照执行。

现场处理：a. 事故发生后，应尽快救护受伤害者，并采取措施制止事故蔓延扩大；b. 认真保护事故现场。凡与事故有关的物体、痕迹、状态，不得破坏；c. 为抢救受伤害者需要移动现场某些物体时，必须做好现场标志。

② 物证搜集：a. 搜集现场物证，包括：破损部件，碎片、残留物、致害物的位置等；b. 在现场搜集到的所有物件均应贴上标签、注明地点、时间、管理者；c. 所有物件应保持原样，不准冲洗擦拭；d. 对健康有危害的物品，应采取不损坏原始证据的安全防护措施。

③ 事故事实材料的搜集。

A. 与事故鉴别、记录有关的材料：

a. 发生事故的单位、地点、时间；

b. 受害人和肇事者的姓名、性别、年龄、文化程度、职业、技术等级、工龄、本工种工龄、支付工资的形式；

c. 受害人和肇事者的技术状况，接受安全教育情况；

d. 出事当天，受害人和肇事者什么时间开始工作，工作内容、工作量、作业程序、操作时的动作或位置；

e. 受害人和肇事者过去的事故记录。

B. 调查事故发生的有关事实：

a. 事故发生前设备、设施等的性能和质量状况；

b. 使用的材料情况，必要时进行物理性能和化学性能实验与分析；

c. 有关设计和工艺方面的技术文件、工作指令和规章制度方面的资料及执行情况；

d. 关于工作环境方面的状况，包括照明、湿度、温度、通风、声响、色彩度、道路、工作面状况以及工作环境中的有毒、有害物质取样分析记录；

e. 个人防护措施状况,应注意防护用具的有效性、质量、使用范围;

f. 出事前受害人和肇事者的健康状况;

g. 其他可能与引发事故有关的细节或因素。

④ 证人材料搜集

尽快找有关证人作为被调查者,并认真考证证人的口述和其他提供材料的真实程度,这样就可以搜集到真实的重要证明材料。

⑤ 现场摄影。主要包括下列内容:

A. 显示残骸和受害者原始存息地的所有照片;

B. 可能被清除或被践踏的痕迹,如刹车痕迹、地面和建筑物的伤痕、火灾引起损害的照片、冒顶下落物的空间等;

C. 事故现场全貌;

D. 利用摄影或录像等手段摄录下重点的情景,以提供较完善的信息内容。

⑥ 绘制报告中的事故图

包括了解事故情况所必需的信息。如:事故现场示意图、流程图、受害者位置图等。

2) 事故分析程序

① 事故分析步骤

A. 整理和阅读调查材料;

B. 全面、详细地分析下列内容:受害者的受伤部位和受伤性质、引发事故的起因物和致害物、伤害方式、不安全状态和不安全行为等;

C. 确定事故的直接原因;

D. 确定事故的间接原因;

E. 确定事故的责任者。

② 分析事故原因

属于下列情况者为直接原因:

A. 机械、物质或环境的不安全状态导致事故;

B. 人的不安全行为导致事故。

属于下列情况者为间接原因:

A. 技术和设计上有缺陷,主要是工业构件、建筑物、机械设备、仪器仪表工艺过程、操作方法、维修检验等的设计、施工和材料使用存在问题;

B. 教育培训不够,未经培训或无证上岗,缺乏或不懂安全操作技术知识,安全生产意识差;

C. 劳动组织不合理。主要是工作安排不合理、随意加班加点;

D. 对现场工作缺乏检查或指导错误;

E. 没有安全操作规程,或操作规程和管理制度不健全;

F. 没有或不认真实施事故防范措施,对事故隐患整改不力;

G. 其他非直接原因引发事故的因素。

进行事故原因分析时,应从直接原因入手,逐步深入到间接原因,从而掌握事故的全部原因,再分清主次,进行事故责任分析。

③ 分析事故责任

A. 根据事故调查所确认的事实，通过对直接原因和间接原因的分析，确定事故中的直接责任和领导责任者；

B. 在直接责任者和领导责任者中，根据其在事故发生过程中的作用。确定主要责任者；

C. 根据事故的后果和事故责任者应负的责任提出处理意见。

3）事故结案归档材料的要求

事故处理结案后，下列事故资料应整理归档：

① 职工工伤事故登记表；

② 职工死亡、重伤事故调查报告书及当地安全生产监察行政管理部门的批复；

③ 现场调查记录、图纸、照片；

④ 技术鉴定和试验报告；

⑤ 物证、人证材料；

⑥ 直接或间接经济损失材料；

⑦ 事故责任者的自述材料；

⑧ 医疗部门对伤亡人员的诊断书及有关检验报告；

⑨ 发生事故时的工艺条件、操作情况和设计资料；

⑩ 处分决定和受处分人员的检查材料；

⑪ 有关事故的通报、简报及文件；

⑫ 注明参加调查组的人员姓名、职务、单位。

4）工伤事故的调查方法

① 成立职工伤亡事故调查组。

② 保护好现场。根据刑事诉讼法和人民检察院有关规定，任何单位和个人都有义务保护好现场。尤其是参加现场勘查的人员更有义务做好现场保护工作。一是必须严格服从领导，一切行动听指挥，按照分工的职责进行勘查；二是对现场上发现的各种痕迹物证，都要注意保护，不得随意移动或破坏；三是对现场上的公私财物，要注意保护，不得私自拿走。

③ 详细了解工伤事故发生经过。在实施现场勘查前，调查人员应先了解伤亡事故发生的详细经过，了解现场有无变动，有无危及调查人员的隐患，再进行勘查工作。

④ 实施现场勘查。

⑤ 做好现场勘查记录。

⑥ 做好现场勘查资料归类分析，报告处理。

5）工伤事故的结案与处理

事故调查组提出事故处理意见和整改、防范措施建议，由发生事故的企业及其主管部门负责处理。在处理事故时，应结合各级安全生产责任制的规定，分清事故的直接责任者、主要责任者和领导责任者。此外，还应当追究对安全生产的有关事项负有审查批准和监督职责的行政部门的责任。

因忽视安全生产、违章指挥、违章作业、玩忽职守或者发现事故隐患、危害情况而不采取有效措施以致造成伤亡事故的，由企业主管部门或者企业按照国家有关规定，对企业负责人或直接责任人员给予行政处分；构成犯罪的，由司法机关依法追究刑事责任。

在伤亡事故发生后隐瞒不报、谎报、故意迟延不报、故意破坏事故现场，或者无正当理由拒绝接受调查以及拒绝提供有关情况和资料的，由有关部门按照国家规定，对有关单位负责人和直接责任人员给予行政处分；构成犯罪的，由司法机关依法追究刑事责任。

伤亡事故处理工作应当在 90 日内结案，特殊情况不得超过 180 日。伤亡事故处理结案后，应当公布处理结果。

6）伤亡事故的善后事项处理

伤亡事故的赔偿主要涉及对于受伤或者死者的赔偿，具体内容详见第八章。

（六）劳务培训计划的编制与实施

1. 劳务培训计划的编制

一个完整的培训计划必须满足组织及员工两方面的需求，兼顾组织资源条件及工人素质基础，并充分考虑人才培养的超前性及培训结果的不确定性。不同的企业，培训计划的内容不一样，但是一般来说，一个比较完整的培训计划应该涵盖 6 个 W 和 1 个 H，即 why，培训的目标；what，培训的内容；whom，培训的对象；who，培训者；when，培训的时间；where，培训的地点及培训的设施；how，培训的方式方法以及培训的经费。以下进行具体的介绍：

（1）培训的目标。培训的目标是指培训活动所要达到的目的，从受训者角度进行理解就是指在培训活动结束后应该掌握什么内容。培训目标的制定不仅对培训活动具有指导意义，而且是培训评估的一个重要依据。设置培训目标应包括三个要素：

1）内容要素，即企业希望员工做什么事情。

2）标准要素，即企业期望员工以什么样的标准来做这件事。

3）条件要素，即在什么条件下要达到这样的标准。

（2）培训的内容和培训的对象。培训的内容是指应当进行什么样的培训；培训的对象则是指哪些人要接受培训，这两个项目都是培训需求分析的结果。需要强调的是，为了便于受训人员学习，一般都要将培训的内容编制成相应的教材。培训的内容不同，教材的形式也不同。不论教材的形式如何，都要紧紧围绕培训的内容。

（3）培训者。培训者的选择是培训实施过程中重要的一项工作，培训者选择的恰当与否对于整个培训活动的效果和质量有着直接的影响，优秀的培训者往往都能够使培训工作更加富有成效。

（4）培训的时间。培训时间是指培训在什么时候进行，在培训实施中，这也是非常重要的一点。一般来说，培训时间的确定要考虑两个因素：一是培训需求，二是受训人员。培训时间确定的科学合理，一方面可以保证培训及时地满足培训的需求；另一方面也有助于受训人员安心的接受培训，从而保证培训的效果。

（5）培训的地点和设施。培训地点就是指培训要在什么地方进行，培训地点的选择也会影响培训的效果，合适地点有助于创造有利的培训条件，建立良好的培训环境，从而增进培训的效果。培训的地点选择主要考虑培训的方式，应当有利于培训的有效实施。

此外，在培训计划中，还应当清楚地列出培训所需的设备，如座椅、音响、投影仪、屏幕、白板、文具等，准备好相应的设备也是培训顺利实施的一个重要保证。

（6）培训的方式方法和费用。在实践中，培训的方式方法有很多，不同的方法具有不同的特点，企业应当根据自己的具体情况来选择合适的方法。一般情况下，应该根据培训的内容以及成人学习的特点来选择相应的培训方法。

此外，由于培训都是需要费用的，因此在计划中还需要编制出培训的预算，这里的培训费用一般只计算直接发生的费用，如培训地点的场租、培训的教材费、培训者的授课费、培训的设备费等。对培训的费用做出预算，既便于获取资金支持以保证培训的顺利进行，又是培训评估的一个依据。

2. 劳务培训计划的实施

落实劳务培训计划的实施要看重解决好师资、教材、场地、资金、过程管理以及效果评价和总结等，具体内容见第十章。

二、劳动定额的基本知识

（一）劳动定额基本原理

1. 劳动定额的概念

劳动定额，也称人工定额。它是在正常的施工（生产）技术组织条件下，为完成一定量的合格产品或完成一定量的工作所必须的劳动消耗量的标准，或预先规定在单位时间内合格产品的生产数量。

2. 劳动定额的表达形式

劳动定额的表现形式分为时间定额和产量定额两种。采用复式表示时，其分子为时间定额，分母为产量定额，详见表 2-1（本表摘自 1985 年《全国建筑安装工程统一劳动定额》）。

每立方米砌体的劳动定额　　表 2-1

项目		混水内墙					混水外墙					序号
		0.25 砖	0.5 砖	0.75 砖	1 砖	1.5 砖及 1.5 砖以外	0.5 砖	0.75 砖	1 砖	1.5 砖	2 砖及 2 砖以外	
综合	塔吊	2.05/0.448	1.32/0.758	1.27/0.787	0.972/1.03	0.045/1.06	1.42/0.704	1.37/0.73	1.04/0.962	0.985/1.02	0.955/1.05	一
	机吊	2.26/0.442	1.51/0.662	1.47/0.68	1.18/0.847	1.15/0.87	1.62/0.617	1.57/0.637	1.24/0.806	1.19/0.84	1.16/0.862	二
砌砖		1.54/0.65	0.822/1.22	0.774/1.29	0.458/2.18	0.426/2.35	0.931/1.07	0.869/1.15	0.522/1.92	0.466/2.15	0.435/2.3	三
运输	塔吊	0.433/2.31	0.412/2.43	0.415/2.41	0.418/2.39	0.418/2.39	0.412/2.43	0.415/2.41	0.418/2.39	0.418/2.39	0.418/2.39	四
	机吊	0.64/1.56	0.61/1.64	0.613/1.63	0.621/1.61	0.621/1.61	0.61/1.64	0.613/1.63	0.619/1.62	0.619/1.62	0.619/1.62	五
调制砂浆		0.081/12.3	0.081/12.3	0.085/11.8	0.096/10.4	0.101/9.9	0.081/12.3	0.085/11.8	0.096/10.4	0.101/9.9	0.102/9.8	六
编号		13	14	15	16	17	18	19	20	21	22	

(1) 时间定额

时间定额是指在一定的生产技术和生产组织条件下，某工种、某种技术等级的工人小组或个人，完成符合质量要求的单位产品所必须的工作时间。

时间定额以工日为单位，每个工日工作时间按现行制度规定为 8 小时。其计算方法如下：

$$单位产品时间定额（工日）=1÷每日产量$$

或 $$单位产品时间定额（工日）=小组成员工日数的总和÷台班产量$$

(2) 产量定额

产量定额是指在一定的生产技术和生产组织条件下，某工种、某种技术等级的工人小组或个人，在单位时间内（工日）应完成合格产品的数量。其计算方法如下：

$$每工产量=1÷单位产品时间定额（工日）$$

或 $$台班产量=小组成员工日数的总和÷单位产品的时间定额（工日）$$

时间定额与产量定额互为倒数，成反比例关系，即：

$$时间定额×产量定额=1$$
$$时间定额=1÷产量定额$$
$$产量定额=1÷时间定额$$

按定额标定的对象不同，劳动定额又分为单项工序定额、综合定额。综合定额表示完成同一产品中的各单项（工序或工种）定额的综合。按工序综合的用"综合"表示，如表 2-1，按工种综合的一般用"合计"表示，计算方法如下：

$$综合时间定额（工日）=各单项（工序）时间定额的总和$$
$$综合产量定额=1÷综合时间定额（工日）$$

例如：表 2-1 所示，一砖厚混水内墙，塔式起重机作垂直和水平运输，每立方米砌体的综合时间定额是 0.972 工日，它是由砌砖、运输、调制砂浆三个工序的时间定额之和得来的，即：

$$0.458+0.418+0.096=0.9729（工日）$$

其综合产量定额 $=1÷0.972=1.03$（m^3）

同样，综合时间定额×综合产量定额=1

即：$0.972×1.03=1$

（二）劳动定额的制定方法

劳动定额一般常用的方法有四种，即：经验估工法、统计分析法、比较类推法和技术测定法。如图 2-1 所示。

1. 经验估工法

经验估工法，是根据老工人、施工技术人员和定额员的实践经验，并参照有关技术资料，结合施工图纸、施工工艺、施工技术组织条件和操作方法等进行分析、座谈讨论、反复平衡制定定额的方法。

图 2-1 劳动定额制定方法

由于参与估工的上述人员之间存在着经验和水平的差异,同一个项目往往会提出一组不同的定额数值,此时应根据统筹法原理,进行优化以确定出平均先进的定额指标。计算公式:

$$t=(a+4m+b)\div 6$$

式中 t——表示定额优化时间(平均先进水平);

a——表示先进作业时间(乐观估计);

m——表示一般的作业时间(最大可能);

b——表示后进作业时间(保守估计)。

[例] 用经验估工法确定某一个施工过程单位合格产品工时消耗,通过座谈讨论估计出了三种不同的工时消耗,分别是 0.45、0.6、0.7,计算其定额时间。

[解] $t=(0.45+4\times 0.6+0.7)\div 6=0.59$

经验估工法具有制定定额工作过程较短,工作量较小,省时,简便易行的特点。但是其准确程度在很大程度上决定于参加评估人员的经验,有一定的局限性。因而它只适用于产品品种多,批量小,不易计算工作量的施工(生产)作业。

2. 统计分析法

统计分析法,是把过去一定时期内实际施工中的同类工程或生产同类产品的实际工时消耗和产量的统计资料(如施工任务书、考勤报表和其他有关的统计资料),与当前生产技术组织条件的变化结合起来,进行分析研究制定定额的方法。统计分析法简便易行,较经验估工法有较多的原始资料,更能反映实际施工水平。它适合于施工(生产)条件正常、产品稳定、批量大、统计工作制度健全的施工(生产)过程。

3. 比较类推法

比较类推法,也称典型定额法。它是以同类型工序、同类型产品定额典型项目的水平或技术测定的实耗工时为准,经过分析比较,以此类推出同一组定额中相邻项目定额的一种方法。

采用这种方法编制定额时,对典型定额的选择必须恰当,通常采用主要项目和常用项目作为典型定额比较类推。用来对比的工序、产品的施工(生产)工艺和劳动组织的特征,必须是"类似"或"近似",具有可比性的。这样可以提高定额的准确性。

这种方法简便、工作量小,适用产品品种多、批量小的施工(生产)过程。

比较类推法常用的方法有两种:

(1) 比例数示法

比例数示法,是在选择好典型定额项目后,经过技术测定或统计资料确定出它们的定额水平,以及和相邻项目的比例关系,再根据比例关系计算出同一组定额中其余相邻项目水平的方法。例如挖地槽、地沟的时间定额水平的确定就采用了这种方法,见表2-2。

挖地槽、地沟时间定额确定表 (单位:工日/m^3)　　　表 2-2

项目	比例关系	挖地槽、地沟在1.5m以内		
		上口宽在(米以内)		
		0.8	1.5	3
一类土	1.00	0.167	0.144	0.133
二类土	1.43	0.233	0.205	0.192
三类土	2.50	0.417	0.357	0.338
四类土	3.76	0.620	0.538	0.500

在制定表2-2所示一组定额时,首先测定出一类土上口宽在0.8m、1.5m、3m以内各项目的时间定额:0.167、0.144、和0.133。然后测定出一类土和二、三、四类土的比例关系。最后用公式计算出二、三、四类土各项目的时间定额,填入表内。其公式

$$t = p \times t_0$$

式中　t——比较类推相邻定额项目的时间定额;

t_0——典型项目的时间定额;

p——比例关系。

[例]　选一类土上口宽0.8m以内地槽为典型项目,经测定其时间定额为0.167(工日),又知挖二类土用工是挖一类土用工的1.43倍,试计算出挖二类土,上口宽在0.8m以内地槽的时间定额。

[解]　二类土的时间定额(地槽上口宽0.8m以内)为:0.167×1.43=0.223(工日)

(2) 坐标图示法

它是以横坐标表示影响因素值的变化,纵坐标标志产量或工时消耗的变化。选择一组

同类型的典型定额项目（一般为四项），并用技术测定或统计资料确定出各典型定额项目的水平，在坐标图上用"点"表示，连接各点成一曲线，即是影响因素与工时（产量）之间的变化关系，从曲线上即可找出所需的全部项目的定额水平。

［例］ 在确定机动翻斗车运石子、矿渣的劳动定额指标时，首先画出坐标图，横坐标代表运距（以 100m 为单位），纵坐标代表产量（以立方米为单位），然后选出运距分别为 100m、400m、900m、1600m 四个典型项目，并用技术测定法分别确定出它们的产量定额，依次是 4.63m³、3.6m³、2.84m³、2.25m³，根据这几组数据，给出运石子、矿渣的曲线图，如图 2-2 所示。

图 2-2 机动翻斗车运石子矿渣曲线图

据图中的曲线，可以类推出运距分别为 200m、600m、1200m 时的产量定额，依次是 4.2m³、3.3m³、2.25m³。详见 1985 年全国统一劳动定额。

4. 技术测定法

技术测定法，是指通过对施工（生产）过程的生产技术组织条件和各种工时消耗进行科学的分析研究后，拟订合理的施工条件、操作方法、劳动组织和工时消耗。在考虑挖掘生产潜力的基础上，确定定额水平的方法。

在正常的施工条件下，对施工过程各工序时间的各个组成要素，进行现场观察测定，分别测定出每一工序的工时消耗，然后对测定的资料进行整理、分析、计算制定定额的一种方法。

根据施工过程的特点和技术测定的目的、对象和方法的不同，技术测定法又分为测时法、写实记录法、工作日写实法和简易测定法等四种。

(1) 测时法

测时法主要用来观察研究施工过程某些重复的循环工作的工时消耗，不研究工日休息、准备与结束及其他非循环的工作时间。主要适用于施工机械。可为制定劳动定额提供单位产品所必需的基本工作时间的技术数据。按使用秒表和记录时间的方法不同，测时法又分选择测时和接续测时两种。

(2) 写实记录法

写实记录法，是研究各种性质的工作时间消耗的方法。通过对基本工作时间、辅助工作时间、不可避免的中断时间、准备与结束时间、休息时间以及各种损失时间的写实记录，可以获得分析工时消耗和制定定额的全部资料。观察方法比较简便，易于掌握，并能保证必须的精度，在实际工作中得到广泛应用。

按记录时间的方法不同分为数示法、图示法和混合法三种。

(3) 工作日写实法

工作日写实法,是对工人在整个工作班组内的全部工时利用情况,按照时间消耗的顺序进行实地的观察、记录和分析研究的一种测定方法。根据工作日写实的记录资料,可以分析哪些工时消耗是合理的、哪些工时消耗是无效的,并找出工时损失的原因,拟定措施,消除引起工时损失的因素,从而进一步促进劳动生产率的提高。因此工作日写实法是一种应用广泛而行之有效的方法。

(4) 简易测定法

简易测定法,是简化技术测定的方法,但仍保持了现场实地观察记录的基本原则。在测定时,它只测定定额时间中的基本工作时间,而其他时间则借助"工时消耗规范"来获得所需的数据,然后利用计算公式,计算和确定出定额指标。它的优点是方法简便,容易掌握,且节省人力和时间。企业编制补充定额时常用这种方法。其计算公式是:

$$定额时间 = \frac{基本工作时间}{(1-规范时间\%)}$$

式中基本工作时间可用简易测定法获得。

规范时间可查"定额工时消耗规范"。

[例] 设测定一砖厚的基础墙,现场测得每立方米砌体的基本工作时间为 140 工分,试求其时间定额与产量定额。

[解] 查"定额工时消耗规范"得知:

准备与结束时间占工作班时间的 5.45%;

休息时间占工作班时间的 5.84%;

不可避免的中断时间占工作班时间的 2.49%。

则,时间定额=140÷[1-(5.45%+5.84%+2.49%)]=140÷0.8622=162.4(工分)

折合成工日,则时间定额为:

$$162.4÷480=0.34(工日)$$

每工产量=1÷0.34=2.94(m^3)

总之,以上四种测定方法,可以根据施工过程的特点以及测定的目的分别选用。但应遵循的基本程序是:预先研究施工过程,拟定施工过程的技术组织条件,选择观察对象,进行计时观察,拟定和编制定额。同时还应注意与比较类推法、统计分析法、经验估工法结合使用。

(三) 工作时间研究

1. 工作时间研究的意义

(1) 时间研究的概念

时间研究,是在一定的标准测定条件下,确定人们完成作业活动所需时间总量的一套程序和方法。时间研究用于测量完成一项工作所必须的时间,以便建立在一定生产条件下的工人或机械的产量标准。

（2）时间研究的作用

时间研究产生的数据可以在很多方面加以利用，除了作为编制人工消耗量定额和机械消耗量定额的依据外，还可用于：

1）在施工活动中确定合适的人员或机械的配置水平，组织均衡生产。
2）制定机械利用和生产成果完成标准。
3）为制定金钱奖励目标提供依据。
4）确定标准的生产目标，为费用控制提供依据。
5）检查劳动效率和定额的完成情况。
6）作为优化施工方案的依据。

必须明确的是，时间研究只有在工作条件（包括环境条件、设备条件、工具条件、材料条件、管理条件等）不变，且都已经标准化、规范化的前提下，才是有效的。时间研究在生产过程相对稳定、各项操作已经标准化了的制造业中得到了较广泛的应用，但在建筑业中应用该技术相对来说要困难得多。主要原因是建筑工程的单件性，大多数施工项目的施工方案和生产组织方式是临时性质的，每个工程项目差不多都是完成独特的工作任务，而其施工过程受到的干扰因素多，完成某项工作时的工作条件和现场环境相对不稳定，操作的标准化、规范化程度低。

虽然在建筑业中应用时间研究的方法有一定的困难，但是他还是在建筑业的定额管理工作中发挥着重要作用。通过改善施工现场的工作条件来提高操作的标准化和规范化，时间研究将在建筑业的管理工作中发挥越来越重要的作用。

2. 施工过程研究

施工过程是指在施工现场对工程所进行的生产过程。研究施工过程的目的是帮助我们认识工程建造过程的组成及其构造规律，以便根据时间研究的要求对其进行必要的分解。

（1）施工过程的分类

按不同的分类标准，施工过程可以分成不同的类型。

1）按施工过程的完成方法分类，可以分为手工操作过程（手动过程）、机械化过程（机动过程）和机手并动过程（半机械化过程）。

2）按施工过程劳动分工的特点不同分类，可以分为个人完成的过程、工人班组完成的过程和施工队完成的过程。

3）按施工过程组织上复杂程度分类。可以分为工序、工作工程和综合工作过程。

工序是组织上分不开和技术上相同的施工过程。工序的主要特征是：工人班组、工作地点、施工工具和材料均不发生变化。如果其中有一个因素发生了变化，就意味着从一个工序转入了另一个工序。工序可以由一个人来完成，也可以由工人班组或施工队几名工人协同完成；可以由手动完成，也可以由机械操作完成。将一个施工工程分解成一系列工序的目的，是为了分析、研究各工序在施工过程中的必要性和合理性。测定每个工序的工时消耗，分析各工序之间的关系及其衔接时间，最后测定工序上的时间消耗标准。

工作过程是由同一工人或同一工人班组所完成的在技术操作上相互有机联系的工序的

总和。其特点是在此过程中生产工人的编制不变、工作地点不变，而材料和工具则可以发生变化。例如，同一组生产工人在工作面上进行铺砂浆、砌砖、刮灰缝等工序的操作，从而完成砌筑砖墙的生产任务，在此过程中生产工人的编制不变、工作地点不变，而材料和工具则发生了变化，由于铺砂浆、砌砖、刮灰缝等工序是砌筑砖墙这一生产过程不可分割的组成部分，它们在技术操作上相互紧密地联系在一起，所以这些工序共同构成一个工作过程。从施工组织的角度看，工作过程是组成施工过程的基本单元。

综合工作过程是同时进行的、在施工组织上有机地联系在一起的、最终能获得一种产品的工作过程的总和。例如，现场浇筑混凝土构件的生产过程，是由搅拌、运送、浇捣及养护混凝土等一系列工作过程组成。

施工过程的工序或其组成部分，如果以同样次序不断重复，并且每经一次重复都可以生产同一种产品，则称为循环的施工过程。反之，若施工过程的工序或其组成部分不是以同样次序重复，或者生产出来产品各不相同，这种施工过程则称为非循环的施工过程。

（2）施工中工人工作时间的分类

工人在工作班内消耗的工作时间，按其消耗的性质可以分为两大类：必须消耗的时间（定额时间）和损失时间（非定额时间）。

必须消耗的时间是工人在正常施工条件下，为完成一定产品所消耗的时间。它是制定定额的主要依据。必须消耗的时间包括有效工作时间、不可避免的中断时间和休息时间。

有效工作时间是从生产效果来看与产品生产直接有关的时间消耗，包括基本工作时间、辅助工作时间、准备与结束工作时间。基本工作时间是工人完成基本工作所消耗的时间，也就是完成能生产一定产品的施工工艺过程所消耗的时间。基本工作时间的长短与工作量的大小成正比。辅助工作时间是为保证基本工作能顺利完成所做的辅助性工作消耗的时间。如工作过程中工具的校正和小修、机械的调整、工作过程中机器上油、搭设小型脚手架等所消耗的工作时间。辅助工作时间的长短与工作量的大小有关。准备与结束工作时间是执行任务前或任务完成后所消耗的工作时间。如工作地点、劳动工具和劳动对象的准备工作时间，工作结束后的调整工作时间等。准备与结束工作时间的长短与所负担的工作量的大小无关，但往往和工作内容有关。这项时间消耗可分为班内的准备与结束工作时间和任务的准备与结束工作时间。

不可避免的中断所消耗的时间是由于施工工艺特点引起的工作中断所消耗的时间。如汽车司机在汽车装卸货时消耗的时间。与施工过程工艺特点有关的工作中断时间，应包括在定额时间内；与工艺特点无关的工作中断所占有的时间，是由于劳动组织不合理引起的，属于损失时间，不能计入定额时间。

休息时间是工人在工作过程中为恢复体力所必需的短暂休息和生理需要的时间消耗，在定额时间中必须进行计算。

损失时间，是与产品生产无关，而与施工组织和技术上的缺点有关，与工作过程中个人过失或某些偶然因素有关的时间消耗。损失时间中包括有多余和偶然工作、停工、违背劳动纪律所引起的工时损失。所谓多余工作，就是工人进行了任务以外的工作而又不能增加产品数量的工作。如重砌质量不合格的墙体、对已磨光的水磨石进行多余的磨光等。多余工作的工时损失不应计入定额时间中。偶然工作也是工人在任务以外进行的工作，但能够获得一定产品。如电工铺设电缆时需要临时在墙上开洞，抹灰工不得不补上偶然遗留的墙洞等。在拟订定额时，可适当考虑偶然工作时间的影响。停工时间可分为施工本身造成的停工时间和非施工本身造成的停工时间两种。施工本身造成的停工时间，是由于施工组织不善、材料供应不及时、工作面准备工作做得不好、工作地点组织不良等情况引起的停工时间。非施工本身造成的停工时间，是由于气候条件以及水源、电源中断引起的停工时间。后一类停工时间在定额中可以适当考虑。违背劳动纪律造成的工作时间损失，是指工人迟到、早退、擅自离开工作岗位、工作时间内聊天等造成的工时损失。这类时间在定额中不予考虑。

三、劳动力需求计划

（一）施工劳动力的类型和结构特点

1. 施工劳动力的类型

（1）企业自有工人

（2）聘用外来劳务企业工人

（3）使用劳务派遣工人

2. 施工劳动力的结构特点

（1）总承包企业自有劳动力少，使用劳务分包企业劳动力多

现阶段，建筑施工企业实行管理层与作业层"两层分离"的用工体制，总承包企业只在关键工种、特殊工种保留企业自有一线作业工人，施工现场一线的工人以劳务分包企业劳动力为主，总承包企业只派出相关管理人员和技术骨干监督、管理工作。

（2）城镇劳动力少，农村劳动力多

建筑业目前属于"脏、累、险、差"的劳动密集型行业，多年来难于从城镇招收建筑业工人，同时由于使用农民工的成本低廉，使大量农村剩余劳动力成为建筑业工人的主要来源。

（3）长期工少，短期工多

这是由于建筑施工劳动的流动性和间断性引起的。在不同地区之间流动施工时，招聘的工人都是短期的合同工或临时工，聘用期最长为该建筑产品的整个施工期。通常是按各分部、分项工程的技术要求雇用不同工种和不同技术等级的工人，有时甚至可能按工作日或工时临时雇用工人。对于管理人员、技术人员、各工种的技术骨干，聘用期会相对较长。

（4）高技能工人少，一般技工和普通工多

这是由于建筑生产总体技术水平不高和劳动技能要求不均衡决定的。建筑施工劳动的许多方面一般技工和普通工即可胜任。即使对技术要求较高的工种，也常常需要一定数量的普通工做一些辅助工作。只有少数工种，如电工、电焊工、测量工、装饰工等高技能工人的比重相对高一些。

（5）女性工人少，男性工人多

由于建筑业的劳动强度和作业方式的特殊性，是不适宜妇女从事的行业。妇女适宜在建筑业从事一些辅助性工作、后勤服务工作，但这些工作岗位的比例有限，一般不超过

10%，与社会上其他行业妇女的平均就业率相差甚远。

（二）劳动力需求计划

1. 劳动力需求计划的编制原则

（1）控制人工成本，实现企业劳动力资源市场化的优化配置；
（2）符合企业（项目）施工组织设计和整体进度要求；
（3）根据企业需要遴选专业分包、劳务分包队伍，提供合格劳动力，保证工程进度及工程质量、安全生产；
（4）依据国家及地方政府的法律法规对分包企业的履约及用工行为实施监督管理。

2. 劳动力需求计划的编制要求

（1）要保持劳动力均衡使用。劳动力使用不均衡，不仅会给劳动力调配带来困难，还会出现过多、过大的需求高峰，同时也增加了劳动力的管理成本，还会带来住宿、交通、饮食、工具等方面的问题。

（2）根据工程的实物量和定额标准分析劳动需用总工日，确定生产工人、工程技术人员的数量和比例，以便对现有人员进行调整、组织、培训，以保证现场施工的劳动力到位。

（3）要准确计算工程量和施工期限。劳动力管理计划的编制质量，不仅与计算的工程量的准确程度有关，而且与工期计划得合理与否有直接的关系。工程量越准确，工期越合理，劳动力使用计划越准确。

（三）劳动力总量需求计划的编制方法

1. 劳动力总量需求计划的编制程序

确定建筑工程项目劳动力的需求量，是劳动力管理计划的重要组成部分，它不仅决定了劳动力的招聘计划、培训计划，而且直接影响其他管理计划的编制。劳动力需求计划的编制程序如下：

（1）确定劳动效率

确定劳动力的劳动效率，是劳动力需求计划编制的重要前提，只有确定了劳动力的劳动效率，才能制定出科学、合理的计划。建筑工程施工中，劳动效率通常用"产量/单位时间"或"工时消耗量/单位工作量"来表示。

在一个工程中，分项工程量一般是确定的，它可以通过图纸和工程量清单的规范计算得到，而劳动效率的确定却十分复杂。在建筑工程中，劳动效率可以在《劳动定额》中直接查到，它代表社会平均先进水平的劳动效率。但在实际应用时，必须考虑到具体情况，如环境、气候、地形、地质、工程特点、实施方案的特点、现场平面布置、劳动组合、施工机具等，进行合理调整。

(2) 确定劳动力投入量

劳动力投入量也称劳动组合或投入强度，在劳动力投入总工时一定的情况下，假设在持续的时间内，劳动力投入强度相等，而且劳动效率也相等，在确定每日班次及每班次的劳动时间时，可计算：

$$\text{劳动投入量} = \frac{\text{劳动力投入总工时}}{\text{班次}/\text{日} \times \text{工时}/\text{班次} \times \text{活动持续时间}}$$

$$= \frac{\text{工程量} \times \text{工时消耗量} \times \text{单位工程量}}{\text{班次}/\text{日} \times \text{工时}/\text{班次} \times \text{活动持续时间}}$$

(3) 劳动力需求计划的编制

在编制劳动力需求量计划时，由于工程量、劳动力投入量、持续时间、班次、劳动效率、每班工作时间之间存在一定的变量关系，因此，在计划中要注意他们之间的相互调节。

在工程项目施工中，经常安排混合班组承担一些工作任务，此时，不仅要考虑整体劳动效率，还要考虑到设备能力的制约，以及与其他班组工作的协调。

劳动力需求量计划还应包括对现场其他人员的使用计划，如为劳动力服务的人员（如医生、厨师、司机等）、工地警卫、勤杂人员、工地管理人员等，可根据劳动力投入量计划按比例计算，或根据现场实际需要安排。

2. 劳动力总量需求计划的编制方法

(1) 经验比较法

与同类项目进行模拟比较计算。可用产值人工系数或投资人工系数来比较计算。在资料比较少的情况下，仅具有施工方案和生产规模的资料时可用这种方法。

(2) 分项综合系数法

利用实物工程量中的综合人工系数计算总工日。例如，机械挖土方，平时定额为0.2工时/立方米；设备安装，大型压缩机安装为20工时/吨。

(3) 概算定额法

用概（预）算中的人工含量计算劳动力需求总量。

（四）劳动力计划平衡方法

1. 劳动力负荷曲线

一个施工项目从准备、开工、土建、安装、竣工各阶段所需设计人员、采购人员、施工人员包括各工种工人和管理人员的数量都不相等，而且时间也不同。根据资源耗用规律，人力需要量是从少到多，逐渐形成相对平稳的高峰，然后逐渐减少。这一规律，可用函数 $f(x)$ 来表示，这种函数曲线所描述的就是劳动力动员直方图的包络曲线，可称为劳动力负荷曲线，曲线有限点的坐标值的表格形成就是劳动力动员计划。

(1) 制订劳动力负荷曲线的原始条件

施工项目的工程范围、工作规范、工程设计、施工图设计；施工项目所在地区的环境条件：项目的分部、分项工程量；项目总体施工统筹计划；设备材料的交货方式、交货时间、供货状态等。这些条件在施工准备阶段往往不可能完全具备，所以要根据所掌握的资料，运用不同的方法制订劳动力负荷曲线。

（2）劳动力负荷曲线的绘制方法

1）类比法

分析已经积累的各种类型项目在不同规模下劳动力计划和实际耗用劳动力的高峰系数、高峰持续系数、平均系数、高峰期人数，以及各工种的数据等。剔除虚假数据，列出实施项目与类比项目间的差异，计算出类比系数，如规模系数、投资比例系数、建安估算值比例系数。根据计算出的类比系数，结合实际经验进行修正，绘制出劳动力动员直方图和劳动力负荷曲线。

2）标准（典型）曲线法

当绘制企业各项目劳动力负荷曲线数据不足时，可以采用此法，即套用已有的同类项目标准（典型）劳动力负荷曲线，根据现有项目情况加以修正。

2. 劳动力计划平衡

要使劳动力计划平衡，应注意以下几个关键：

（1）劳动力计划要具体反映出各月、各工种的需求人数，计划逐月累计投入的总人数、高峰人数、高峰持续时间、高峰系数、总施工周期。

（2）劳动力计划要编制企业按月需求的各工种总计划人数，分施工项目的月度计划使用劳动力总人数等。

（3）劳动力计划一般用表格的形式表达。其制订方法与劳动力需求总量计划直方图基本相同，只是按工种分别计算，汇总制表。

四、劳动合同的基本知识

（一）劳动合同的种类和内容

1. 劳动合同的概念、种类和特征

（1）劳动合同的概念

劳动合同是劳动者和用人单位（企业、事业、机关、团体等）之间关于确立、变更和终止劳动权利和义务的协议。

（2）劳动合同的种类

《劳动合同法》第十二条规定：劳动合同期限分为固定期限、无固定期限和以完成一定工作任务为期限三种。

《劳动合同法》第十条规定：建立劳动关系，应当订立书面劳动合同。已建立劳动关系，未同时订立书面劳动合同的，应当自用工之日起一个月内订立书面劳动合同。用人单位与劳动者在用工前订立劳动合同的，劳动关系自用工之日起建立。

《劳动合同法》第六十八条规定：非全日制用工，是指以小时计酬为主，劳动者在同一用人单位一般平均每日工作时间不超过4小时，每周工作时间累计不超过24小时的用工形式。

1）按照劳动合同期限划分

① 有固定期限的劳动合同

它是指用人单位与劳动者约定合同终止时间的劳动合同。用人单位与劳动者协商一致，可以订立固定期限劳动合同。它可以是长期的；也可以是短期的，由双方当事人根据工作需要和各自的实际情况确定。

② 无固定期限的劳动合同

它指用人单位与劳动者约定无确定终止时间的劳动合同，即双方当事人在劳动合同上只规定该合同生效的起始日期，并没有规定其终止日期。订立这种劳动合同，除法律、法规另有规定的情况下，劳动者和用人单位之间能够保持较为长期、稳定的劳动关系。签订这种劳动合同，除了双方当事人协商选择外，在一定条件下，成为用人单位的一项法定义务。如我国《劳动法》第二十条第二款规定：劳动者在同一用人单位连续工作满十年以上，当事人双方同意延续劳动合同的，如果劳动者提出订立无固定期限的劳动合同，应当订立无固定期限的劳动合同。《劳动合同法》第十四条第二款还明确规定应当订立无固定期限劳动合同的情形还有：……（二）用人单位初次实行劳动合同制度或者国有企业改制重新订立劳动合同时，劳动者在该用人单位连续工作满十年且距法定退休年龄不足十年

的；(三) 连续订立二次固定期限劳动合同，且劳动者没有本法第三十九条和第四十条第一项、第二项规定的情形，续订劳动合同的。用人单位自用工之日起满一年不与劳动者订立书面劳动合同的，视为用人单位与劳动者已订立无固定期限劳动合同。

③ 以完成一定工作任务为期限的劳动合同

它是指用人单位与劳动者约定以某项工作的完成为合同期限的劳动合同。当约定的工作或工程完成后，合同即行终止。这是一种特殊的定期劳动合同。

2) 按照用工方式的不同划分

① 全日制用工劳动合同，它是指劳动者按照国家法定工作时间，从事全职工作的劳动合同。

② 非全日制用工劳动合同，它是指劳动者按照国家法律的规定，从事部分时间工作的劳动合同。

我国《劳动合同法》第六十八条至七十二条专门作了规定：a. 非全日制用工，是指以小时计酬为主，劳动者在同一用人单位一般平均每日工作时间不超过 4 个小时，每周工作时间累积不超过 24 小时的用工形式；b. 非全日制用工双方当事人可以订立口头协议；c. 从事非全日制用工的劳动者可以与一个或一个以上用人单位订立劳动合同，但是后订立的劳动不得影响先订立的劳动合同的履行；d. 非全日制用工双方不得约定试用期；e. 非全日制用工双方当事人任何一方都可以随时通知对方终止用工。终止用工，用人单位不向劳动者支付经济补偿；f. 非全日制用工小时计酬标准不得低于用人单位所在地人民政府规定的最低小时工资标准；g. 非全日制用工劳动报酬结算支付周期不得超过 15 小时。

③ 劳务派遣用工劳动合同

它是指劳务派遣单位与被派遣劳动者之间订立的劳动合同。我国《劳动合同法》第五十八条至六十七条对劳务派遣专门做了特别规定：a. 劳务派遣用工劳动合同的内容，除应当载明一般劳动合同必须具备的条款外，还应当载明被派遣劳动者的用工单位以及派遣期限、工作岗位等情况；b. 劳务派遣单位应当与被派遣劳动者订立二年以上的固定期限劳动合同，按月支付劳动报酬；c. 被派遣劳动者在无工作期间，劳务派遣单位应当按照所在地人民政府规定的最低工资标准，向其按月支付报酬；d. 劳务派遣单位派遣劳动者应当与用工单位订立劳务派遣协议，劳务派遣单位应当将劳务派遣协议的内容告知被派遣劳动者，不得克扣用工单位按照劳务派遣协议支付给被派遣劳动者的劳动报酬，劳务派遣协议双方也不得向被派遣劳动者收取费用；e. 劳务派遣单位跨地区派遣劳动者的，被派遣。劳动者享有的劳动报酬和劳动条件，按照用工单位所在地的标准执行；f. 被派遣劳动者享有与用工单位的劳动者同工同酬的权利；g. 被派遣劳动者有权在劳务派遣单位或用工单位依法参加或者组织工会，维护自身的合法权益。

3) 按照劳动合同存在的形式不同划分

① 书面劳动合同

它是指以法定的书面形式订立的劳动合同。此类劳动合同适用于当事人的权利、义务需要明确的劳动关系。我国的《劳动法》第十九条、《劳动合同法》第十条都明确规定：建立劳动关系，应当订立书面劳动合同。已建立劳动关系，未同时订立书面劳动合同的，应当自用工之日起一个月内订立的书面劳动合同。书面劳动合同是由双方当事人达成权利、义务协议后用文字形式固定下来，作为存在劳动关系的凭证。

② 口头劳动合同

它是指由劳动关系当事人以口头约定的形式产生的劳动合同。我国《劳动合同法》第六十九条规定：非全日制用工双方当事人可以订立口头协议。这类劳动合同适用于当事人之间的权利、义务可以短时间内结清的劳动关系。

【案例】

南京某公司招聘了一批研发人员，并与之签订了一年的劳动合同。由于新接了一批软件类工程，公司与这批研发人员签了1年的劳动合同。工程陆续完工时，公司通知这批研发期满终止不再续签。但其中部分科研人员提出不同意见，认为两次签订固定期限劳动合同后，劳动者就享有和公司签订无固定期限劳动合同的权利。公司不同意这种说法。依据《劳动合同法》的规定，两次续签固定期限劳动合同的员工，可以与企业订立无固定期限劳动合同。而此时，在是否同意与员工续签的问题上，企业是没有选择权的。

4）劳动合同的特征

劳动合同是一种比较特殊合同，它除了满足一般民事合同的要件外，还有自身的特殊之处。

① 国家干预下的当事人意思自治

劳动合同是在国家干预下的当事人意思自治，而民事合同是没有国家干预的，体现的是当事人意思自治。也就是说，当两个人在签民事合同的时候，只要合同的内容不侵犯国家利益、公共利益，也不侵害第三者的利益，基本上都不受国家的干预。

但是劳动合同却不同，尽管用人单位和劳动者之间约定的是他们双方之间的事，有时他们也不可以随便任意约定合同内容。比如说，用人单位在与劳动者约定工资条款的时候，就不可以把工资约定在当地政府规定的最低工资以下；在约定时间条款的时候，对于标准工时制的劳动者，用人单位不可以与劳动者协商约定让其每天工作时间超过8小时。8小时之内可以允许当事人随便约定，但8小时以上就不可以。

尽管双方当事人把每天的标准工时约定在8小时以上，并不侵犯国家的利益，也不侵犯公共利益，但也是不可以的，因为违反了《劳动法》的规定。这就是国家干预的体现，因此，在劳动合同中的当事人意思自治是限定在一定范围里的。

② 合同双方当事人强弱对比悬殊

在民事合同中，当事人之间一般没有强弱之分，而劳动合同的双方当事人之间强弱对比则比较悬殊。在劳动合同当事人中，一方当事人是非常弱小的个体，即劳动者；而另一方则是无论从资本实力还是其他方面来看都较强大的组织，即用人单位。针对这一特点，《劳动合同法》应是一部着重保护劳动者权益的"倾斜法"，因为在劳资双方不对等的条件下，只有倾斜于弱势群体才能达到公平。事实上，在劳动合同立法过程中发生的诸多争论，都可以归结到一个较为实质和本源的分歧——《劳动合同法》究竟应该是平等保护劳资双方利益的"平等法"，还是侧重保护劳动者权益的"倾斜法"？

"倾斜法"的立法理念，认为劳动关系是一种不平等的关系，必须通过法律的强制来弥补劳动者的弱势地位。侧重保护劳动者，是具有社会法品格的劳动法律与生俱来的使命。《劳动合同法》向劳动者倾斜，追求的正是实质上的公正。我们看到，这一理念在

《劳动合同法》中的确有了一定的体现。

③ 劳动合同具有人身性

用人单位与劳动者建立劳动合同关系，目的是为了使用劳动力。马克思曾经说过："我们把劳动力或劳动能力，理解为人的身体即活的人体中存在的、每当人生产某种使用价值时就运用的体力和智力的总和。"因此可以说，劳动力是蕴涵在劳动者的肌肉和大脑里，与劳动者人身密不可分。这样一来，劳动合同的履行，对于劳动者来说，就具有了所谓的人身性。

④ 劳动合同同时具有平等性和隶属性

劳动合同关系的平等性主要表现为双方权利义务的表面上的对等。在市场经济条件下，这主要体现在以下两个方面：

第一，管理方和劳动者双方都是劳动力市场的主体，双方都要遵循平等自愿协商的原则订立劳动合同，缔结劳动关系。任何一方在单方决定与对方解除劳动关系时，都要遵循一定的法律规定。

第二，双方各自遵守自己的权利与义务，发生争议时法律地位平等。劳动合同关系具有人身让渡的特征，劳动者同用人单位签订劳动合同，缔结劳动关系之后，就有义务在工作场所接受用人单位的管理和监督，按照用人单位所规定的纪律或要求付出劳动。《劳动合同法》第四条规定，"用人单位应当依法建立和完善劳动规章制度"；《劳动法》第三条中规定，劳动者应当遵守劳动纪律和职业道德。换句话说，企业依法制定的规章制度和劳动纪律，劳动者应当遵守和执行，这就形成了所谓的隶属性，也就是不平等性。

实践中，企业内部规章制度和劳动纪律往往是其行使隶属管理权的主要工具之一。因此依法制定出好的规章制度是企业对员工进行管理所必须的。

【案例】

柳某是某国有企业的职工，与该企业签有无固定期限劳动合同。几年前，由于行业不景气，企业生产任务不重，柳某作为销售部的司机像其他工人一样，没有多少活儿，经常是早上来厂里转一圈就走，有时甚至根本不来。企业领导考虑到厂里的事又不多，工人的收入较低，于是对此现象听之任之，未进行严格管理。

去年下半年，企业效益开始好转，生产逐步走上了正轨。为了严格执行劳动纪律，企业向所有职工发出通知："以前由于管理不严，一些职工有违反企业考勤和管理规定的行为，可以既往不咎。但从今以后，我们要严格考勤纪律，每个职工都必须按时上下班，如有违者，将按有关规定处理，绝不手软。"

柳某接到通知后的第一个星期，每天还能坚持出勤，并能完成企业交给的送货任务，即驾车将产品送到客户手里。但一周后，他的懒惰性又上来了，时常让有驾照的弟弟驾车替他为客户送货，而他自己却有时闲逛，有时在另外一家企业兼职做推销产品的工作，从中获得兼职收入。后来，柳某请他人代自己上班的情况被企业发现了。企业经过调查，获得了柳某在一个月内让其弟替班送货10天的证据，按照该企业考勤制度的规定，柳某的行为应按旷工处理。最后，根据本企业规章制度第六章第二条的规定："犯有下列严重违纪行为之一的，予以解除劳动合同：……2.旷工累计三天以上；……5.擅自从事第二职业或为其他企业提供兼职工作的。"作出了解除柳某劳动合同的决定。

柳某对企业解除劳动合同的决定十分不满，两天后就向劳动争议仲裁委员会提出了仲裁申请。要求撤销企业以严重违纪为理由作出的解除劳动合同的决定，并支付解除劳动合同的经济补偿金8000元（相当于柳某四个月的工资），同时另支付违约金10万元。仲裁庭最终认可公司的处罚决定，驳回了柳某的仲裁申请。

2. 劳动合同的格式与必备条款

（1）劳动合同的格式

劳动合同的签订需要双方当事人协商一致的基础上进行，并且严格按照《劳动合同法》规定的形式签订，合同签订后也会出现变更、解除和终止的情形。

协商一致原则是我国签订劳动合同的基本原则。合同双方在就劳动合同的内容、条款，在法律法规允许的范围内，由双方当事人共同讨论、协商、在取得完全一致的意思表示后确定。只有双方当事人就合同的主要条款达成一致意见后，合同才成立和生效。在实践中，常见的是用人单位事先拟好的劳动合同，由劳动者作出是否签约的决定。根据我国《合同法》的有关规定，采用格式条款订立合同的，提供格式条款的一方应遵循公平原则确定当事人之间的权利和义务，并采取合理的方式提请对方注意免除或者限制其责任的条款，按照对方的要求，对该条款予以说明。

（2）劳动合同的必备条款

劳动合同的内容是指劳动者与用人单位双方，通过平等协商所达成的关于劳动权利和劳动义务的具体条款。它是劳动合同的核心部分，双方当事人必须认真对待，一经签订，即应遵守执行，不得任意违反。它包括的条款有：

1）劳动合同期限和试用期限

劳动合同期限，是合同的有效时间，起于劳动合同生效之时，终于劳动合同终止或解除之时。劳动合同可以有固定期限，也可以无固定期限，或者以完成一定的工作为期限。劳动合同期满即终止。劳动合同终止要出现终止的条件，劳动合同的终止条件是指在劳动合同履行过程中，当出现某种事件或某种行为时，劳动合同即终止。劳动合同终止的条件只能是时间之外地某种事件或行为。劳动合同中应有规定期限的条款，若没有规定又不能通过其他方法明确必要的期限时，劳动合同不能成立。就具体的劳动合同而言，当事人在不违背法律禁止性规定的前提下，可自行协商解除合同期限。

试用期限，根据我国《劳动合同法》的规定，试用期限有以下几种情况：其一，劳动合同期限三个月以上不满一年，试用期不得超过一个月；劳动合同期限一年以上不满三年的，试用期不得超过三个月；三年以上固定期限和无固定期限的劳动合同，试用期不得超过六个月。其二，同一用人单位与同一劳动者只能约定一次试用期。其三，以完成一定工作任务为期限的劳动合同或劳动合同期限不满三个月的，不得约定试用期。其四，试用期包含在劳动合同期限内，劳动合同仅约定试用期的，试用期不成立，该期限视为劳动合同期限。

2）工作内容和工作时间

工作内容，主要是指劳动者为用人单位提供的劳动，是劳动者应履行的主要义务。劳动者被录用到用人单位以后，应担任何种工作或职务，工作上应达到什么要求等，应在劳动合同中加以明确。双方在协商一致的基础上明确劳动者所应从事工作的类型及其应达到的数量指标、质量指标等，也可以参照同行业的通常情形来执行，关于劳动或工作的时间、地点、方法和范围等，法律有统一规定的，依照法律执行；没有统一规定的，可由双方协商，但不能违背法律的基本原则。

工作时间，是指劳动者在用人单位应从事劳动的时间，包括每日应工作的时间和每周应工作的天数。根据《国务院关于职工工作时间的规定》，我国目前实行的是每日工作8小时，每周工作40小时的标准工作制。因工作性质或生产特点的限制，不能实行每日8小时，每周工作40小时的标准工时制度的，可以实行缩短工时制、综合计算工时制、不定时工时制等。劳动者和用人单位都要遵守劳动法规定的工时制度，用人单位不得随意延长工作时间，依法延长劳动时间的，应按国家规定的标准支付劳动报酬。

3）劳动报酬和保险、福利待遇

① 劳动报酬

用人单位向劳动者支付劳动报酬，这是用人单位的主要义务。与此相对应，获得劳动报酬是劳动者的主要权利。劳动报酬，专指在劳动法中所调整的劳动者基于劳动关系而取得的各种劳动收入，其主要支付形式是工资，此外还有津贴、奖金等。在劳动合同中应明确劳动报酬的数额，支付方法，奖金、津贴的数额及获得的条件等。根据《劳动合同法》第十八条的规定，劳动合同对劳动报酬约定不明确，引发争议的，用人单位与劳动者可以重新协商。协商不成的适用集体合同规定，没有集体合同规定或者集体合同未作规定的，实行同工同酬。

② 保险、福利待遇

在我国，劳动者享受社会保险的权利受到法律保护。在《劳动合同法》颁布以前，《劳动法》虽然没有将社会保险条款规定为劳动合同的必备条款，但是根据其七十二条的规定，用人单位和劳动者必须依法参加社会保险，缴纳社会保险费。用人单位参加社会保险并缴纳社会保险费是法律的强制性规定，用人单位不能以劳动合同中没有约定为由拒绝劳动者缴纳社会保险费。为了强化用人单位的社会责任和劳动者的社会保险意识并起到明示作用，《劳动合同法》突出了社会保险条款，规定在劳动合同中应当具备的社会保险的内容。

职工福利，是指用人单位和有关社会服务机构为满足劳动者生活的共同需要和特殊需要，在工资和社会保险之外向职工及其亲属提供一定的货币、实物、服务等形式的物质帮助。其中包括：为减少劳动者生活费用开支和解决劳动者生活困难而提供的各种补贴；为方便劳动者生活和减轻劳动职工家务负担而提供各种生活设施和服务；为活跃劳动者文化而提供的各种文化设施和服务。

4）生产条件或工作条件

劳动者各项具体权利的实现，通常依赖于用人单位提供条件保障或者给予必要的配合，并执行劳动安全卫生章程，为劳动者提供劳动保护义务。用人单位应根据劳动安全卫生规章和有关劳动保护法规，为劳动者提供安全卫生的劳动条件和生产设备，加强安全卫生的管理工作，发放安全卫生防护用品，保证劳动过程中劳动者的安全和健康，并做好职业危害的防护工作，保障女职工和未成年劳动者特殊的劳动保护待遇的实现。

5) 劳动纪律和政治待遇

劳动纪律，是指用人单位依法制定的，全体职工在劳动过程中必须遵守的行为规则。它要求每个职工都必须按照规定的时间、地点、质量、方法和程序等方面的统一规则完成自己的劳动任务、实现全体职工在劳动过程中的行为方式和联系方式的规范化，以维护正常的生产、工作秩序。劳动纪律的内容一般应当包括：①时间纪律，即职工在作息时间、考勤、请假方面的规则。②组织纪律，即职工在服从人事调配、听从指挥、保守秘密、接受监督方面的规则。③岗位纪律，即职工在完成劳动任务、履行岗位职责、遵循操作规程、遵守职业道德方面的规则。④职场纪律，即职工在工作场所遵守公共秩序，协作配合方面的规则。⑤安全卫生纪律，即职工在劳动安全卫生、环境保护方面的规则。⑥品行纪律，即职工在廉洁奉公、爱护财产、厉行节约、关心集体方面的规则。⑦其他纪律。

政治待遇，是指职工直接或间接管理所在企业内部事务。主要有以下四种形式：①机构参与，或称组织参与即职工通过组织一定的代表性专门机构参与企业管理，如我国职工代表大会。②代表参与，即职工通过合法程序产生的职工代表参与企业管理，如职工代表参加企业有关机构或监督企业日常管理活动等等。③岗位参与，即职工通过在劳动岗位上实行自治来参与企业管理，如我国的班组自我管理等。④个人参与，即职工本人以个人行为参与企业管理，如职工个人向企业提出合理化建议，向企业有关管理机构进行查询等等。

6) 劳动合同的变更和解除

劳动合同变更，是指劳动合同在履行过程中，由于法定原因或约定条件发生变化，对已生效的劳动合同条款进行修改或补充。劳动合同双方应对适用劳动合同变更的情形进行约定，以维护自身合法权利。

劳动合同解除，是指劳动合同订立后，尚未全部履行以前，由于某种原因导致劳动合同当事人一方或双方提起消灭劳动关系的法律行为。劳动合同解除有法定解除和约定解除两种情况。

3. 劳动合同的其他条款及当事人约定事项

(1) 劳动合同的其他必备条款

1) 协商约定保守商业秘密的条款

用人单位与劳动者可以在劳动合同中约定保守用人单位的商业秘密和知识产权相关的保密事项。根据我国劳动合同法的相关规定：其一，在竞业限制期限内按月给予劳动者经济补偿。劳动者违反竞业限制约定的，应当按照约定向用人单位支付违约金。其二，竞业限制的人员限于用人单位的高级管理人员、高级技术人员和其他负有保密义务的人员。竞业限制的范围、地域、期限由用人单位与劳动者约定，竞业限制的约定不得违反法律、法规的规定。其三，竞业限制期限，不得超过二年。其四，竞业期内可以到非竞业单位就业。除本法上述的情形外，用人单位不得与劳动者约定由劳动者承担违约金。

2) 协商约定专业技术培训的规定

用人单位与劳动者提供专业培训费用，对其进行专业技术培训的，可以与劳动者订立协议，约定服务期。劳动者违反服务期约定的，应当按照约定向用人单位支付违约金。违约金的数额不得超过用人单位提供的培训费用。培训费按照服务期,逐年摊销,余额部分为违约金。其一,培训费用,包括用人单位为了对劳动者进行专业技术培训而支付的有凭证的培训费用、培训期间的差旅费用以及因培训产生的用于该劳动者的其他直接费用。其二,劳动合同期满,但是用人单位与劳动者依照劳动合同法第二十二条的规定约定的服务期尚未到期的,劳动合同应当续延至服务期满;双方另有约定的,从其约定。其三,用人单位与劳动者约定了服务期,劳动者依照《劳动合同法》第三十八条的规定(单位过错)解除劳动合同的,不属于违反服务期的约定,用人单位不得要求劳动者支付违约金。其四,有劳动者过错情形,导致用人单位与劳动者解除约定服务期的劳动合同的,劳动者应当按照劳动合同的约定向用人单位支付违约金。

【案例】

张某曾担任某电脑科技公司某区总经理,由于不满该公司的工资待遇,便于2009年3月加入了另一家科技公司。张某作为广州公司的高级管理人员,曾与该公司签订了为期2年的竞业限制协议,竞业限制的范围是中国所有的电脑科技公司,于是张某在离职后不得不向原公司支付了竞业限制补偿金。因为他违反了竞业限制约定,应当按照协议支付违约金。

(2) 当事人约定的其他事项

除上述内容外,劳动合同的当事人还可以在充分协商一致的基础上约定其他内容。当事人约定的其他内容并不是每一个劳动合同所必须具备,如果欠缺这些内容,合同仍可以成立,但也并不是说对劳动合同而言当事人约定的其他内容是可有可无的。当事人约定的其他内容对于明确当事人的权利、义务和责任,同必备内容一样有着重要意义。当事人约定的内容同样不得违背法律的有关规定。

4. 劳动合同的变更、解除及违约责任

(1) 劳动合同的变更

劳动合同的变更指在劳动合同履行过程中,因某种原因或法律规定,劳动者和用人单位协商一致,对原合同进行修改或补充。我国《劳动法》第十七条规定:订立和变更劳动合同,应当遵循平等自愿、协商一致的原则,不得违反法律、行政法规的规定。《劳动合同法》第三十五条规定:用人单位与劳动者协商一致,可以变更劳动合同约定的内容。变更劳动合同,应当采用书面形式。变更后的劳动合同文本由用人单位和劳动者各执一份。

劳动合同的变更,仅限于劳动合同内容的变更,不包括当事人主体的变更。劳动合同依法订立后,即具有法律效力,双方当事人必须履行劳动合同规定的义务,任何一方当事人不得擅自改变劳动合同的内容,但是,在劳动合同的履行过程中,由于客观条件的变化,依法允许变更劳动合同。变更劳动合同时,一般经过以下三个程序:

第一,提出要求。要求变更劳动合同的一方当事人,应事先向对方提出,并说明情况和理由,请对方在限期内答复。

第二,做出答复。接到变更劳动合同要求的另一方当事人,应在规定的限期内给予答复,表示同意或不同意变更,或提出建议协商解决。

第三,签订协议。双方当事人意思表示取得一致后,签订变更劳动合同的书面协议,

经签字盖章，立即生效。

变更劳动合同和订立合同一样，也必须按照《劳动法》第十七条规定的平等自愿协商一致的原则，真实地反映双方当事人的意志，才具有法律效力。双方按劳动合同变更条款，各自履行自己的义务。

(2) 劳动合同的解除

劳动合同的解除与订立或变更不同。订立或变更是双方当事人的法律行为，必须经双方当事人协商一致才能成立，而劳动合同解除可以是双方当事人的法律行为也可以是单方的法律行为，即不仅可以双方协商一致解除劳动合同，也可以由一方当事人提出而解除劳动合同。

第一种情形：双方当事人协商解除劳动合同。

我国《劳动法》第二十四条、《劳动合同法》第三十六条规定：经劳动合同当事人协商一致，劳动合同可以解除；用人单位与劳动者协商一致，可以解除劳动合同。当事人一方要求解除劳动合同，应事先向对方提出要求，经双方协商一致，同意解除劳动合同，才可以解除。双方当事人应按照要约、承诺的程序，签订解除劳动合同的书面协议。

第二种情形：用人单位提前解除劳动合同。

1) 根据我国《劳动法》第二十五条、第二十六条，《劳动合同法》第三十九条、第四十条规定了允许用人单位解除劳动合同的法定条件。劳动者有以下情况之一者，允许用人单位解除劳动合同：

① 在试用期间被证明不符合录用条件的；

② 严重违反用人单位的规章制度的；

③ 严重失职，营私舞弊，给用人单位造成重大损害的；

④ 劳动者同时与其他用人单位建立劳动关系，对完成本单位的工作任务造成严重影响，或者经用人单位提出，拒不改正的；

⑤ 因本法第二十六条第一款第一项规定的情形致使劳动合同无效的；

⑥ 被依法追究刑事责任的。

以上情况是由于劳动者本身的原因所造成的，应允许用人单位解除劳动合同，且不给予经济补偿。

2) 用人单位应提前通知劳动者解除劳动合同的情况

我国《劳动合同法》第四十条规定：有下列情形之一的，用人单位提前三十日以书面形式通知劳动者本人或者额外支付劳动者一个月工资后，可以解除劳动合同：

① 劳动者患病或者非因工负伤，在规定的医疗期满后不能从事原工作，也不能从事由用人单位另行安排的工作的；

② 劳动者不能胜任工作，经过培训或者调整工作岗位，仍不能胜任工作的；

③ 劳动合同订立时所依据的客观情况发生重大变化，致使劳动合同无法履行，经用人单位与劳动者协商，未能就变更劳动合同内容达成协议的。

3) 由于经济性裁员，用人单位按照法定程序与被裁减人员解除劳动合同

我国《劳动法》第二十七条规定：用人单位濒临破产进行法定整顿期间或者生产经营状况发生严重困难，确需裁减人员的，应当提前三十日向工会或者全体职工说明情况，听

取工会或者职工的意见，经向劳动行政部门报告后，可以裁减人员。同时1994年11月14日劳动部制定并发布了《企业经济性裁减人员规定》，其中进一步明确规定用人单位濒临破产，被人民法院宣告进入法定整顿期间或生产经营发生严重困难，达到当地政府规定的严重困难企业标准，确需裁减人员的，可以裁员。用人单位从裁减人员起，六个月内需要重新招人员的，必须优先从本单位裁减的人员中录用。

用人单位裁减人员必须遵守的法定程序是：

① 提前30日向工会或者全体职工说明情况，并提供有关生产经营状况的资料；

② 提出裁减人员方案，内容包括：被裁减人员名单，裁减时间及实施步骤，符合法律、法规规定和集体合同约定的被裁减人员经济补偿办法；

③ 将裁减人员方案征求工会或者全体职工的意见，并对方案进行修改和完善；

④ 向当地劳动行政部门报告裁减人员方案以及工会或者全体职工的意见，并听取劳动行政部门的意见；

⑤ 由用人单位正式公布裁减人员方案，与被裁减人员办理解除劳动合同手续，按照有关规定向被裁减人员本人支付经济补偿金，出具裁减人员证明书。

《劳动合同法》第四十一条进一步作了规定：有下列情形之一，需要裁减人员二十人以上或者裁减不足二十人但占企业职工总数百分之十以上的，用人单位提前三十日向工会或者全体职工说明情况，听取工会或者职工的意见后，裁减人员方案经向劳动行政部门报告，可以裁减人员：a. 依照企业破产法规定进行重整的；b. 生产经营发生严重困难的；c. 企业转产、重大技术革新或者经营方式调整，经变更劳动合同后，仍需裁减人员的；d. 其他因劳动合同订立时所依据的客观经济情况发生重大变化，致使劳动合同无法履行的。

裁减人员时，应当优先留用下列人员：第一，与本单位订立较长期限的固定期限劳动合同的；第二，与本单位订立无固定期限劳动合同的；第三，家庭无其他就业人员，有需要扶养的老人或者未成年人的。用人单位依照本条第一款规定裁减人员，在六个月内重新招用人员的，应当通知被裁减的人员，并在同等条件下优先招用被裁减的人员。

4）用人单位不得解除劳动合同的情况

为了保护劳动者的合法权益，我国劳动法、劳动合同法还规定了不得解除劳动合同的情形。《劳动法》第二十九条、《劳动合同法》第四十二条规定的情形有：①从事接触职业病危害作业的劳动者未进行离岗前职业健康检查，或者疑似职业病病人在诊断或者医学观察期间的；②在本单位患职业病或者因工负伤并被确认丧失或者部分丧失劳动能力的；③患病或者非因工负伤，在规定的医疗期内的；④女职工在孕期、产期、哺乳期的；⑤在本单位连续工作满十五年，且距法定退休年龄不足五年的；⑥法律、行政法规规定的其他情形。

第三种情形：劳动者提前解除劳动合同。

为了保障劳动者择业自主权，促进人才合理流动，我国《劳动法》第三十一条、三十二条和《劳动合同法》第三十七条、三十八条明确规定了劳动者提前解除劳动合同的情况，由以下两种：

1）提前通知用人单位解除劳动合同的情形

我国《劳动法》第三十一条规定：劳动者解除劳动合同，应当提前三十日以书面形式通知用人单位。《劳动合同法》第三十七条规定：劳动者提前三十日以书面形式通知用人单位，可以解除劳动合同。劳动者在试用期内提前三日通知用人单位，可以解除劳动合同。

同时，为了防止劳动者任意提出提前解除劳动合同而可能损害用人单位利益，《劳动法》第一百零二条、《劳动合同法》第九十条都规定：劳动者违反本法规定的条件解除劳动合同，对用人单位造成经济损失的，应当依法承担赔偿责任。这要求劳动者必须依法严肃的行驶自己的权利，也维护用人单位的合法权益。

2）随时通知用人单位解除劳动合同的情况

我国《劳动法》第三十二条规定：有下列情形之一的，劳动者可以随时通知用人单位解除劳动合同：①在试用期内的；②用人单位以暴力、威胁或者非法限制人身自由的手段强迫劳动的；③用人单位未按照劳动合同约定支付劳动报酬或者提供劳动条件的。

《劳动合同法》第三十八条进一步明确规定了用人单位有下列情形之一的，劳动者可以解除劳动合同：① 未按照劳动合同约定提供劳动保护或者劳动条件的；

② 未及时足额支付劳动报酬的；

③ 未依法为劳动者缴纳社会保险费的；

④ 用人单位的规章制度违反法律、法规的规定，损害劳动者权益的；

⑤ 因本法第二十六条第一款规定的情形致使劳动合同无效的；

⑥ 法律、行政法规规定劳动者可以解除劳动合同的其他情形。

用人单位以暴力、威胁或者非法限制人身自由的手段强迫劳动者劳动的，或者用人单位违章指挥、强令冒险作业危及劳动者人身安全的，劳动者可以立即解除劳动合同，不需事先告知用人单位。

第四种情形：劳动合同自行解除。

劳动合同自行解除指国家法律、法规规定的特殊情况发生而导致劳动合同自行终止法律效力。它只适用于一些特殊情况，且不需履行解除劳动合同的手续。根据我国有关劳动法法规的规定，劳动者被除名、开除、劳动教养以及被判刑的，劳动合同自行解除。

（3）违约责任

劳动合同违约责任，是指劳动合同当事人因过错而违反劳动合同的约定，不履行或不完全履行劳动合同的义务应承担的法律责任。

从我国现行劳动立法看，当事人违反劳动合同的约定，实施了不履行和不完全履行劳动合同的行为，必须承担的违约责任，包括行政责任、经济责任和刑事责任三种。这些责任的承担依据，散见于《劳动法》第12章"法律责任"，以及劳动部颁布的配套部门规章中。如《违反〈劳动法〉行政处罚办法》、《违反和解除劳动合同的补偿办法》、《违反〈劳动法〉有关劳动合同规定的赔偿办法》等。

（二）劳动合同审查的内容和要求

1. 劳动合同审查的内容

劳动合同审查，是指劳动行政主管部门审查、证明劳动合同真实性、合法性的一项行政监督措施。在我国主要是指劳动鉴证制度。

劳动合同鉴定所审查的内容包括：①双方当事人是否具备鉴定劳动合同的资格；②合同内容是否符合法规和政策；③双方当事人是否在平等自愿和协商一致的基础上签订劳动合同；④合同条款是否完备，双方的责任、权利、义务是否明确；⑤中外合同文本是否一致。

已鉴定的劳动合同，因其依据的法规政策发生变化而与现行法规政策有矛盾的，可免费重新鉴定，劳动合同鉴证后发现确有错误的，应立即撤销鉴定并退还鉴定费，或重新鉴证。

2. 劳动合同审查的要求

第一，当事人申请：劳动合同签订后，当事人双方要亲自向劳动合同鉴证机关提出对劳动合同进行鉴证的口头或书面申请。用人单位可以由法定代表人委托受权代理人，如劳资处、科长或其他工作人员，但必须出具委托书，明确授权范围。申请劳动合同鉴证的当事人，应当向鉴证机关提供下述材料：①劳动合同书及其副本；②营业执照或副本；③法定代表人或委托代理人资格证明；④被招用工人的身份证或户籍证明；⑤被招用人员的学历证明、体检证明和《劳动手册》；⑥其他有关证明材料。

第二，鉴证机关审核：鉴证机关的鉴证人员按照法定的鉴证内容，对当事人提供的劳动合同书及有关证明材料进行审查、核实。在劳动合同鉴证过程中，鉴证人员对当事人双方提供的鉴证材料，认为不完备或有疑义时，应当要求当事人作必要的补充或向有关单位核实；鉴证人员有权就劳动合同内容的有关问题询问双方当事人；对于内容不合法、不真实的劳动合同，鉴证人员应立即向当事人提出纠正；当事人对鉴证人员的处理认为有不当之处时，可以向鉴证人员所在的劳动行政机关申诉，要求作出处理。劳动合同鉴证申请人应当按照有关规定向鉴证机关交付鉴证费。

第三，确认证明：劳动合同鉴证机关经过审查、核实，对于符合法律规定的劳动合同，应予以确认，由鉴证人员在劳动合同书上签名，加盖劳动合同鉴证章，或附上加盖劳动合同鉴证章和鉴证人员签名的鉴证专页。

（三）劳动合同的实施和管理

1. 劳动合同的实施

劳动合同的实施，指在劳动合同签订后，当事人双方按照劳动合同的约定各自履行其约定的义务，依法主张其约定的权利，即劳动合同的履行过程。

用人单位应当按照劳动合同约定和国家规定，向劳动者及时足额支付劳动报酬。用人单位拖欠或者未足额支付劳动报酬的，劳动者可以依法向当地人民法院申请支付令，人民法院应当依法发出支付令。用人单位应当严格执行劳动定额标准，不得强迫或者变相强迫劳动者加班。用人单位安排加班的，应当按照国家有关规定向劳动者支付加班费。劳动者拒绝用人单位管理人员违章指挥、强令冒险作业的，不视为违反劳动合同。劳动者对危害生命安全和身体健康的劳动条件，有权对用人单位提出批评、检举和控告。用人单位变更名称、法定代表人、主要负责人或者投资人等事项，不影响劳动合同的履行。用人单位发生合并或者分立等情况，原劳动合同继续有效，劳动合同由承继其权利和义务的用人单位继续履行。

2. 劳动合同的管理

劳动合同管理，是指有关国家机关和其他机构和组织，对劳动合同的订立、续订、履行、变更、中止和接触，依法进行指导、监督、服务、追究责任等一系列活动，以保证劳动合同正常运行。

（1）劳动合同管理的体制

我国劳动合同管理体制由行政管理、社会管理和用人单位内部管理构成。

劳动合同的行政管理，主要由劳动行政部门实施，用人单位主管部门也有一定的劳动合同管理职能。劳动行政部门作为劳动合同的主管机关对劳动合同进行综合和统一管理，在劳动合同管理体制中处于最重要地位。

劳动合同的社会管理，主要是由劳动就业服务机构等社会机构和工会、行政协会、企业协会等社会团体，在各自业务或职责范围内，对劳动合同运行的特定环节或特定方面进行管理。其中特别重要的是职业介绍机构对劳动合同订立的中介和指导，工会对劳动合同履行的监督、对劳动合同解除的干预和对劳动争议处理的参与。

劳动合同用人单位的内部管理，即单位行政及其参与的劳动争议调解机构对劳动合同运行的管理。它是微观劳动管理的基本组成部分和组织劳动过程的必要手段。

（2）劳动合同管理的主要措施

劳动合同备案，是劳动合同备案机关依法对劳动合同进行审查和保存，以确立劳动合同的订立、续订、变更和解除的一项监督措施。它由劳动行政部门和地方工会组织分别在各自职责范围内具体实施，以订立、续订、变更的劳动合同和解除劳动合同的事实为备案对象，表明对劳动关系解除和存续的确认。各种劳动合同的订立和解除都应当备案，而经劳动行政部门鉴定和批准的劳动合同不必再有行政部门备案。

劳动合同示范文本是由劳动行政部门统一印发的，为劳动者和用人单位订立劳动合同提供示范的劳动合同书。它具体表明劳动合同内容的基本结构，记载着劳动合同的一般性条款。合同当事人双方一般应当按照合同示范文本的条款进行协商以确定合同具体内容。使用合同示范文本，有助于保证合同内容的合法性和完整性，以实现合同内容和形式的规范化。

3. 劳动合同的签订

双方当事人在协商一致的基础上，并达成意思表示一致则要严格按照《劳动合同法》的规定形式签订劳动合同。《劳动合同法》第十条规定建立劳动关系，应当订立书面劳动合同。已建立劳动关系，未同时订立书面劳动合同的，应当自用工之日起一个月内订立书面劳动合同。用人单位与劳动者在用工前订立劳动合同的，劳动关系自用工之日起建立。非全日制用工可以签订口头合同。

(1) 订立劳动合同应当采用书面形式

劳动合同作为劳动关系双方当事人权利义务的协议,也有书面形式和口头形式之分。以书面形式订立劳动合同是指劳动者在与用人单位建立劳动关系时,直接用书面文字形式表达和记载当事人经过协商而达成一致的协议。我国劳动法和劳动合同法明确规定,劳动合同应当以书面形式订立。用书面形式订立劳动合同严肃慎重、准确可靠、有据可查,一旦发生争议时,便于查清事实,分清是非,也有利于主管部门和劳动行政部门进行监督检查。另外,书面劳动合同能够加强合同当事人的责任感,促使合同所规定的各项义务能够全面履行。与书面形式相对应的口头形式由于没有可以保存的文字依据,随意性大,容易发生纠纷,且难以举证,不利于保护当事人的合法权益。

(2) 未在建立劳动关系的同时订立书面劳动合同的情况

对于已经建立劳动关系,但没有同时订立书面劳动合同的情况,要求用人单位与劳动者应当自用工之日起一个月内订立书面劳动合同。根据本法规定,用人单位自用工之日起满一年不与劳动者订立书面劳动合同的,视为用人单位与劳动者已订立无固定期限劳动合同。用人单位未在用工的同时订立书面劳动合同,与劳动者约定的劳动报酬不明确的,新招用的劳动者的劳动报酬应当按照企业的或者行业的集体合同规定的标准执行;没有集体合同或者集体合同未作规定的,用人单位应当对劳动者实行同工同酬。用人单位自用工之日起超过一个月但不满一年未与劳动者订立书面劳动合同的,应当向劳动者支付二倍的月工资。

【案例】

马先生于1999年起就在某用人单位工作,直至双方发生争执时的2009年3月间,用人单位在长达十年的时间里,均没有与马先生签订书面劳动合同。同时,用人单位也没有及时为马先生办理相关的社保手续。2009年3月间,双方因是否继续事实上的劳动合同内容而产生争执,后因双方未能达成一致意见,马先生遂依据《劳动合同法》的相关规定,向当地的劳动仲裁委员会递交劳动仲裁申请书,最后,马先生关于支付双倍工资等各项主张得到了仲裁庭的支持。

(四) 劳动合同的法律效力

1. 劳动合同法律效力的认定

劳动合同的法律效力就是指依法赋予劳动合同双方当事人及相关第三方的法律约束力。我国《劳动法》的第十七条规定:劳动合同依法订立即具有法律约束力,当事人必须履行劳动合同规定的义务。《劳动合同法》第十六条进一步规定:劳动合同由用人单位与劳动者协商一致,并经用人单位与劳动者在劳动合同文本上签字或盖章生效。

(1) 无效劳动合同

《劳动合同法》第二十六条具体规定:下列劳动合同无效或者部分无效:(一)以欺诈、胁迫的手段或者乘人之危,使对方在违背真实意思的情况下订立或者变更劳动合同的;(二)用人单位免除自己的法定责任、排除劳动者权利的;(三)违反法律、行政法规强制性规定的。对劳动合同的无效或者部分无效有争议的,由劳动争议仲裁机构或者人民法院确认。

(2) 无效劳动合同的确认和处理

我国《劳动法》第十八条第三款,《劳动合同法》第二十六条第二款都明确规定:对劳动合同无效或部分无效有争议的,由劳动争议仲裁机构或人民法院确认。

对无效劳动合同的处理,一般包括三种情况:

第一,撤销合同。这种方式适用于被确认全部无效的劳动合同。全部无效劳动合同是国家不予承认和保护的合同。它从订立时起就无法律效力应通过撤销合同来终止依据该合同而产生的劳动关系。未履行地,不得履行;正在履行的,停止履行。对于已经履行的部分,应按照事实劳动关系对待。劳动者已支出的劳动,应得到相应的报酬和有关待遇。

第二,修改合同。这种方式适用于被确认部分无效的劳动合同及程序不合法而无效的劳动合同。劳动合同中的某项条款被确认无效,就不能执行,应依法予以修改。修改后的合法条款应溯及合同生效之时。对于程序不合法而无法律效力的劳动合同,应从程序上予以补充修改,以确认该项劳动关系存在的合法性。

第三,赔偿损失。我国《劳动法》第九十七条规定:由于用人单位的原因订立的无效合同,对劳动者造成损害的,应当承担赔偿责任。《劳动合同法》第八十六条规定:劳动合同依照本法第二十六条规定被确认无效,给对方造成损害的,有过错的一方应当承担赔偿责任。

2. 劳动合同纠纷的处理

劳动合同在履行过程中,双方当事人有可能会对履行劳动合同产生争议,我国法律对劳动合同纠纷的处理有一套独特的程序。

我国《劳动法》对劳动争议的处理原则、程序等已有明确的规定。无论双方在劳动合同中是否约定或如何约定,都必须按照法定的处理程序进行。所以,实践中即使有约定,也大多是直接引用法律的相关规定。

目前,我国劳动争议处理程序的体制一般是按照"调解、仲裁、诉讼"三个阶段顺次组成的,用人单位与劳动者发生争议后,当事人可以依法申请调解、仲裁、提起诉讼,也可以协商解决。具体来说,劳动争议发生后,当事人可以向本单位劳动争议调解委员会申请调解,调解不成的,当事人一方要求仲裁的,可以向劳动争议仲裁委员会申请仲裁。当事人一方也可不经调解,而直接向劳动争议仲裁委员会申请仲裁。对仲裁裁决不服的,可以向人民法院提起诉讼。解决劳动争议,需要遵守合法、公正、及时处理的原则,依法维护劳动争议当事人的合法权益。

五、劳务分包管理的相关知识

（一）劳务分包管理的一般规定

1. 对劳务分包企业的规定

（1）木工作业分包企业资质标准

木工作业分包企业资质分为一级、二级。

1）一级资质标准

A. 企业注册资本金 30 万元以上。

B. 企业具有相关专业技术员或本专业高级工以上的技术负责人。

C. 企业具有初级以上木工不少于 20 人，其中，中、高级工不少于 50%；企业作业人员持证上岗率 100%。

D. 企业近 3 年最高年完成劳务分包合同额 100 万元以上。

E. 企业具有与作业分包范围相适应的机具。

2）二级资质标准

A. 企业注册资本金 10 万元以上。

B. 企业具有本专业高级工以上的技术负责人。

C. 企业具有初级以上木工不少于 10 人，其中，中、高级工不少于 50%；企业作业人员持证上岗率 100%。

D. 企业近 3 年承担过 2 项以上木工作业分包，工程质量合格。

E. 企业具有与作业分包范围相适应的机具。

3）作业分包范围

一级企业：可承担各类工程的木工作业分包业务，但单项业务合同额不超过企业注册资本金的 5 倍。

二级企业：可承担各类工程的木工作业分包业务，但单项业务合同额不超过企业注册资本金的 5 倍。

（2）砌筑作业分包企业资质标准

砌筑作业分包企业资质分为一级、二级。

1）一级资质标准

A. 企业注册资本金 30 万元以上。

B. 企业具有相关专业技术员或高级工以上的技术负责人。

C. 企业具有初级以上砖瓦、抹灰技术工人不少于 50 人，其中，中、高级工不少于 50%；企业作业人员持证上岗率 100%。

D. 企业近 3 年最高年完成劳务分包合同额 100 万元以上。

E. 企业具有与作业分包范围相适应的机具。

2) 二级资质标准

A. 企业注册资本金 10 万元以上。

B. 企业具有相关专业技术员或中级工等级以上的技术负责人。

C. 企业具有初级以上砖瓦、抹灰技术工人不少于 20 人,其中,中、高级工不少于 30％；企业作业人员持证上岗率 100％。

D. 企业近 3 年承担过 2 项以上砌筑作业分包,工程质量合格。

E. 企业具有与作业分包范围相适应的机具。

3) 作业分包范围

一级企业：可承担各类工程砌筑作业（不含各类工业炉窑砌筑）分包业务,但单项业务合同额不超过企业注册资本金的 5 倍。

二级企业：可承担各类工程砌筑作业（不含各类工业炉窑砌筑）分包业务,但单项业务合同额不超过企业注册资本金的 5 倍。

(3) 抹灰作业分包企业资质标准

1) 抹灰作业分包企业资质不分等级。

A. 企业注册资本金 30 万元以上。

B. 企业具有相关专业技术员或本专业高级工以上的技术负责人。

C. 企业具有初级以上抹灰工不少于 50 人,其中,中、高级工不少于 50％；企业作业人员持证上岗率 100％。

D. 企业近 3 年承担过 2 项以上抹灰作业分包,工程质量合格。

E. 企业具有与作业分包范围相适应的机具。

2) 作业分包范围

可承担各类工程的抹灰作业分包业务,但单项业务合同额不超过企业注册资本金的 5 倍。

(4) 石制作分包企业资质标准

1) 石制作分包企业资质不分等级。

A. 企业注册资本金 30 万元以上。

B. 企业具有相关专业技术员或具有 5 年以上石制作经历的技术负责人。

C. 企业具有石制作工人不少于 10 人。

D. 企业近 3 年承担过 2 项以上石制作作业分包,工程质量合格。

E. 企业具有与作业分包范围相适应的机具。

2) 作业分包范围

可承担各类石制作分包业务,但单项业务合同额不超过企业注册资本金的 5 倍。

(5) 油漆作业分包企业资质标准

1) 油漆作业分包企业资质不分等级。

A. 企业注册资本金 30 万元以上。

B. 企业具有相关专业技术员或本专业高级工以上的技术负责人。

C. 企业具有初级以上油漆工不少于20人，其中，中、高级工不少于50%；企业作业人员持证上岗率100%。

D. 企业近3年承担过2项以上油漆作业分包，工程质量合格。

E. 企业具有与作业分包范围相适应的机具。

2) 作业分包范围

可承担各类工程油漆作业分包业务，但单项业务合同额不超过企业注册资本金的5倍。

(6) 钢筋作业分包企业资质标准

钢筋作业分包企业资质分为一级、二级。

1) 一级资质标准

A. 企业注册资本金30万元以上。

B. 企业具有相关专业助理工程师或技师以上职称的技术负责人。

C. 企业具有初级以上钢筋、焊接技术工人不少于20人，其中，中、高级工不少于50%；企业作业人员持证上岗率100%。

D. 近3年中最高年完成劳务分包合同额100万元以上。

E. 企业具有与作业分包范围相适应的机具。

2) 二级资质标准

A. 企业注册资本金10万元以上。

B. 企业具有专业技术员或高级工以上的技术负责人。

C. 企业具有初级以上钢筋、焊接技术工人不少于10人，其中，中、高级工不少于30%；企业作业人员持证上岗率100%。

D. 企业近3年承担过2项以上钢筋绑扎、焊接作业分包，工程质量合格。

E. 企业具有与作业分包范围相适应的机具。

3) 作业分包范围

一级企业：可承担各类工程钢筋绑扎、焊接作业分包业务，但单项业务合同额不超过企业注册资本金的5倍。

二级企业：可承担各类工程钢筋绑扎、焊接作业分包业务，但单项业务合同额不超过企业注册资本金的5倍。

(7) 混凝土作业分包企业资质标准

1) 混凝土作业分包企业资质不分等级。

A. 企业注册资本金30万元以上。

B. 企业具有相关专业助理工程师职称或技师以上的技术负责人。

C. 企业具有初级以上混凝土技术工人不少于30人，其中，中、高级工不少于50%；企业作业人员持证上岗率100%。

D. 企业近3年最高年完成劳务分包合同额100万元以上。

E. 企业具有与作业分包范围相适应的机具。

2) 作业分包范围

可承担各类工程混凝土作业分包业务，但单项业务合同额不超过企业注册资本金的5倍。

(8) 脚手架搭设作业分包企业资质标准

脚手架搭设作业分包企业资质分为一级、二级。

1) 一级资质标准

A. 企业注册资本金 50 万元以上。

B. 企业具有相关专业助理工程师或技师以上的技术负责人。

C. 企业具有初级以上架子工技术工人不少于 50 人，其中，中、高级工不少于 50%；企业作业人员持证上岗率 100%。

D. 企业近 3 年最高年完成劳务分包合同额 100 万元以上。

E. 企业具有与作业分包范围相适应的机具。

2) 二级资质标准

A. 企业注册资本金 20 万元以上。

B. 企业具有相关专业技术员或高级工以上的技术负责人。

C. 企业具有初级以上架子工技术工人不少于 20 人，其中，中、高级工不少于 30%；企业作业人员持证上岗率 100%。

D. 企业具有与作业分包范围相适应的机具。

3) 作业分包范围

一级企业：可承担各类工程的脚手架（不含附着升降脚手架）搭设作业分包业务，但单项业务合同额不超过企业注册资本金的 5 倍。

二级企业：可承担 20 层或高度 60 米以下各类工程的脚手架（不含附着升降脚手架）作业分包业务，但单项业务合同额不超过企业注册资本金的 5 倍。

(9) 模板作业分包企业资质标准

模板作业分包企业资质分为一级、二级。

1) 一级资质标准

A. 企业注册资本金 30 万元以上。

B. 企业具有相关专业助理工程师或技师以上的技术负责人。

C. 企业具有初级以上相应专业的技术工人不少于 30 人，其中，中、高级工不少于 50%；企业作业人员持证上岗率 100%。

D. 企业近 3 年最高年完成劳务分包合同额 100 万元以上。

E. 企业具有与作业分包范围相适应的机具。

2) 二级资质标准

A. 企业注册资本金 10 万元以上。

B. 企业具有相关专业技术员或高级工以上的技术负责人。

C. 企业具有初级以上相应专业的技术工人不少于 15 人，其中，中、高级工不少于 30%；企业作业人员持证上岗率 100%。

D. 企业具有与作业分包范围相适应的机具。

3) 作业分包范围

一级企业：可承担各类工程模板作业分包业务，但单项业务合同额不超过企业注册资本金的 5 倍。

二级企业：可承担普通钢模、木模、竹模、复合模板作业分包业务，但单项业务合同额不超过企业注册资本金的 5 倍。

(10) 焊接作业分包企业资质标准

焊接作业分包企业资质分为一级、二级。

1) 一级资质标准

A. 企业注册资本金 30 万元以上。

B. 企业具有相关专业助理工程师或技师以上的技术负责人。

C. 企业具有初级以上焊接技术工人不少于 20 人，其中，中、高级工不少于 50%；企业作业人员持证上岗率 100%。

D. 企业近 3 年最高年完成劳务分包合同额 100 万元以上。

E. 企业具有与作业分包范围相适应的机具。

2) 二级资质标准

A. 企业注册资本金 10 万元以上。

B. 企业具有相关专业技术员或高级工以上的技术负责人。

C. 企业具有初级以上焊接技术工人不少于 10 人，其中，中、高级工不少于 50%；企业作业人员持证上岗率 100%。

D. 企业近 3 年承担过 2 项以上焊接作业分包，工程质量合格。

E. 企业具有与作业分包范围相适应的机具。

3) 作业分包范围

一级企业：可承担各类工程焊接作业分包业务，但单项业务合同额不超过企业注册资本金的 5 倍。

二级企业：可承担普通焊接作业的分包业务，但单项业务合同额不超过企业注册资本金的 5 倍。

(11) 水暖电安装作业分包企业资质标准

1) 水暖电安装作业分包企业资质不分等级。

A. 企业注册资本金 30 万元以上。

B. 企业具有相应专业助理工程师或技术师以上的技术负责人。

C. 企业具有初级以上水暖、电工及管道技术工人不少于 30 人，其中，中、高级工不少于 50%；企业作业人员持证上岗率 100%。

D. 企业近 3 年承担过 2 项以上水暖电安装作业分包，工程质量合格。

E. 企业具有与作业分包范围相适应的机具。

2) 作业分包范围

可承担各类工程的水暖电安装作业分包业务，但单项业务合同额不超过企业注册资本金的 5 倍。

(12) 钣金工程作业分包企业资质标准

1) 钣金工程作业分包企业资质不分等级。

A. 企业注册资本金 30 万元以上。

B. 企业具有本专业助理工程师或技师以上的技术负责人。

C. 企业具有初级以上钣金等技术工人不少于 20 人，其中，中、高级工不少于 50%；企业作业人员持证上岗率 100%。

D. 企业近 3 年承担过 2 项以上钣金作业分包，工程质量合格。

E. 企业具有与作业分包范围相适应的机具。

2) 作业分包范围

可承担各类工程的钣金作业分包业务，但单项业务合同额不超过企业注册资本金的 5 倍。

(13) 架线工程作业分包企业资质标准

1) 架线工程作业分包企业资质不分等级。

A. 企业注册资本金 50 万元以上。

B. 企业具有本专业工程师以上职称的技术负责人。

C. 企业具有初级以上架线技术工人不少于 60 人，其中，中、高级工不少于 50%；企业作业人员持证上岗率 100%。

D. 企业近 3 年承担过 2 项以上架线作业分包，工程质量合格。

E. 企业具有与作业分包范围相适应的机具。

2) 作业分包范围

可承担各类工程的架线作业分包业务，但单项业务合同额不超过企业注册资本金的 5 倍。

2. 对劳务人员的规定

(1) 劳务人员应当遵守的基本纪律

1) 坚守工作岗位，遵守交接班制度，不擅自离岗，不无故旷工，工作时间不做与工作无关的事情。

2) 遵守规章制度和操作规程，严格执行工作标准和要求，不违章指挥，不违章作业，不玩忽职守，保证安全生产。

3) 服从协调、管理、教育和工作调动，听从工作指挥，不浪费资源，不消极怠工，不损坏生产设备和单位公共财物。

4) 工作主动，勤奋务实，开拓创新，提高效率，保证工作质量。

5) 养成健康、卫生的生活习惯；遵纪守法，严禁参与各种违法乱纪活动，尊重民风民俗，不打架斗殴，不聚众滋事，严禁酗酒闹事；不赌博，不嫖娼，不吸毒，不侵害他人利益。

6) 为人诚信，作风正派，团结互助，光明磊落，顾全大局，不拉帮结伙。

(2) 劳务人员一般安全须知

1) 工人进入施工现场必须正确佩戴安全帽，上岗作业前必须先进行三级（公司、项目部、班组）安全教育，经考试合格后方能上岗作业；凡变换工种的，必须进行新工种安全教育。

2) 正确使用个人防护用品，认真落实安全防护措施。在没有防护设施的高处施工，必须系好安全带。

3) 坚持文明施工，杂物清理及时，材料堆放整齐，严禁穿拖鞋、光脚等进入施工现场。

4) 禁止攀爬脚手架、安全防护设施等。严禁乘坐提升机吊笼上下或跨越防护设施。

5) 特种作业的人员必须经过专门培训，经考试和体检合格，取得操作证后，方准上岗作业。

6) 保护施工现场临边、洞口设置的防护栏或防护挡板，通道口搭设的双层防护棚及危险警告标志。

7) 爱护安全防护设施，不得擅自拆动，如需拆动，必须经安全员审查并报项目经理同意，但应有其他有效预防措施。

(3) 劳务人员文明施工须知

1) 施工现场实行封闭式管理，设置进出口大门、围墙（栏），执行门卫纠察制度。严禁与工作无关的人员进入现场。设专人打扫卫生，保持环境整洁。

2) 遵守国家有关劳动和环境保护的法律法规，有效的控制粉尘、噪声、固体废物、泥浆、强光等对环境的污染的和危害，禁止焚烧有毒、有害物质。

3) 施工现场实行作业清扫和卫生保洁制度。作业区内搞好落手清工作，做到工完料尽，场地清。生活垃圾盛放在容器内，及时清理，确保周围环境整洁、卫生。

4) 建筑材料、物件、料具，必须按施工现场总平面布置图合理堆放，作业区和仓储间堆料整齐统一、标示醒目。

5) 严禁在建设中的施工楼层内、配电间、厨房间等处住人。宿舍内保持通风、整洁、卫生，生活用品摆放整齐，工具放入工具间。浴室、厕所专人清扫、冲洗。

6) 食堂严格执行《食品卫生法》，办理卫生许可证，炊事人员办理健康证，纱门纱窗齐全，生熟食品分开存放，保持食堂整洁卫生。

7) 施工不扰民，夜间施工按规定办理审批手续。

(4) 劳务人员治安防范须知

1) 进场作业人员应具备有效的身份证、务工证、计划生育证，严禁使用无证盲流和童工。

2) 施工现场建立社会治安综合领导小组、成立治安巡逻队，认真落实"四防"工作，做到有活动、有检查、有记录。

3) 项目部与新进场子班组、班组与个人均应签订社会治安责任书，层层落实，责任到人。

4) 加强职工思想道德教育，提倡诚信做人，争做有理想、有道德、有文化、有纪律的社会主义劳动者，自觉遵守社会治安各项管理规定，同违法乱纪行为做斗争。

5) 提倡共创文明卫生、人人爱护公物的道德风尚。保管好公私财物，柜门及时加锁，现金和贵重物品不得随便带入工具（更衣）间，多余现金存入银行，防止财物被盗。

6) 自觉维护食堂、浴室、宿舍等公共场所秩序，严禁撬门、爬窗、乱拿别人物品。不准用公物制作私人用具。

7) 加强社会治安、综合治理工作，实行来访登记制度和门卫纠察制度，增强职工治安防范责任意识。

8) 施工现场严禁酗酒滋事、聚众赌博、打架斗殴、起哄闹事、偷盗建筑材料和工具设备等。严禁耍流氓活动和其他违法乱纪行为，严禁男女非法混居。

9) 项目部治安巡逻队伍，应加强对警戒范围内的治安巡逻检查，认真记录，发现可疑情况及时查明。对严重违法犯罪分子，应将其扭送或报告公安部门处理。

(5) 劳务人员个人安全防护须知

1) 安全帽：进入施工现场必须正确佩戴安全帽。帽子的帽壳、内衬、帽带应齐全完好。

2) 安全带：高处作业人员，必须系上合格的安全带，以防高处坠落。

3) 手套及保护工作服：在焊接或接触有毒有害、起化学反应燃烧的物质和溶液，应戴胶皮手套和穿好防护服。使用手持电动工具应戴好绝缘手套。进行车、刨、钻等工作时禁戴手套。

4) 工作鞋：为防止脚部受伤，当工序有要求时，作业人员应穿着合适的工作鞋加以防护。

5) 防护眼镜和面罩：当工作场子所有粉尘、烟尘、金属、砂石碎屑和化学溶液溅射时，应戴防护眼镜和面罩；防护眼睛和面部受电磁波辐射。

6) 耳塞：凡工作场所噪声超过85分贝时，员工应该佩戴合格的耳塞进行工作。

7) 呼吸防护器（防尘口罩和防毒护具）：当工序可能出现大量尘土、有毒气体、烟雾等时，必须选择适当的防尘口罩或防毒护具，以防吸入而导致身体受伤。

8) 在路边或公路上工作时，应穿戴反光带或反光衣，令驾车者容易看见。

(6) 劳务人员应注意的社会公共道德

1) 说话文明礼貌，注意仪态，服饰整洁，与人交往讲究信誉、以礼待人；维护公共场所秩序，遇到矛盾应协商解决，不寻衅生事；提倡精神文明，不收听收看和传播反动、低级和黄色的刊物、音像制品。

2) 团结工友、乐于助人；服从组织安排，听从上级指挥，勇于同不良现象作斗争；注重不伤害他人和不被他人伤害。

3) 爱护公共设施、花草树木；注重保护自己及他人的劳动成果，爱护工地成品、工具设备，及时做好保管及维护工作；不损害公司（工地）的公共利益，不做有损公司（工地）形象的事。

4) 保持环境卫生，不在公共场所吸烟；注意各项工序要求，做到工完场清，不将有污染的材料乱扔乱放，不随意丢弃建筑垃圾；控制机械噪声，不野蛮施工，扰乱周围居民正常生活，严格控制施工的时间限制。

5) 遵守法律法规和职业操守，注重安全生产，严把工程质量关；敬业爱岗，工作中认真执行工程验收规范的各项要求。

（二）劳务招投标管理

1. 劳务招投标交易的特点

劳务分包是指施工总承包或专业承包企业将其承包或分包工程中的劳务作业，发包给具有相应劳务分包资质的企业完成的活动。与施工总承包、专业承包项目招投标工作相比，劳务分包招投标工作具有如下特点：

（1）劳务分包项目的标的额小、项目数量大

大量劳务分包项目的标的额都在十几万、几十万或数百万。不像总承包或专业承包项目的标的额动辄上千万甚至若干亿元。但劳务分包项目的数量却远远大于总承包项目和专业承包项目的数量。由于通常采用的是分部或分段招标发包，在总承包交易中心招标发包的一个项目到了劳务交易中心后，就演变成了若干个劳务分包项目。这给劳务分包招投标管理服务机构和人员增大了工作负荷。

（2）劳务分包项目投标报价复杂

施工总承包或专业承包项目的投标报价由于有主管部门的多年规范与指导，执行的基本上是现行的工程量清单方式，采用的是人工、材料、机具、管理等费用的包干方式进行发承包。劳务分包由于没有预决算的审查与审计，各总承包单位根据自身的情况和多年的管理形成多种形式的劳务分包投标报价方式。一种是定额预算直接费中人工费加适量管理费的报价方式；另一种是定额工日单价乘以总工日报价方式；还有就是平方米单价乘以总面积的报价方式。另外，由于招标范围的不同，报价也不一样。有纯人工费的招标，也有人工费加部分小型机具和生产辅料等不同的组合报价。这些都为劳务分包招投标工作的开展增加了难度。

（3）劳务分包招投标操作周期短

按照相关规定要求，完成一个总承包工程项目招标投标过程的法定时效为107天，这个时间作为总承包工程是允许的，也是可行的。但总承包企业未在总承包市场中标获得工程，不允许其进行劳务分包招标，因此如果其一旦在总承包市场中标获得工程，建设单位会要求其马上进场施工，而不会给其3个月的时间进行劳务分包的招标，这就使得劳务分包的操作周期必然缩短。

2. 劳务招投标工作内容

（1）劳务分包招标文件条款应当包括以下内容：
1）投标人资格预审情况；
2）工程概况；
3）现场情况简介；
4）招标要求；
5）投标报价要求；
6）劳务费的结算与支付；
7）投标须知；
8）开标须知；
9）附件；
10）补充条款。

(2) 劳务分包投标文件条款应当包括以下内容：
1）投标函；
2）投标授权书；
3）承诺书；
4）劳务投标书；
5）报价明细表；
6）拟派劳务人员情况；
7）同类施工业绩；
8）公司等级资质材料；
9）质量管理措施；
10）安全控制措施。

3. 劳务招投标管理工作流程（如图 5-1 所示）

图 5-1 劳务招投标管理工作流程图

（三）劳务分包作业管理

1. 劳务分包队伍进出场管理

（1）劳务分包队伍进场的必要条件

1）劳务分包队伍接到中标通知书后，与总承包企业签订劳务（专业）分包合同并签订《施工安全协议》、《总分包施工配合协议》、《水电费及其他费用协议》、《总分包管理协议》、《安全生产协议》、《安全总交底》、《安全消防及环境管理责任书》、《治安综合治理责任书》等，双方责任和权力已明确。

2）劳务分包队伍经核查自身现有的人员、技术、装备力量能够满足工程需要，已经做好了补充人资和机械设备的准备。

3）劳务分包队伍得到了总承包方书面许可，施工项目现场具备进场条件。

（2）进场人员管理

劳务分包队伍人员在进场时必须符合以下规定：

1）指定专职劳动用工管理人员对施工现场的人员实行动态管理，落实用工管理。提供管理人员、工人花名册，所有人员须提交两张一寸照片及身份证复印件纸质和电子版，总承包统一办理出门证、车辆出入证。以书面的形式提交单位进场时间，办公室及宿舍需求。有效的管理人员上岗证、特殊岗位人员上岗证、技能等级证书复印件一式三份加盖单位公章，原件备查，其中分包单位企业负责人、项目负责人、生产负责人、安全管理人员必须持有《安全生产考核合格证》。

2）签订好《劳动合同》，建立劳务分包队伍人员花名册台账，人员花名册台账做到动态管理，为施工现场人员考勤、工资发放、劳资纠纷处理、工伤事故处理等工作做好准备；对特种作业人员信息、特种作业证进行登记造册备案。未经登记备案人员不得进入施工现场，后续进场人员需在登记表中及时补充登记。建立施工现场管理台账（如《工程管理人员登记表》和《现场工人登记表》），对进出场人员信息及时跟踪，并将台账放在劳务项目管理机构备查，同时报送一份留存。

3）禁止使用不满16周岁和超过55周岁人员，禁止使用在逃人员、身体或智力残疾人员及其他不适应施工作业的人员。

4）工长、技术员部门负责人以及各专业安全管理人员等部门负责人应接受安全技术培训、并参加总包方组织的安全考核。

5）特种作业人员的配备必须满足施工需要，并持有有效证件（原籍地、市级劳动部门颁发）和当地劳动部门核发的特种作业临时操作证，持证上岗。

（3）分包单位备案资料

分包单位入场前一周内向总包方项目经理部提交下列企业资信备案资料，项目经理部负责二次审核企业资信的真实性。

1）企业资质证书、营业执照复印件；

2）公司概况介绍；

3) 参与本工程的组织系统表及通信联络表;
4) 参与本工程施工的管理人员工作简历及职称、上岗证书原件及复印件;
5) 本单位当年年审过的安全施工许可证复印件;
6) 外省市施工单位进京施工许可证复印件;
7) 特殊工种的《特种作业操作证》复印件(机械工、电工、电焊工、架子工、起重工等)。

分包单位所提交以上资料必须真实有效并与合同谈判时规定一致。

(4) 入场教育培训管理

项目经理部应当结合对分包单位培训的内容进行分工,并应编制教育培训大纲,制定教育培训计划并组织实施,分包单位人员经培训合格后方可正式进入现场施工。

教育培训的大纲内容一般包括:安全管理风险分析与防范;消防保卫管理;质量管理;计划管理;生产管理;文明施工管理;成品保护管理;现场物资管理;技术管理;工程资料管理;后勤管理;统计及工程款结算管理;各类安全规定,特殊作业规定;新工艺、新技术、新设备。

(5) 分包劳务方退场的管理

分包劳务方退场有多种情况,但按照劳务分包队伍与总包方的意愿,可总体归纳成以下三种:

1) 因合同履行完毕,正常终止合同,双方达成退场协议。

按照法律程序,合同履行完毕后,合同的效力已经终止,经双方协议,劳务分包队伍可以退场,劳务分包队伍退场时,根据"你的留下,我的带走"原则,正常退场。如有其他协议或合同条款未履行完毕,经双方协商可暂时退场,劳务分包队伍在合同期限内仍有义务履行自身的义务。

2) 因某种原因,被总承包方强制终止,予以退场。

总包方因某种原因,终止合同,劳务分包队伍中途退场。劳务分包队伍可按照合同条款进行申诉,但劳务分包队伍违约在先,符合相关终止合同规定的除外,如以下情况:

劳务分包企业有下列行为之一的,由总包单位依据双方协议,予以处罚停工整改,仍达不到安全生产条件的,由总包单位对其开出退场警告书直至退场处理。

① 连续三次检查出重大安全隐患并拒不整改的;
② 出现重大质量问题的;
③ 出现重大安全事故的;
④ 因劳资纠纷引发的群体性事件影响特别恶劣的;
⑤ 发生事故隐瞒不报、漏报、晚报的;
⑥ 发生群体违法行为、发生刑事案件造成不良影响的;
⑦ 其他行为造成严重后果的。

3) 因劳务分包队伍单方有退场意愿并提出终止合同。

施工过程中,分包单位因其本单位原因,主动向总包单位提出终止合同的,因此而造成的一切损失均由分包单位承担;其应提前一个月向总包单位提出退场申请并在施工阶段性完成后,与总包单位办理交接、清算工作。

2. 劳务分包作业过程管理

(1) 计划管理

1) 计划种类:

分包单位根据总包方项目经理部下发的总控目标计划及参考现场实际工作量、现场实际工作条件,负责编制月度施工进度计划、周施工进度计划、日施工进度计划,并报总包方项目经理部认可后方可实施。计划种类包括日计划、周计划、月计划。

2) 计划内容及上报要求

① 各分包单位的月度施工计划包括:编制说明、工程形象进度计划、上月计划与形象进度计划对比、主要实物量计划、技术准备计划、劳动力使用计划、材料使用计划、质量检查计划、安全控制计划等。

② 各分包单位的周计划包括上周计划完成情况统计分析,本周进度计划,主要生产要素的调整补充说明,劳动力分布。

③ 各分包单位要按总包项目经理部要求准时参加日生产碰头会,会议内容包括前日施工完成情况、第二天的计划安排、需总包项目经理部协调解决的问题等。

④ 日计划:当日计划能够满足周计划进度时可在每日生产例会中口头汇报,否则应以书面形式说明原因及调整建议。

⑤ 月计划:分包单位依据总包项目经理部正式下达的阶段进度计划编制。

⑥ 内容:作业项目及其持续时间,混凝土浇筑时间,各工序所需工程量及所需劳动力数量。

⑦ 周计划:分包单位依据总包项目经理部月度施工进度计划编制,以保证月度计划的实施,周计划是班组的作业计划。

⑧ 内容:作业项目,各工序名称及持续时间,工序报检时间(准确至小时)材料进场预定,混凝土浇筑时间,各工序所需工程量及所需劳动力数量。

计划上报要求(见表5-1):

计划上报要求　　　　　表5-1

序号	计划名称	上报要求
1	日计划	每天下午上报次日计划及当日工作完成情况
2	周统计	本周工作量及完成情况统计于下周报总包方项目经理部工程管理部门
3	周计划	将第二周(从本周六到下周五)工作计划于周末定时上报工程管理部门
4	月统计	本月(从上月25日到本月25日)工作量及完成情况统计于本月25日9:00am前报总包方项目经理部工程管理部门。(逢周六、周日提前至周五)
5	月计划	将下月工作计划(从本月25日到下月25日)于本月23日12:00am上报总包方项目经理部工程管理部门。(逢周六、周日提前至周五)

报表上报内容要求(见表5-2):

上报内容要求　　　　　　　表 5-2

序号	报表名称	上报要求
1	日报	次日生产计划；当日工作完成情况
2	周报	周施工生产计划；周材料、设备进场计划；周施工作业统计；周劳动力使用报表
3	月报	月施工生产计划；月材料、设备进场计划；月劳动力使用报表；月材料使用报表；机械使用报表；施工作业统计；计划考核（实际进度）

3）计划统计管理实施的保证措施

① 检查及考核建立计划统计管理的严肃性

总包方项目经理部、分包单位施工负责人应树立强烈的计划管理意识，努力创造良好的工作环境，要求全员参与，使计划做到早、全、实、细，真正体现计划指导施工，工程形象进度每天有变化，工程得到有效控制。

正式计划下达后，总、分包单位各职能部门应将指标层层分解、落实，并按指标的不同，实行各职能部门归口管理。

计划的考核要严肃认真，上下结合，实事求是，检查形式分为分包单位自检和总包方项目经理部检查两种，并以总包方项目经理部考核结果为准。

② 考核要与经济利益挂钩

通过与计划执行责任人签协议书等方式作为计划考核手段，尽量排除人为因素干扰。施工方案的制订能否满足计划要求，应与技术措施费的发放结合起来。工程进度款以完成实物工程量为依据准时发放。未能完成计划的分项工程款应暂扣适量金额以示惩罚。

③ 实行生产例会制

例会时间尽量缩短，讲究效率，解决具体问题，日例会开会时间不超过 30 分钟。日工作例会每日定时举行。周工作例会每周定时与日例会同时举行。月工作例会每月定时与日例会同时举行。上述时间可以根据建设单位的要求以及项目经理部的具体工作情况适当调整。

④ 日生产碰头会内容（定时）

分包单位汇报本工作日总包项目经理部、监理验收事项及验收时间。分包单位检查前日计划完成情况并且分析原因。分包单位对今日计划是否能按时完成及存在什么问题进行说明并阐述理由。分包单位介绍明日工作计划。

总包项目经理部各专业组对各分包单位日计划进行补充修正。总包项目经理部各专业部门对各工种、工序日计划完成情况进行总结，对出现的问题提出解决措施。总包项目经理部工程管理部门对夜间施工及材料进场进行协调。公布第二日安全通道及管理点。协调第二日塔吊、机械（电梯）等设备的使用情况。

（2）质量管理

1）一般规定

① 分包单位入场前应与项目经理部签订"分包施工合同"，明确质量目标、质量管理职责、竣工后的保修与服务、工程质量事故处理等各方面双方的权利和义务。

② 分包单位入场需提供的资料

本单位的企业资质；

本单位管理人员的名录及联系方式、本单位质量管理体系图（或表）；

专兼职质量检查员名录及联系方式，附上岗证（专职质量检查员要求具有相应资质并有从事相当工程的施工经验）；

进入项目的检验、测量和试验设备的清单，及检验校准合格证。

2）分包单位质量教育

① 分包单位的入场教育

项目开工前，由总包方质量管理部门组织，参与施工的各分包单位的各级管理人员参加，学习总包单位的质量方针、质量保证体系。

由各分包单位负责组织对操作人员的培训，熟悉技术法规、规程、工艺、工法、质量检验标准以及总包单位的企业标准要求等。

② 日常的质量培训、教育

分包单位必须加强员工的质量教育，牢固树立创优意识，定期组织员工进行规范、标准和操作规程的学习培训，提高员工质量能力。

项目经理部将经常检查分包单位操作工人对质量验收规范、操作工艺流程的掌握情况，达不到要求的一律清退出场，所造成的损失由分包单位自负。

项目经理部针对施工过程的不同阶段，以及施工中出现的质量问题，有重点的展开质量教育与操作技能培训，并加强对分包单位队伍的考核，在分包单位中开展质量评比。

3）日常质量管理

① 分包单位质量第一责任人为分包单位总负责人，负责本单位现场质量体系的建立和正常运行。

② 分包单位的专职质量检查员对本单位施工过程行使质量否决权。负责分项工程的质量标准控制，监督施工班组的过程施工，对总包报验。总包只接受专职质量检查员的报验。

③ 总包单位组织的每周一次质量例会与质量会诊，各分包单位的行政领导及技术负责人参加。

④ 总包单位组织的每月底的施工工程实体质量检查，各分包单位的行政领导及技术负责人参加。并将整改情况报项目经理部质量管理部门。

4）施工过程中的质量控制

① 在工程开始施工前，分包单位负责人首先组织施工、技术、质量负责人认真进行图纸学习，掌握工程特点、图纸要求、技术细节，对图纸交代不清或不能准确理解的内容，及时向总包技术、工程管理部门提出疑问。决不允许"带疑问施工"。若由此造成一切损失由相应分包单位负责。

② 分包单位施工负责人必须组织相关人员认真学习总包方施工组织设计和相关施工方案、措施，学习国家规范标准。接受总包技术、工程管理部门相关的技术、方案交底，签字认可，对不接受交底的禁止分项工程施工。

③ 要求严格按照施工组织设计、施工方案和国家规范、总包商标准组织施工。如对总包施工方案有异议，必须以书面形式反映，在没得到更改指令前，必须执行总包的既定方案，严禁随意更改总包项目经理部方案或降低质量标准。

④ 每一分项工程施工前，分包单位要针对施工中可能出现的技术难点和可能出现的问题研究解决办法，并编制分包单位施工技术措施、技术质量交底，报项目经理部技术部门审批，审批通过后，方可实施施工。

⑤ 每天施工前班组长必须提前对班组成员做班前交底，班前交底要求细致，交底内容可操作性强，并贯彻到每一个操作工人，班前交底要求有文字记录、双方签认，总包方责任师将不定期抽查。交底内容包括：

作业条件及其要求；

施工准备、作业面准备、工具准备、劳动力准备、对设备和机具的要求；

操作流程；

操作工艺及措施（具有可操作性，不可违反规范）；

质量要求（应有检查手段、方法、标准）；

成品保护；

安全文明施工。

⑥ 对自身的施工范围要求加强过程控制，施工过程中按照"三检制"要求施工，即"自检、互检、交验检"，交接过程资料要求齐全，填写"交接检查记录"。

⑦ 过程施工坚持样板制，分项工程必须先由总包验收样板施工内容，样板得到确认后才能进入大面积施工。样板部位按总包要求挂牌并明确样板内容、部位、时间、施工单位和负责人。

⑧ 施工过程中出现问题要立即上报总包相关人员，不允许继续施工，更不允许隐瞒不报。质量问题的处理要得到总包批准按照总包指令进行。

⑨ 施工过程中，每道工序完成检查合格后要及时向总包商报验。上道工序未经验收合格，严禁进入下道工序施工，尤其是隐蔽工程更要注意。

⑩ 模板拆除必须在得到总包书面批准的情况下（即拆模申请单得到批准）才能进行，严禁过早拆模。

⑪ 所有试验必须与施工同步，按总包要求进行操作，不得有缺项漏做，严禁弄虚作假。

⑫ 分承包单位必须按照总包要求作好现场质量标识。在施工部位挂牌，注明施工日期、部位、内容、施工负责人、质检员、班组长及操作人员姓名。

⑬ 分包单位自行采购的物资，必须在总包指定合格分供方范围内采购，进场经总包验收合格后，各种质量证明资料报总包物资管理部门备案，进场验收不合格的物资，立即退场。

（3）技术管理

1）分包单位技术管理基础工作

① 分包单位必须在现场设一名技术负责人，专业技术人员应不少于3名。

② 负责编写本单位承包范围内的专项施工方案和季节性施工措施，并报总包审批，由总包批准后方可施工。（总包如有施工方案，依据总包方案编制或执行，项目经理部可具体情况具体确定。）

③ 组织分包单位的工程和技术人员参加图纸内审和设计交底，如不参加内部图纸会

审方案交底和对总包发放的图纸中有疑难问题不及时提出而盲目施工造成的后果由分包单位承担。

④ 及时以书面形式向总包技术部门反馈现场技术问题。

⑤ 现场若出现质量问题，必须制定详细的书面处理措施，并报总包技术部门和质量管理部门审核，项目总工审批后方可实施。

⑥ 定期参加总包组织的技术工作会及生产例会。

⑦ 负责本单位技术资料的收集与编制工作，并及时向总包上报技术资料。

2) 图纸会审、技术交底、技术文件管理

① 图纸会审管理

分包单位在收到图纸后认真阅图，若发现问题应以书面形式及时反馈，并上报总包商技术部门。分包单位技术负责人必须参加总包技术部门组织的内部图纸会审，并做好会议记录。分包单位的技术负责人参加业主或监理组织的图纸会审。分包单位的技术负责人组织本单位工程技术人员参加总包技术部门组织的图纸交底。

② 技术交底管理

技术交底包括：专项施工方案措施交底和各分项工程施工前的技术交底。

技术交底应逐级进行。分包单位技术负责人必须组织本单位工程技术人员，参加总包项目经理部组织的图纸交底，技术交底和现场交底。

分包单位技术部门必须对施工管理层进行图纸和方案交底。施工管理层对操作层进行交底。各级交底必须以书面形式进行，并有接受人的签字。分包单位要将技术交底作为档案资料加以收集记录保存，以备总包技术部门检查。

③ 技术文件的发放管理

图纸的发放管理：本工程的施工图，由总包方技术部门统一发放和管理。所下发的图纸套数依据分包单位合同规定。各分包单位应建立单独的施工文件发放台账。

在施工过程中，如设计重新修改签发该部位的图纸，由总包技术部门下发有效图纸清单，分包单位负责回收作废图纸，并上报总包项目经理部技术部门。

对于业主指定分包单位工程，分包单位必须提供经总包项目经理部审核合格的竣工图（数量根据合同规定），在分部、分项工程验收前提供。

技术规范和图集等的发放管理：各分包单位所有施工依据的规范或图集，均应采用现行最新版本的规范或图集，严禁分包单位按照已作废的规范、图集施工，若发生上述事件，总包有权责令其停工，并限期整改，一切经济责任由分包单位负责。

总包不负责向分包单位发放规范或图集。

3) 施工方案管理

① 施工方案编制

分包单位技术部门作为各项施工方案的编制部门，在方案编制过程中应全面征求分包单位工程、质量、安全管理部门的意见，方案编制完后交各部门传阅或组织讨论后定稿。

对于由业主指定分包单位的分部、分项工程，分包单位应至少提前两周将施工方案上报总包技术部门，由技术部门审核并根据分包单位所提的施工方法和现场的实际情况再由总包技术部门制定最终的施工方案。

总包施工方案应在分项工程施工前下发分包单位，分包单位须及时传阅，如有问题应在总包项目经理部方案交底会中提出。

分包单位编制的施工方案必须符合国家规范、标准的要求，任何人无权降低标准。并不得和总包下发的方案相违背。

② 施工方案的实施

方案交底：施工方案实行三级技术交底制度：方案编制下发后由分包单位技术部门组织对其单位项目经理、工程管理部门、质量管理部门、安全管理部门、技术负责人进行技术交底。二级交底为分包单位工程管理部门责任师对分包单位工长、质量检查员交底。三级交底为分包单位工长对班组长、操作工人交底。

施工方案实行签字认可制度，分包单位技术负责人必须在收到总包施工方案或接受技术交底后签字认可总包项目经理部的施工方案。

4）现场材料及技术管理

① 现场材料投入

对于项目部投入交分包单位使用的材料、周转材料必须双方共同确认。

施工方案定稿后，总包技术部门、分包单位技术负责人共同进行材料用量计算，双方核对后签字认可，并作为现场材料投入的依据。

根据分包单位合同的要求，分包单位必须根据周计划在周三前将下周材料需用的计划报送总包技术部门，每月定期将下月材料计划报送总包技术部门，否则，造成材料未能及时进场而耽误工期一切损失由分包单位承担。以上内容同样适用于业主指定分包单位，以便于总包商项目经理部的统一协调安排各种工作。

② 材料检验、试验管理方法

分包单位自行组织进场的物资，在进场时必须向项目物资管理部门提供进场物资出厂合格证、检测报告、试验报告、产品生产许可证、准用证等相关资料；对需复试的材料需委托复试并提供复试报告；由物资管理部门负责验收，对于较为重要的物资，物资管理部门组织技术部门、质量管理部门共同参与验收。

分包单位提供的所有资料必须提交原件一式三份。重要物资经总包验收合格后，由物资管理部门负责向监理报验，监理验收合格后方可使用，如监理验收不合格，总包方不承担任何责任。

施工过程中分包单位需按合同相关条款进行过程检验、试验及质量验收。

③ 现场技术问题解决管理方法

现场技术问题应尽量在施工前解决。现场各分包单位发现的技术问题，应及时以书面形式反馈给总包技术部门。

一般技术问题总包项目经理部以工程技术联系单的形式来解决。若重大技术问题，由总包负责组织业主、监理、设计和分包单位共同研究处理。

若在具体工程施工中分包单位未按方案施工或总包发现分包单位的质量问题，总包技术部门会以工程技术联系单的书面形式质疑分包单位。若问题严重总包有权向分包单位提出罚款甚至停工的权利。

5）设计变更和工程洽商的管理

① 设计变更和工程洽商的管理

对于总包负责招标的分部、分项工程，由总包技术部门根据共同确定的意见办理工程洽商或签收设计变更。

对于业主指定分包单位的分部、分项工程，由分包单位自行办理设计变更、洽商，但必须经总包项目经理部总工审核签字后方可实施。所有设计变更、洽商由总包技术部门统一收发。

② 审图责任及时效

总包负责招标的分包单位在接到总包项目经理部下发的招标图纸或正式图纸后7天内必须将所有图纸问题提交总包技术部门，由技术部门落实解决，接收图纸7天后无异议的视同对图纸的认可。

在施工过程中如果由于分包单位审图不细致而要求变更，只能提出技术变更，不做经济调整，同时也不能向总包提出任何其他要求。

对于业主指定的分包单位，分包单位应独立承担图纸设计责任及施工责任，总包项目经理部无任何牵连责任。

如果由于分包单位的失误而影响别的分项工程，总包项目经理部将依据相关合同条款对其进行索赔。

6）计量管理

进入施工现场的各分包单位，必须设置一专职（兼职）计量员负责本单位的计量工作，并将名单报至总包技术部门。该计量员通常为分包单位的技术负责人并负责以下工作：

① 负责建立分包单位的计量器具台账及器具的标识。

② 负责分包单位计量器具的送检，送检证明报总包项目经理部审核，检测合格证报总包商项目经理部备案。

③ 定期参加总包组织的计量工作会议。

④ 负责绘制本单位的工艺计量流程图。

⑤ 向总包上报本单位的计量台账和工艺流程图。

对不合格设备的处理：

凡出现下列特征的设备均为不合格：已经损坏；过载或误操作；显示不正常；功能出现可疑；超过了规定检定周期。

不合格设备应集中管理，由使用单位计量员贴上禁用标识，任何人不准使用，并填写报废申请单，经总包审核后才能生效。

不合格设备及器具经修理或重新检测，合格后方可使用。

7）工程资料管理

① 所有分包单位需设专职或兼职资料员一名，负责工程技术资料的管理，接受总包相关管理人员的监督与领导。

② 根据合同约定，分包单位负责填写、收集施工资料，交总包项目经理部审核后归档。对于总包项目经理部提出的任何整改要求，分包单位应无条件完成。

③ 对于业主指定的分包单位工程和总包方实行管理的分部、分项工程，分包单位在工程验收时需向总包项目经理部提供全套施工资料一式四份，包括竣工图。在施工过程中，总包有关人员随时有权检查其资料和要求分包单位提供各种资料。

④ 分包单位的资料必须符合以下文件要求：

国家标准《建设工程文件归档整理规范》（GB/T 50328—2001）；

总包商关于资料管理的其他要求。

(4) 文明施工管理

分包单位从进入施工现场开始施工至竣工，从管理层到操作层，全过程各方位都必须按文明施工管理规定开展工作。

1) 文明施工责任

分包单位施工负责人为所施工区域文明施工工作的直接负责人。

分包单位设文明施工检查员负责现场文明施工并将文明施工检查员名单报总包项目经理部工程管理部门备案。

分包单位文明施工工作的保证项目包括：无因工死亡、重伤和重大机械设备事故；无重大违法犯罪事件；无严重污染扰民；无食物中毒和传染疾病；现场管理中的工完场清等工作。

2) 场容和料具管理

场容管理要做到：工地主要环行道路做硬化处理，道路通畅；温暖季节有绿化布置；施工现场严禁大小便。

料具管理要做到：现场内机具、架料及各种施工用材料按平面布置图放置并且堆码整齐，并挂名称、品种、规格等标牌，账物相符，做到杂物及时清理，工完场清。有材料进料计划，有材料进出场查验制度和必要的手续，易燃易爆物品分类存放。

分包单位要按总包环境管理及其程序文件要求，设置封闭分类废弃物堆放场所，做到生活垃圾和施工垃圾分开；可再利用、不可再利用垃圾分开；有毒有害与无毒无害垃圾分开；悬挂标识及时回收和清运，建立垃圾消纳处理记录。（垃圾消纳单位应有相关资质）。消灭长流水和长明灯，合理使用材料和能源。现场照明灯具不得照射周围建筑，防止光污染。

3) 防止大气污染

施工现场的一般扬尘源包括：施工机械铲运土方、现场土方堆放、裸露的地表、易飞扬材料的搬运或堆放、车轮携带物污染路面、现场搅拌站、作业面及外脚手架、现场垃圾站、特殊施工工艺。

防止大气污染措施：

土方铲、运、卸等环节设置专人淋水降尘；现场堆放土方时，应采取覆盖、表面临时固化、及时淋水降尘措施等。

施工现场制定洒水降尘制度，配备洒水设备并指定专人负责，在易产生扬尘的部位进行及时洒水降尘。

现场道路按规定进行硬化处理，并及时浇水防止扬尘，未硬化部位可视具体情况进行临时绿化处理或指派专人洒水降尘。

清理施工垃圾，必须搭设封闭式临时专用垃圾道，严禁随意凌空抛撒。

运输车辆不得超量装载，装载工程土方，土方最高点不得超过槽帮上缘50cm，两侧边缘低于槽帮上缘10~20cm；装载建筑渣土或其他散装材料不得超过槽帮上缘；并指定专人清扫路面。

施工现场车辆出入口处，应设置车辆冲洗设施并设置沉淀池。

施工现场使用水泥和其他易飞扬的细颗粒材料应设置在封闭库房内，如露天堆放应严密遮盖，减少扬尘；大风时禁止易飞扬材料的搬运、拌制作业。

脚手架的周边应进行封闭措施，并及时进行清洁处理。

施工现场的垃圾站必须进行封闭处理，并及时清理。

4）防止施工噪声污染

① 土方阶段噪声控制措施：土方施工前，施工场界围墙应建设完毕。所选施工机械应符合环保标准，操作人员需经过环保教育。加强施工机械的维修保养，缩短维修保养周期。

② 结构阶段噪声控制措施：尽量选用环保型振捣棒；振捣棒使用完毕后，及时清理保养；振捣时，禁止振钢筋或钢模板，并做到快插慢拔；要防止振捣棒空转。模板、脚手架支设、拆除、搬运时必须轻拿轻放，上下左右有人传递；钢模板、钢管修理时，禁止用大锤敲打；使用电锯锯模板、切钢管时，及时在锯片上刷油，且模板、锯片送速不能过快。

③ 装修阶段噪声控制措施：尽量先封闭周围，然后装修内部；设立石材加工切割厂房，且有防尘降噪设施；使用电锤时，及时在各零部件间注油。

④ 加强施工机械、车辆的维修保养，减少机械噪声。

⑤ 施工现场木工棚做好封闭处理，防止噪声扩散。

5）废弃物管理

分包单位要将生活和施工产生的垃圾分类后及时放置到各指定垃圾站。施工现场的垃圾站分为：生活垃圾和建筑垃圾两类，其中建筑垃圾分为：有毒有害不可回收类、有毒有害可回收类、无毒无害不可回收类、无毒无害可回收类。

（5）成品保护管理

1）成品保护的期限

各分包单位从进行现场施工开始至其施工的专业竣工验收为止，均处于成品保护阶段，特殊专业按合同条款执行。

2）成品保护的内容（见表5-3）

成品保护　　　　　　　　　　　表5-3

序号	项目	内容
1	工程设备	锅炉、高低压配电柜、水泵、空调机组、电梯、制冷机组、通风管机等
2	结构和建筑施工过程中的工序产品	装饰墙面、顶棚、楼地面装饰、外墙立面、窗、门、楼梯及扶手、屋面防水、绑扎成型钢筋及混凝土墙、柱、门窗洞口、阳角等
3	安装过程的工序产品	消防箱、配电箱、插座、开关、暖气片、空调风口、灯具、阀门、水箱、设备配件等

3) 成品保护的职责

① 各分包单位负责人为其所施工工程专业的成品保护直接责任人。

② 分包单位应设成品保护检查员一名，负责检查监督本专业的成品保护工作。

③ 各分包单位的施工员根据责任制和区域划分实施成品保护工作，负管理责任。

4) 成品保护措施的制订和实施

① 分包单位要按总包项目经理部制订的施工工艺流程组织施工，不得颠倒工序，防止后道工序损坏或污染前道工序。

② 分包单位要把成品保护措施列入本专业施工方案，经总包商项目经理部审核批准后，认真组织执行，对于施工方案中成品保护措施不健全，不完善的专业不允许其专业施工。

③ 分包单位要加强对本单位员工的职业道德的教育，教育本单位的员工爱护公物，尊重他人和自己的劳动成果，施工时要珍惜已完和部分已完的工程项目，增强本单位员工的成品保护意识。

④ 各专业的成品保护措施要列入技术交底内容，必要时下达作业指导书，同时分包单位要认真解决好有关成品保护工作所需的人员、材料等问题，使成品保护工作落到实处。

⑤ 分包单位成品保护工作的检查员，要每天对本专业的成品保护工作进行检查，并及时督促专职施工员落实整改，并做好记录。同时每月5、15、25日参加总包项目经理部组织的成品保护检查（与综合检查同步进行），并汇报本专业成品保护工作的状况。

⑥ 工作转序时，上道工序人员应向下道工序人员办理交接手续，并且履行签认手续。

(6) 物资管理

1) 材料计划管理

① 分包单位根据总包项目经理部月度材料计划及施工生产进度情况向总包项目经理部物资管理部门提前2～5天报送材料进场计划，并要注明材料品种、规格、数量、使用部位和分阶段需用时间。

② 材料计划要使用正式表格，要有主管、制表二人签字，报总包项目经理部物资管理部门进行采购供应。

③ 如果所需材料超出计划，为了不影响施工进度，分包单位提出申请计划由项目技术部门及预算部门审核后方可生效。

④ 对变更、洽商增减的用料计划，必须及时报送总包物资管理部门。

⑤ 分包单位如果不按总包项目经理部要求报送材料计划（周转材料），所影响工期和造成的损失由分包单位负责。

2) 材料消耗管理

① 总包项目经理部根据分包单位合同承包范围内的各结算期的物资消耗数量，对分包单位实行总量控制。

② 分包单位所领用物资超出总量控制范围，其超耗部分由分包单位自行承担，总包项目经理部在其工程款中给予扣除。

③ 分包单位要实行用料过程中的跟踪管理，督促班组做到工完场清，搞好文明施工。

④ 严格按方案施工，合理使用材料，加强架料、模板、安全网等周转材料的保管和

使用，对丢失损坏的周转材料由分包单位自行承担费用。

⑤ 木材、竹胶板的使用要严格按《施工方案》配制，合理使用原材料，由分包单位、总包商技术部门和物资管理部门对制作加工过程共同监督。

⑥ 木材、竹胶板的边角下料，应充分利用。

⑦ 使用过的模板应及时清理、整修、提高模板周转率和使用寿命并码放整齐。

⑧ 钢筋加工要集中加工制作，并设专职清筋员，发料由清筋员按配筋单统一发放使用。

⑨ 短料应充分利用，如制作垫铁、马铁等，严禁将长料废弃。

⑩ 定期对钢筋加工制作进行检查，严格管理，防止整材零用、大材小用。

3）材料验证管理

① 验收材料必须由各分包单位专职材料员进行验证并记录。

② 在验收过程中把好"质量关、数量关、单据关、影响环境和安全卫生因素关"，严格履行岗位职责。

③ 分包单位自行采购的材料，在采购前必须分期、分批报送总包项目经理部物资管理部门，所有材料必须要有出厂合格证、检验证明、营业执照，总包项目经理部要参与分供方评定、考核分供方是否符合质量、环境和职业安全健康管理体系要求。

④ 物资进场要复查材料计划，包括材料名称、规格、数量、生产厂家、质量标准，并证随货到。

⑤ 对证件不全的物资单独存放在"待验区"，并予以标识，及时追加办理。

⑥ 对需取样做复试的物资单独存放在"质量未确定区"，并予以标识。

⑦ 对于复试不合格的材料，由验证人员填写《不合格材料记录》，及时通知供货部门；供应部门根据材料的不合格情况，及时通知供方给予解决处理，并填写《不合格材料纠改记录》。

⑧ 未经验证和验证中出现的上述不合格情况，不得办理入库（场）手续，更不得发放使用。

⑨ 对合格材料及时办理入库手续，予以标识，并做材料检测记录，按月交总包商物资管理部门存档。

4）材料堆放管理

① 材料进场要按总包的平面布置规划堆码材料，材料堆场场地要平整，并分规格、品种、成方成垛、垫木一条线码放整齐，特殊材料要覆盖，有必要时设排水沟不积水，符合文明施工标准。

② 在平面布置图以外堆码材料，必须按总包项目经理部物资管理部门指定地点码放并设标识。

③ 根据不同施工阶段，材料消耗的变化合理调整堆料需要，使用时由上至下，严禁浪费。

④ 要防止材料丢失、损坏、污染，并做好成品保护。

⑤ 仓库要符合防火、防雨、防潮、防冻保管要求，避免材料保管不当造成变形、锈蚀、变质、破损现象，对易燃品要单独保管。

⑥ 现场所有材料出门，必须由总包项目经理部物资管理部门开出门条，分包单位调进、调出的材料必须通知总包项目经理部物资管理部门办理进、出手续。

5) 基础资料要求

分包单位每月必须向总包商项目经理部物资管理部门按要求报送以下报表：各种物资检测记录；材料采购计划（化学危险品单独提）；月度进料统计清单；危险品发放台账；月度盘点表。

(7) 合同与结算管理

1) 分包单位合同和物资供应合同的签订

① 工程的分包单位合同和物资供应合同应在施工前签订。

② 对已开工的分包单位工程，在未签订分包单位合同前必须先签订分包单位协议书，以避免分承包方进场施工时因没有分包单位合同，属非法用工而使总包商承担全部责任，分包单位协议书须使用总包商合约部制定的标准合同文本。

③ 工程分包单位合同和物资采购合同的签订（除特殊情况外），必须采用由总包商制定的标准合同文本。

④ 项目经理部的分包单位合同和物资采购合同的签定由总包商或授权项目经理部分别牵头组织项目相关部门人员与分包单位、分供方谈判。

⑤ 总包商授权项目经理部签订的分包单位合同和物资采购合同，由项目经理部起草合同，并牵头组织项目各部门共同参与合同评审谈判，并与分包单位、材料供应商在谈判中达成一致。

⑥ 授权签约的分包单位合同和物资采购合同的签订，由被授权部门牵头组织项目相关部门人员与分包单位、分供方谈判。

2) 分包单位结算总则

① 分包单位结算工作必须遵守国家有关法律法规和政策，以及合同中的约定内容。

② 分包单位结算工作必须遵守总包商及项目经营管理的有关规定。

③ 分包单位结算工作必须按合同约定的结算期保证按时、准确、翔实、资料齐全（合约双方）。

3) 分承包方（月）结算书的申请、支付、规定程序、时间、格式。

① 包工包料及劳务分包单位或扩大劳务分包的分包单位，于每月 25 日（工程量统计周期为上月 24 日至本月 23 日或按照项目规定的日期）或结算期，根据双方约定的内容编制月预算统计结算书，有相关负责人签字并加盖公章，报项目经理部预算部门审核。

② 工程结算必须在工程完工，项目验收后 14 日以内（或按照合同要求）报项目预算部门。超过时限项目预算部门不再接收分承包方的结算书，结算由项目单方进行，必要时邀请分包单位分供方参与，结果以项目预算部门结算所出数据为准。

③ 分包单位于每月 23 日（或按照项目规定的日期），申请项目主管分包的现场工程责任师对其当月完成的工程项目及施工到达的部位进行签认，填写《完成工程项目及工程量确认单》。并将《完成工程项目及工程量确认单》作为月度工程量统计表的附件报给项目预算部门。

④ 属材料物资采购或设备订货的供应单位在结算期，根据订购合同（视为进场计划）的内容与项目经理部物资管理部门材料人员验收（料）小票，并报至物资管理部门审核，物资管理部门审核确认签字，再报项目预算部门审核确认签字。最终，由项目财务部门根据物资部、预算部门的审核意见转账。

4) 分包单位（月）结算书各部门填写结算意见

由项目预算部门提供《分包单位工程月度申请单》，由分包单位人员持此单到项目经理部有关领导和部门签署意见，签好后返至预算部门备查，如部门提出异议、暂停结算。调查落实，如属实则不予办理结算。

分包单位工程月度结算申请单

工程项目名称：		工程项目代码：	合同编号：	单位：元	
分包单位商法人单位名称：			分包单位商法人单位代码：		
分包单位商工作内容及范围：					
合同形式：　固定总价（　　）　　　固定单价（　　）　　　其他（　　）					
工程开工日期：					
本期付款对应工作起止时间：					
本期付款为该分包单位合同第（　）次付款					
至本次累计付款占分包单位合同总价（不含我公司供料之价款）之比率：1.6%					
分包单位商工作量完成率：2.7%					
本次付款对应的工作内容是否已从业主回收工程款：是（　）　部分回收，其回收率（　）　否（　）					
本次付款是否在本月资金计划内：是（　）　有但额度不够，差（　　元）　否（　）					
款项名称	代号	款项构成		金额	备注
合同总价	a	分包单位自施部分合同总价			
	b	我公司供料总价			
至本期止累计应付款	c	完成合同内工作累计（须附附件2）			
	d	完成合同外工程累计（须附附件3）			
	e	工期、质量奖			
	f	应付预付款			
	g	退还保留金			
	h	至本期止应付款合计（c+d+e+f+g）			
至本期止累计应扣款	i	我公司垫付款（须附附件4）			
	j	预付款抵扣			
	k	预付款余额（f-j）			
	l	保留金			
	m	保留金余额（l-g）			
	n	至本期止扣款合计（i+j+l）			
保修金	o	本期预留保修金			
	p	至本期止累计预留保修金			
至本期止应付款	q	=(h-n-p)			
此前累计已付款	r				
本期应付款	s	=(q-r)			
本期实际付款	t	（t应小于或等于s）			
至本期止累计已支付金额	u	（本期实际付款+此前累计已实际付款）			
本期需扣除劳务费之金额	v				

项目合约主办：　　　　　　　　　　　　项目成本员：
项目商务经理：　　　　　　　　　　　　项目经理：
公司合约部（土建工程部）　　　　　　　公司合约部（机电工程部）
结算主办：　　　　　　　　　　　　　　成本经理：

5) 分包单位（月）结算书及填写分包单位结算单

① 月统计报表审核后，由项目预算部门填写"工程分包单位合同预、结算单"，报预算部门审批后，再报项目现场管理部门签署审批意见后，预算部门签署审批意见后报项目经理终审后，将"工程分包单位合同预、结算单"返至项目预算部门。

② 预算部门根据不同具体情况分别填写结算单签字，其中工程分包单位项目后附完成确认单、各部门意见会签单、审核预算书，并报区域公司或总包商合约部审查。材料、设备订货后附物资管理部门开具的验收单和部门意见会签单及结算核算单四份内容。

6) 分包单位（月）结算支付款项

① 分包单位的"工程分包单位合同预、结算单"经总包商主管部门审核签认后，转回项目经理部，项目财务部门填写预结算单及委付单，报总包商资金部门，由总包商资金部门支付款项。支付形式为网上转账，每月集中办理一次。

② 材料物资采购、租赁或设备订货的由项目物资管理部门、技术部门审核意见后转项目预算部门，按分包单位的结算方式办理结算。

7) 分包单位（月）结算书资料归档、登记统计台账

项目经理部预算部门将结算资料归账，并登记统计台账，记录结算情况和结果。

8) 分包单位索赔、签证及合约外费用的确认

① 索赔、签证事件发生后，分包单位应及时向项目经理部预算部门申报。逾期（或项目经理部根据项目不同情况确定该时间）未报，则视为分包单位放弃索赔权利。

② 索赔、签证发生后，分包单位将发生的资料（照片或原始记录等）上报项目工程管理部门审核，项目工程管理部门在收到分承包方上报的索赔、签证基础资料10日内将审核意见书（包括发生的项目、工程量、影响的程度、工期损失等）发给分包单位，分包单位依据项目工程管理部门的审核意见书编制索赔、签证费用及工期计算书，并上报给项目预算部门审核。

③ 项目预算部门根据工程管理部门的审核意见，同时依据分包单位合同对分承包方上报的费用或工期计算书进行审核，并在收到费用或工期计算书后15日内（或项目经理部根据项目不同情况确定该时间）将审核结果通知分承包方。

④ 所有工程索赔、签证费用在分包单位工程结算完成后统一支付。

(8) 质量、环境、职业安全健康体系管理

1) 基本要求

各分包单位入场前要与总包商项目经理部签订《环保协议书》、《消防保卫协议书》、《安全协议书》、《职业安全健康与环境管理协议书》，否则不得入场施工。

分包单位入场一周内要成立分包单位质量、环境、职业安全健康体系领导小组。

2) 体系管理

分包单位每一名员工要掌握总包商项目经理部质量、环境、职业安全健康体系方针、目标。

3) 体系培训

分包单位要按照总包商项目经理部要求，准时参加总包商项目经理部组织的体系培

训，以保证体系的有效运行。分包单位要做好培训记录，报总包商项目经理部行政部门备案。

(9) 治安保卫管理

分包单位人员必须遵守现场各项规章制度及国家、当地政府有关法律法规及总包商的有关规定。

分包单位进场前，必须经入场教育，考试合格后方可施工。工人进场后各分包单位要将人员花名册及照片交总包商项目经理部行政部门统一办理现场工作证。

分包单位使用的外来人口必须符合当地政府外来人口管理规定，做到手续齐全、无违法犯罪史，并按当地政府有关规定办理证件。达到证件齐全：身份证、健康证、暂住证，严禁跨省市用工。

施工人员出入现场必须佩带本人现场工作证，接受警卫检查。

任何单位或个人携物出门须有项目经理部物资管理部门开具的出门条，经值班警卫核对无误后方可放行。凡无出门条携物出门，一律按盗窃论处。

外来人员参观、会客、探友，必须先联系后持有关证件到警卫室办理来客登记，值班警卫经请示允许后方可放入，出门必须持有被探访人签字的会客条方可放行。

任何人不得翻越围墙及大门，不得扰乱门卫秩序。

集体宿舍不得男女混住，不得聚众赌博，不得酗酒闹事，不得卧床吸烟，不得私自留宿外来人员，确有困难需留宿则须经总包商项目经理部保安管理人员批准并进行登记。

办公室、宿舍内不得存放大量现金（200元以上）及贵重物品，以防被盗。

贵重工具、材料（如电锤、电钻和贵重材料）要有专库存放，专人看管，夜间要有人值班，做好登记记录。

分包单位若在现场设财务部门，存放现金、印章要存放在保险柜里（现金过夜存放不得超过2000元），要有防盗措施。并接受总包商项目经理部定期检查。

分包单位要定期对职工进行法制教育，要遵纪守法，不得打架斗殴，不得盗窃、损坏现场财物，并教育工人遵守现场各项规章制度，按章办事，爱护现场消防设施及器材。

分包单位应在承包项目完成后一周内组织施工人员退场，退场前将现场工作证交总包商项目经理部行政部门。

重大节日政治活动及会议期间，分包单位必须安排领导值班，值班人员应坚守岗位，值班表应报总包商项目经理部行政部门备案。

各分包单位必须服从总包商项目经理部管理，遵守各项规章制度，确定一名专（兼）职保卫人员，负责本单位治安保卫日常管理，搞好内部治安防范工作。

为保证现场有一个良好的环境，任何分包单位或个人不得以任何理由闹事、打架、盗窃。

分包单位要加强本单位危险品、贵重物品、关键设备的存放场所及对工程有重大影响的工序、环节等要害部位的管理工作。

全体分包单位施工人员都要有维护现场、同各种违法犯罪活动做斗争的义务，个别人如无视法律，触犯刑法，项目经理部将协助公安机关打击犯罪分子。

（四）劳务分包队伍的综合评价

1. 劳务分包队伍综合评价的内容

通常，对劳务分包队伍综合评价的依据是双方签订的劳务分包合同及相关的国家法律、法规和行业政策要求。

在建筑企业不同的层面上对劳务分包队伍的综合评价内容也有所不同。

（1）项目部层面上的综合评价内容

在项目经理部层面上，主要考核评价劳务分包队伍的整体素质、工程质量、工期、绿色施工和文明施工、安全生产、与劳务工人签订劳动合同、劳务分包商对劳务工人工资支付、与项目部工程管理人员工作配合、遵纪守法等情况。

（2）分公司（或公司）层面上的综合评价内容

在项目经理部综合评价的基础上，分公司（或公司）重点评价劳务分包队伍的资质资信、管理体系、施工能力、机械设备、管理力量、劳务力量、劳务管理、内业资料等内容。

（3）公司（或集团公司）层面上的综合评价内容

根据分公司（或公司）的综合评价意见，公司（或集团公司）重点评价劳务分包队伍的施工业绩、信守履约、协调配合、管理水平、整体素质、负责人诚信等内容。

2. 劳务分包队伍综合评价的方法

（1）综合评价方式

对劳务分包队伍的综合评价，可以分为过程综合评价和全面综合评价。过程综合评价是在劳务分包作业过程中，由劳务队伍使用单位（项目经理部或分公司）每半年组织一次综合评价；全面综合评价是在劳务分包作业任务完成时，由劳务队伍使用单位（公司或集团公司）对劳务分包队伍进行的全面综合评定考核。

（2）评价方法及工具

一般而言，对劳务分包队伍综合评价可以采用多种方法和工具，常用的有专家意见法和数学模型法。专家意见法又可以分为专家主观判断法、打分法、德尔菲法等；数学模型法又可以分为层次分析法（AHP）、模糊综合评判法等。

（3）劳务分包队伍的分级管理

在对劳务分包队伍综合评价后，可以根据评价结果确定分级标准。通常把劳务分包队伍的等级划分为优秀、良好、合格、不合格。达到合格以上等级的劳务分包队伍可以继续留用；评定等级为不合格的，不得继续留用，应清退出场，并从建筑企业的"合格劳务分包队伍名录"中除名。同时，警示企业内部各相关单位，对不合格劳务分包队伍，两年内不予合作，再度合作前需重新进行评价。

（五）劳务费用的结算与支付

1. 劳务人员工资的计算方式

劳务人员工资是指建筑劳务企业依据有关法律法规的规定和劳动合同的约定，以货币形式支付给形成劳动关系或提供劳务的劳动者的劳动报酬。

(1) 劳务人员工资的计算方式

劳务人员工资可以采用下列任何一种方式计算：

1) 固定劳务报酬（含管理费）；

2) 约定不同工种劳务的计时单价（含管理费），按确认的工时计算；

3) 约定不同工作成果的几件单价（含管理费），按确认的工程量计算。

采用第一种方式计价的，确定劳务报酬的合计总额。

采用第二种方式计价的，分别说明不同工种劳务的计时单价。

采用第三种方式计价的，分别说明不同工作成果的计件单价。

(2) 工时及工程量的确认

采用固定劳务报酬方式的，施工过程中不计算工时和工程量。采用按确定的工时计算劳务报酬的，由劳务作业承包人每日将提供劳务人数报劳务作业发包人，由劳务作业发包人确认。采用按确认的工程量计算劳务报酬的，由劳务作业承包人按月（或旬、日）将完成的工程量报劳务作业发包人，由劳务作业发包人确认。对劳务作业承包人未经劳务作业发包人认可，超出设计图纸范围和因劳务作业承包人原因造成返工的工程量，劳务作业发包人不予计量。

(3) 劳务人员工资的中间支付

采用固定劳务报酬方式支付劳务报酬款的，劳务作业承包人与劳务作业发包人约定按下列方法支付：

1) 合同生效即支付预付款；

2) 中间支付。

采用计时单价或计件单价方式支付劳务报酬的，劳务作业承包人与劳务作业发包人双方约定支付方法。

(4) 劳务人员工资的最终支付

全部分包工作完成，经劳务作业发包人认可后 14 天内，劳务作业承包人向劳务作业发包人递交完整的结算资料，双方按照本合同约定的计价方式，进行劳务报酬的最终支付。劳务作业发包人收到劳务作业承包人递交的结算资料后 14 天内进行核实，给予确认或者提出修改意见。劳务作业发包人确认结算资料后 14 天内向劳务作业承包人支付劳务报酬尾款。劳务作业承包人和劳务作业发包人对劳务报酬结算价款发生争议时，按双方的约定处理。

(5) 劳务人员工资的支付管理

1) 分包队伍应将工资发给劳务工本人，严禁使用和将工资发放给不具备用工主体资格的组织和个人。

2) 分包队伍应制订本企业的工资支付办法，并告知本企业全体劳务工。

3) 根据劳动合同约定的工资标准、支付日期等内容支付工资，分包队伍每月至少支付一次劳务工资。

4) 工资结算期超过一个月的，应当每月预付工资，对当月提供正常劳动的劳务工人预付的工资不得低于当地最低工资标准，余额按季或年度结算工资，结算后足额支付。结算期不得超过次年1月20日。

5) 分包队伍支付劳务工资应编制工资支付表，每次发放工资应经劳动者本人签字确认，并保存两年以上备查。

6) 分包队伍因被拖欠工程款导致拖欠工人工资的，追回的被拖欠工程款，应优先用于支付拖欠的劳务工工资。

7) 因业主未按照合同约定与总包单位结清工程款，致使分包队伍拖欠劳务工工资的，按国家规定由业主或工程总承包单位先行垫付劳务工被拖欠的工资，先行垫付的工资数额以未结清的劳务人工费为限。

2. 劳务费结算与支付管理的要求

劳务费是指建筑工程总承包企业或者专业承包企业应支付给劳务分包企业的劳务作业人工费用。

（1）按国务院政策要求，应当做到劳务费月清月结或按分包合同约定执行；同时应监督劳务分包队对农民工工资月清月结或按劳动合同约定执行，确保农民工工资按时足额发放给本人。

（2）除合同另有约定，支付劳务费应当保障劳务分包队伍每月支付农民工基本工资人均不低于工程所在地最低工资标准，每年年底前做到100％支付。

3. 劳务费结算与支付管理的程序

（1）劳务费的支付程序

1) 由发包单位按照分包合同约定条款编制劳务费支付计划。

2) 由发包单位按照已完工程节点，预结、预付劳务费。

3) 工程完工后双方及时办理结算，由发包单位编制结算劳务费支付计划，按照合同约定时间支付。

4) 如出现因业主方的问题而拖延劳务费结算的情况，发包单位应与分包企业协商一致后调整支付计划。

5) 总包企业对各项目部劳务费发放过程进行监督检查，及时纠正和处理劳务费发放中违规问题，保证农民工工资支付到位。

6) 各项目部每月月末向总包企业主管部门报送劳务费支付情况表，准确反映劳务费支付情况。

（2）劳务费的支付管理

1) 总分包合作双方必须依法签订分包合同，分包合同应约定支付劳务人工费的时间、结算方式及保证按期支付的措施，确保劳务人工费和劳务工人工资的支付。

2) 支付劳务人工费时，只能向分包企业法人支付，不得向无资质的个体承包人支付。如果是委托代理人必须出具法定代表人书面委托书。

3) 分包工程发包人与分包工程承包人在工程施工过程中提前解除分包合同的，应按已完合格工程量结算劳务费，约定劳务费的支付金额和支付时间，并严格按约定条款履行。

4) 支付工程款时,应把劳务费列为第一支付顺序。劳务费支付时须经总包单位主要领导签字认可后,方可拨付。

5) 不得将工程违反规定发包、分包给不具备用工主体资格的组织或个人,否则将承担拖欠劳务费连带责任。

(3) 劳务费管理的应急预案

1) 发生劳务费及劳务工资纠纷,先在项目部、总包单位内部协调处理,形成诉讼和仲裁的按合同约定方式进行处理。

2) 项目部一旦发生劳务工资纠纷,应立即向总包单位报告,总包单位主管领导应及时赶到现场妥善处理。

3) 总包单位各级管理部门在接待劳务工来访时,要做到态度诚恳,用语文明,不以任何理由或借口回避、推诿、拖延和矛盾上交。

4) 发生劳务工上访,总包单位应派主管领导亲自处理,当天将处理情况向上级主管部门汇报。

5) 发生劳务工工资纠纷时,如项目部确实无能力解决资金问题,应立即向总包单位报告,经批准后动用总包单位应急预备金。

6) 总包单位每季度要组织一次劳务费支付情况排查,按时如实填报统计报表,及时掌握情况,对拖欠工资问题较多和可能引发矛盾激化的问题,要及时进行分析、研究,做到心中有数,提前采取措施,及时化解矛盾。

7) 对拖欠数额较大一时难以全部解决的问题,要主动和分包队伍沟通,双方协商一致后,签订还款协议,并共同做好劳务工人的思想工作。

8) 总包单位要保持与当地政府主管部门的紧密联系,按规定报送各种资料,通报有关情况,取得政府主管部门的支持,预防各种纠纷的发生。

4. 劳务费结算支付报表制度

对劳务费结算支付情况实行报表制度。

(1) 劳务分包队伍每月向总包项目部报送劳务费及工资支付情况报表。每月编制劳务工人工资发放记录表,如实记录支付单位、支付时间、支付对象、支付数额等工资支付情况,并要求工人代表、分包企业负责人、项目经理三方签字后,报总包项目部和总包企业财务部备查,并作为支付劳务人工费的依据,同时分包方在发放工资时,项目部必须有人参加并监督。劳务工人工资发放记录表在工人生活区要公示三天以上。

(2) 劳务分包队伍每季度向总包项目部报送劳务用工人数及劳动报酬支付情况统计表,项目部审核后,报公司劳务主管部门汇总并上报上级主管部门。

(3) 总包企业每季度对所有分包队伍劳务工工资支付情况进行统计检查,并将检查情况在企业范围内进行通报。

(4) 若劳务分包队伍违反国家工资支付规定拖欠克扣劳务工工资的,应记入分包考核档案,并通报批评。如因拖欠克扣工资引起上访,造成不良影响的,从合格分包商名录中剔除,不再使用。

六、劳务用工实名制管理

（一）实名制管理的作用和主要内容

劳务工人实名制管理是在贯彻实施国务院《关于切实解决建设领域拖欠工程款问题的通知》（国办发〔2003〕94号）的过程中，由各地方建设行政主管部门和建筑企业提出的，该项措施是为了规范建筑市场的正常秩序、加强建筑企业用工合法性管理的一项重要举措。

根据住房和城乡建设部《关于进一步加强建筑市场监管工作的意见》（建市〔2011〕86号）的要求，推行建筑劳务人员实名制管理。施工总承包单位要以工程项目为单位落实劳务人员实名管理制度，要配置专人对劳务分包单位的劳动统计、出工考勤、工资发放进行监管，并处理劳务人员的举报投诉。用工单位要设置专人对劳务人员身份信息、劳动合同、工资发放、持证上岗、工伤保险、意外伤害险等情况进行规范管理。要总结试点地区的经验，扩大建筑劳务人员信息化管理试点范围，实行建筑劳务人员从业档案电子化管理。

1. 劳务工人实名制管理的作用

（1）通过实名制管理，对规范总分包单位双方的用工行为，杜绝非法用工、劳资纠纷、恶意讨薪等问题的发生，具有一定的积极作用。

（2）通过实名制数据采集，能及时掌握了解施工现场的人员状况，有利于工程项目施工现场劳动力的管理和调剂。

（3）通过实名制数据公示，公开劳务分包单位企业人员考勤状况，公开每一个农民工的出勤状况，避免或减少因工资和劳务费的支付而引发的纠纷隐患或恶意讨要事件的发生。

（4）通过实名制方式，为项目经理部施工现场劳务作业的安全管理、治安保卫管理提供第一手资料。

（5）通过实名制管理卡的金融功能的使用，可以简化企业工资发放程序，避免农民工因携带现金而产生的不安全因素，为农民工提供了极大的便利。

2. 实名制管理的主要内容

（1）对进场人员花名册、身份证、劳动合同、岗位技能证书进行备案管理；

（2）做好劳务管理工作内业资料的收集、整理、归档；

（3）开展劳务管理相关数据的收集统计工作，建立劳务费、农民工工资结算兑付统计台账，检查监督劳务分包单位对农民工工资支付情况；

（4）规范分包单位用工行为、保证其合法用工；

（5）建立健全企业实名制管理的规章制度和监督检查实施到位。

（二）各类企业实名制管理的内容和重点

1. 总承包、专业承包企业实名制管理的内容和重点

（1）总承包、专业承包企业应设置劳务管理机构和劳务管理员（简称劳务员），制定劳务管理制度。劳务员应持有岗位证书，切实履行劳务管理的职责。

（2）劳务员要做好劳务管理工作内业资料的收集、整理、归档，包括：企业法人营业执照、资质证书、建筑企业档案管理手册、安全生产许可证、项目施工劳务人员动态统计表、劳务分包合同、交易备案登记证书、劳务人员备案通知书、劳务合同书、身份证、岗位技能证书、月度考勤表、月度工资发放表等。

（3）项目经理部劳务员负责项目日常劳务管理和相关数据的收集统计工作，建立劳务费、农民工工资结算兑付情况统计台账，检查监督劳务分包单位对农民工资的支付情况，对劳务分包单位在支付农民工工资存在的问题，应要求其限期整改。

（4）项目经理部的劳务员要严格按照劳务管理相关规定，加强对现场的监控，规范分包单位的用工行为，保证其合法用工，依据实名制要求，监督劳务分包做好劳务人员的劳动合同签订、人员增减变动台账。

2. 劳务企业实名制管理的内容和重点

（1）劳务分包企业应设置劳务管理机构和劳务管理员（简称劳务员），制定劳务管理制度。劳务员应持有岗位证书，切实履行劳务管理的职责。

（2）劳务分包单位的劳务员在进场施工前，应按实名制管理要求，将进场施工人员花名册、身份证、劳务合同文本、岗位技能证书复印件及时报送总承包商备案。总承包方劳务员根据劳务分包单位提供的劳务人员信息资料，逐一核对是否有身份证、劳务合同和岗位技能证书，不具备以上条件的不得使用，总承包商不允许其进入施工现场。

（3）劳务员要做好劳务管理工作内业资料的收集、整理、归档，包括：企业法人营业执照、资质证书、建筑企业档案管理手册、安全生产许可证、项目施工劳务人员动态统计表、劳务分包合同、交易备案登记证书、劳务人员备案通知书、劳务合同书、身份证、岗位技能证书、月度考勤表、月度工资发放表等。

（三）实名制备案系统管理程序

1. 实名制备案系统

"实名制"是指对劳务分包企业进场人员要求各种证件及现场管理表册与本人身份证

及劳动合同书名称一致，真实有效，涉及本人的各项基础资料不得弄虚作假。

建筑业劳务用工实名制管理是近年来建筑业的一项创新管理，是强化现场合法用工管理和保证农民工工资发放到个人的一项重要措施。在实行实名制计算机备案管理的过程中，应当密切结合企业实际先试点后推广，在实行中应当注意以下几点：

（1）企业用工要通过签订劳动合同、持证上岗、造册和网上录入完成企业实名制管理的基础工作。施工现场是实名制管理的重点，工程项目部对进场劳务队伍数量和进场农民工必须做到人数清、情况明，着重做好日常管理工作。

（2）实行实名制管理必须做好现场封闭式管理，配齐总承包企业和劳务企业的劳务员，配备必要的人员进场识别设备和对人员进行综合统计分析管理的计算机设备。

（3）企业要在搞好实名制管理的基础上及时办理人员备案手续。当地建设主管部门应当规范程序、提高效率、做好在政府部门的计算机备案服务工作。

（4）通过实名制管理系统的使用，要达到三个目的：

1）准确掌握入场作业人员的基本情况和数量，保证合法用工；

2）加强农民工工资分配管理，保障按月支付不低于当地最低工资标准的月度工资，保障农民工工资足额发放到本人手中；

3）提高建筑企业劳务管理水平，改进企业劳务管理手段，提高劳务管理效率。

2. 实名制系统的管理

（1）施工现场封闭管理

项目部按照相关要求，将施工现场分为施工区和生活区，并进行独立的封闭管理。项目部进出大门24小时设立安全保卫人员，负责核实进入人员。凡初次进入施工现场的人员，首先进入生活区。安全保卫人员要对其进行登记管理，属于务工人员的登记内容包括：本人姓名、身份证号、籍贯、所属单位（队伍），并出示本人身份证明，由其所在分包单位现场负责人签认后，方可进入生活区。无法提供上述登记内容、无身份证明或无所在单位负责人签认的，一律不得进入项目从事施工。安全保卫人员登记后，要将登记人员及时上报项目部安全保卫负责人，通知项目部劳务管理人员核对人员花名册。

（2）进场人员花名册管理

进场人员花名册是实名制管理的基础。项目部劳务管理人员必须要求外施队伍负责人在工人进场前，统一按照主管部门规定的格式制作花名册，报项目部劳务管理人员审验。对于新进场人员项目部劳务管理人员应根据进场人员登记及时与花名册核对，对于同花名册中不符的人员，应要求外施队伍负责人按实际进场人员调整人员花名册，确保进入生活区人员与花名册相一致。劳务分包单位同时应配备持有行政主管部门颁发的劳务员岗位证书的专兼职劳务员，以配合总承包单位的劳务管理人员共同做好实名制管理工作。

（3）入场安全教育管理

由项目部安全管理人员对进场人员进行入场安全教育，组织学习有关法律法规、管理规定，进行安全知识答卷，对新进场人员进行考核。安全生产教育必须以答卷形式进行考试，考试合格后方可上岗，否则清退出场。参加安全教育人员必须与花名册中人员相一致，不得代笔，凡未进行安全教育或考核不合格的人员，必须予以清退。

（4）身份证与暂住证管理

身份证：凡进入现场的人员，必须提供身份证复印件，由项目部安全管理人员及劳务员留存。没有身份证的必须从户口所在地公安部门开具证明，以证明其身份。无身份证或身份证明的一律不得进入施工现场。项目部劳务管理人员应与安全管理人员及时沟通，保证花名册中人员均持有身份证明。

暂住证：在进行入场教育工作的同时，项目部劳务员人员应督促协助外施队伍及时到派出所办理暂住证。

（5）劳动合同签订管理

凡进入施工现场的务工人员，其所在单位必须提供与务工人员签订的劳动合同，劳动合同必须符合行政主管部门提供的最新合同范本样式。项目劳务管理人员必须督促、检查进场的分包企业（用人单位）与每位务工人员签订劳动合同，并留存备案。与务工人员签订的劳动合同必须与花名册相一致，劳动合同签订不得代笔，代笔的视为未签订劳动合同。凡未签订劳动合同的人员，劳务管理人员必须限分包企业（用人单位）在3日内，与每位务工人员签订劳动合同，并留存备案。

（6）岗位证书管理

项目部劳务管理人员必须要求施工队伍负责人在人员进场后3日内，将务工人员上岗证书进行审验，劳务分包合同签订后7日内办理人员注册备案手续。劳务管理人员必须按照现场花名册审核务工人员持证上岗情况，督促无证人员进行相关培训，及时上报人员上岗证书审验手续。对于无证人员劳务管理人员应要求施工队伍负责人相关培训机构办理培训手续，否则按非法用工予以处罚，施工队伍应在取得证书后及时办理证书审验，劳务管理人员须将务工人员岗位证书以复印件形式进行存档。

（7）工作卡、床头卡管理

1）由项目部行政后勤管理人员负责落实务工人员工作卡、床头卡发放工作。务工人员具备身份证或身份证明、持有岗位证书及签订劳动合同，完成入场安全教育后，行政后勤管理人员根据进场花名册，为务工人员办理工作卡、床头卡，并与实际进场人员进行核对。每间工人宿舍要按住宿情况，根据"双卡"填写宿舍表。工作卡、床头卡、宿舍表根据人员流动情况随时办理和修改。出现务工人员工作卡、床头卡丢失情况，施工队伍负责人应在3日内为务工人员重新办理工作卡、床头卡，否则将视为非法用工予以处罚。

2）务工人员必须佩戴胸卡，由保安人员登记后方可进出项目部大门。如无胸卡人员离开项目部大门，必须持有劳务分包单位负责人签认的出门条，并进行登记后方可离开项目部。属于撤场人员，安全保卫人员登记后，要将登记人员及时上报项目部安全保卫负责人，通知项目劳务管理人员核减人员花名册。

（8）施工区人员管理

对于进入生活区的务工人员必须具备身份证或身份证明、持有岗位证书及签订劳动合同，完成入场安全教育、办理"双卡"后，由项目部信息录入人员根据各外施队伍具备上述条件的务工人员花名册，进行统一编号，并通过身份识别设备进行信息采集。外施队伍现场负责人要根据项目部统一要求，指定专人负责组织本队伍人员完成信息采集工作。完成信息采集的务工人员，方可进入施工区进行上岗作业。

(9) 考勤表与工资表管理

1) 分包企业劳务员负责建立每日人员流动台账，掌握务工人员的流动情况，为项目部提供真实的基础资料。项目部劳务员必须要求施工队伍负责人每日上报现场实际人员人数，施工队伍负责人必须对上报人数确认签字，劳务管理人员对比记录人员流动情况。每周要求施工队伍负责人上报施工现场人员考勤，由项目部劳务管理人员与现场花名册进行核对，确定人员增减情况，对于未在花名册中人员，要求施工队伍负责人按规定办理相关手续。

2) 项目部每次结算劳务费时，劳务管理人员必须要求施工队伍负责人提供务工人员工资表，并留存备案。工资表中人员必须与考勤相一致，且必须有务工人员本人签字、施工队伍负责人签字和其所在企业盖章，方可办理劳务费结算。项目部根据施工队伍负责人所提供的工资表，按时向务工人员的实名制卡内支付工资。

附：北京市建设工程劳务分包合同及人员实名制备案操作程序流程图。

七、劳务纠纷处理办法

（一）劳务纠纷常见形式

劳务纠纷也称劳动争议，是指劳动法律关系双方当事人即劳动者和用人单位，在执行劳动法律、法规或履行劳动合同过程中，就劳动权利和劳动义务关或履行劳动合同、集体合同发生的争执。

1. 劳务纠纷的分类

建筑业的劳务纠纷主要集中在建设工程施工合同及劳动合同的订立和履行过程中。常见的形式有：

（1）因资质问题而产生的纠纷

根据《建筑法》和原建设部《建筑企业资质治理规定》等关于建筑施工企业从业资格的规定，从事建筑活动的建筑施工企业应具备相应的资质，在其资质等级许可的范围内从事建筑活动。禁止施工企业向无质资或不具备相应质资的企业分包工程，如果建筑施工企业超越本企业的资质等级许可的业务范围承揽工程，则容易引起纠纷。

（2）因履约范围不清而产生的纠纷

在施工实践中，总包单位与分包商之间因履约范围不清而发生纠纷的现象屡见不鲜。例如：一个分包合同中约定，由总包单位提供垂直运输设备，但在具体施工时，总包单位只提供汽车吊而不提供塔吊。尤其是在基坑开挖过程中，垂直运输设备对工期的影响巨大，假如不利用塔吊，分包商很有可能无法完成工期目标，但汽车吊也属于垂直运输设备，因此，很难认定总包单位违约。造成履约范围不清的主要原因是分包合同条款内容不规范、不具体。分包合同订立的质量完全取决于承包人和分包商的合同水平和法律意识。若承包人、分包商的合同水平和法律意识都比较低或差异大时，则订出的合同内容不全，权利义务不均衡。所有这些都为以后施工过程中产生的纠纷埋下伏笔。因此，在订立分包合同时，应严格按照《分包合同示范文本》的条款进行订立。

（3）因转包而产生的纠纷

转包是指承包单位承包建设工程，不履行合同约定的责任和义务，将其承包的全部建设工程转给他人或将其承包的全部建设工程肢解后以分包的名义分别转给其他单位承包的行为。建设工程转包被法律所禁止，《合同法》第二百七十二条，《建筑法》第二十八条，《建设工程质量治理条例》25条都规定禁止转包工程。

"分包"与"转包"是建设工程施工过程中普遍存在的现象，承包人将建设工程非法转包、违法分包后，使得劳动关系趋于复杂化，由此引发拖欠劳动者工资进而引发劳务

(4) 因拖欠农民工工资引发的纠纷

农民工是一个特殊的群体，他们既不是真正的农民，也不是真正的工人，而是一个典型的由经济和社会双重因素造就的弱势群体。近些年来，侵害农民工权利现象频繁出现。在农民工权益受损问题中，"拖欠工资"问题是最引人注目也是最普遍的，也是引发劳务纠纷的重要原因之一。

2. 劳务纠纷的形式

建筑业的劳务纠纷主要集中在建设工程施工合同及劳动合同的订立和履行过程中。常见的形式有：

(1) 因合同当事人主观原因造成的合同订立时就存在的潜在纠纷

1) 选择订立合同的形式不当

建设工程施工合同有固定价格合同、可调价格合同和成本加酬金价格合同。在订立建设施工合同时，就要根据工程大小，工期长短，造价的高低，涉及其他因素多寡选择合同形式。选择不适当的合同形式，会导致合同争议的产生。

2) 合同主体不合法或与不具备相应资质的企业签订劳务分包合同或工程分包合同

①《合同法》规定：合同当事人可以是公民（自然人），也可以是其他组织。也就是说作为建设工程承包合同当事人的发包方和承包人，都应当具有相应的民事权利能力和民事行为能力，这是订立合同最基本的主体资格。

② 总承包企业或专业施工企业与不具备相应资质的企业签订的劳务分包合同。这样的合同，根据《最高人民法院若干审理建设工程施工合同纠纷案件适用法律问题的解释》第1条和《合同法》等规定被认定为无效合同。合同无效后的处理：假如劳务分包企业提供劳务的工程合格，劳务分包企业依据《最高人民法院关于审理建设工程施工合同纠纷案件的适用法律问题的解释》第2条的规定请求劳务费的，应当得到法律支持；假如仅仅因劳务分包企业提供的劳务质量不合格引起的工程不合格，劳务分包企业请求劳务分包合同约定的劳务价款的，将得不到法律支持，并且还应承担相应的损失。

③ 总承包企业或专业承包企业与劳务分包企业以劳务分包合同名义签订的实质上的工程分包合同。这种合同将依据合同的实际内容及建设施工中的客观事实，及双方结算的具体情况，来认定双方合同关系的本质。其中有的可能会被认定为工程分包合同，那么就要按照工程分包合同的权利义务，来重新确认双方的权利义务。

④ 工程分包企业以劳务分包合同的名义与劳务分包企业签订的实质上的工程再分包合同。这种合同将被认定为无效。工程分包企业因此种行为取得的利润将被法院依据《最高人民法院关于审理建设工程施工合同纠纷案件的适用法律问题的解释》第4条的规定收缴，或者由建筑行政治理机关做出同样的收缴处罚。

3) 合同条款不全，约定不明确

在合同履行过程中，由于合同条款不全，约定不明确，引起纠纷是相当普遍的现象。当前，一些缺乏合同意识和不会用法律保护自己权益的发包人或承包人，在谈判或签订合同时，认为合同条款太多、繁琐，从而造成合同缺款少项；一些合同虽然条款比较齐全，但内容只作为原则约定，不具体、不明确，从而导致了合同履行过程中产生争议。

4）草率签订合同

建设工程承包合同一经签订，其当事人之间就产生了权利和义务关系。这种关系是法律关系，其权利受法律保护，义务受法律约束。但是目前一些合同当事人，法制观念淡薄，签订合同不认真，履行合同不严肃，导致合同纠纷不断发生。

5）缺乏具体违约责任

有些建设工程施工合同签订时，只强调合同的违约条件，但是没有要求对方承当违约责任，对违约责任也没有做出具体约定，导致双方在合同履行过程中争议的发生。

(2) 合同履约过程中的承包人同发包人之间的经济利益纠纷

1）承包人提出索赔要求，发包人不予承认，或者发包人同意支付的额外付款与承包索赔的金额差距极大，双方不能达成一致意见。其中，可能包括：发包人认为承包人提出索赔的证据不足；承包人对于索赔的计算，发包人不予接受；某些索赔要求是承包人自己的过失造成的；发包人引用免责条款以解除自己的赔偿责任；发包人致使承包人得不到任何补偿。

2）承包人提出的工期索赔，发包人不予承认。承包人认为工期拖延是由于发包人拖延交付施工场地、延期交付设计图纸、拖延审批材料和样品、拖延现场的工序检验以及拖延工程付款造成的；而发包人则认为工期拖延是由于承包人开工延误、劳力不足、材料短缺造成的。

3）发包人提出对承包人进行违约罚款，扣除拖延工期的违约金外，要求对由于工期延误造成发包人利益的损害进行赔偿；承包人则提出反索赔，由此产生严重分歧。

4）发包人对承包人的严重施工缺陷或提供的设备性能不合格而要求赔偿、降价或更换；承包人则认为缺陷已改正、不属于承包方的责任或性能试验方法错误等，不能达成一致意见。

5）关于终止合同的争议。由终止合同造成的争议最多，因为无论任何一方终止合同都会给对方造成严重损害。

6）承包人与分包商的争议，其内容大致和发包人与承包人的争议内容相似。

7）承包人与材料设备供应商的争议，多数是货品质量、数量、交货期和付款方面的争议。

（二）劳务纠纷调解程序

1. 劳务纠纷调解的基本原则

(1) 合法原则

合法原则是指劳务纠纷处理机构在处理劳务纠纷案件的过程中应当坚持以事实为根据，以法律为准绳，依法处理劳务纠纷。

(2) 公正原则

劳务纠纷处理机构必须保证双方当事人处于平等的法律地位，具有平等的权利义务，不得偏袒任何一方。

(3) 及时处理原则

及时处理原则是指劳务纠纷案件处理中,当事人要及时申请调解或者仲裁,超过法定期限将不予受理。劳务纠纷处理机构要在规定的时间内完成劳务纠纷的处理,及时保护当事人合法权益,防止矛盾激化,否则要承担相应的责任。

(4) 调解为主原则

调解是指在第三方的主持下,依法劝说争议双方当事人进行协商,在互谅互让的基础上达成协议,从而解决争议的一种方法。

2. 劳务纠纷调解的一般程序

(1) 申请和受理

劳务纠纷发生后,双方当事人都可以自知道或应当知道其权利被侵害之日起的30日内,以口头或者书面的形式向调解委员会提出申请,并填写《调解申请书》。如果是劳动者在3人以上并具有共同申请理由的劳务纠纷案件,劳动者当事人一方应当推举代表参加调解活动。调解委员会对此进行审查并做出是否受理的决定。

(2) 调解

调解委员会主任或者调解员主持调解会议,在查明事实、分清是非的基础上,依照法律、法规及依法制定的企业规章制度和合同公证调解。在调查和调解时,应进行相应的笔录。

(3) 制作调解协议书或调解意见书

调解达成协议,制作调解协议书,写明争议双方当事人的姓名、职务、争议事项、调解结果及其他应说明的事项。调解意见书是调解委员会单方的意思表示,仅是一种简易型的文书,对争议双方没有约束力。若遇到双方达不成协议、调解期限届满而不能结案或调解协议送达后当事人反悔三种情况,则制作调解意见书。

调解委员会调解争议的期限为30日,即调解委员会应当自当事人申请调解之日起的30日内结束,双方协商未果或者达成协议后不履行协议的,双方当事人在法定期限内,可以向仲裁委员会申请仲裁。

(三) 劳务纠纷解决方法

1. 解决劳务纠纷的合同内方法

(1) 承担继续履约责任

也称强制继续履行、依约履行、实际履行,是指在一方违反合同时另一方有权要求其依据合同约定继续履行。

(2) 按合同赔偿损失

也称为违约赔偿损失,是指违约方因不履行或不完全履行合同义务而给对方造成损失,依照法律的规定或者按照当事人的约定应当承担赔偿损失的责任。

(3) 支付违约金

是指由当事人通过协商预先确定的、在违约发生后做出的独立于履行行为以外的给付，违约金是当事人事先协商好，其数额是预先确定的。违约金的约定虽然属于当事人所享有的合同自由的范围，但这种自由不是绝对的，而是受限制的。《合同法》第一百一十四条规定："约定的违约金低于造成的损失的，当事人可以请求人民法院或者仲裁机构予以增加；约定的违约金过分高于造成的损失的，当事人可以请求人民法院或者仲裁机构予以适当减少。"

(4) 执行定金罚则

《合同法》第一百一十五条规定："当事人可以依照《中华人民共和国担保法》约定一方向对方给付定金作为债权的担保。债务人履行债务后，定金应当抵作价款或者收回。给付定金一方不履行约定的债务的，无权要求返还定金；收受定金方不履行约定的债务的，应当双倍返还定金。"因此，定金具有惩罚性，是对违约行为的惩罚。《担保法》规定定金的数额不得超过主合同标的额的20%，这一比例为强制性规定，当事人不得违反；如果当事人约定的定金比例超过了20%，并非整个定金条款无效，而只是超出部分无效。

(5) 采取其他补救措施

2. 解决劳务纠纷的合同外方法

发生劳务纠纷，当事人不愿协商、协商不成或者达成和解协议后不履行的，可以向调解组织申请调解；不愿调解、调解不成或者达成调解协议后不履行的，可以向相关主管仲裁委员会申请仲裁；对仲裁裁决不服的，除本法另有规定的外，可以向人民法院提起诉讼。

为了尽可能减少建设工程承包合同争议，最重要的是合同双方要签好合同。在签订合同之前，承包人和发包人应当认真地进行磋商，切不可急于签约而草率从事。其次，在履约过程中双方应当及时交换意见，尽可能将执行中的问题加以当处理，不要将问题积累，尽量将合同争议解决在合同履约过程中。

（四）劳务工资纠纷紧急预案

1. 劳务工资纠纷应急预案的编制

应急预案的编制应包含以下内容：

(1) 应急预案的目的、编写依据和适用范围

1) 应急预案的目的

应急预案的目的，是为了最大限度降低劳务纠纷突发事件造成的经济损失和社会影响，积极稳妥地处理因劳务纠纷等问题引发的各种群体性事件，有效地控制事态，将不良影响限制在最小范围，保证建安施工企业的正常生产和管理秩序。

2) 应急预案的编写依据

应急预案的编写，要本着确保社会稳定，建立和谐社会，预防为主，标本兼治的原

则，按照住房和城乡建设部的相关要求编制。

3) 应急预案的适用范围

① 发生劳务纠纷突发事件，造成一定的经济损失和社会影响的；

② 因劳务纠纷引发的各种群体性事件，造成一定的经济损失和社会影响的。

(2) 应急机构体系及职责

1) 应急机构体系

① 成立各级应急指挥领导小组，领导小组下设应急指挥领导小组办公室，各级领导小组包括集团公司、二级（子）公司和项目部；

② 成立行政保障和法律援助工作组、保稳定宣传工作组，确保应急预案的正常启动；

③ 应急情况紧急联系电话应包括：

领导小组办公室电话及联系人电话；

火警电话：119；

急救电话：120、999；

当地派出所电话；

当地建筑业主管部门电话。

2) 工作职责

① 各级领导小组工作职责

A. 总承包单位领导小组职责

领导小组办公室负责分包劳务费拖欠情况及劳务费结算、支付、农民工工资发放情况的摸底排查，纠纷协调、督办，紧急情况处理等指导工作，并与施工单位形成保稳定管理体系，与分包队伍上级单位或相关省、市驻京办事处保持联络。处理解决群体性突发事件。

公司法定代表人是群体性突发事件第一责任人，负责组织协调各方面工作，及时化解矛盾，防止发生群体性事件。领导本单位工作组处理群体性突发事件，确保应急资金的落实到位。

B. 总承包单位的子公司领导小组职责

了解各项目部劳务作业人员动态，掌握劳务分包合同履约及劳务费支付情况，督促、检查、排查、通报劳务费结算、兑付情况，加强实名制备案的监督管理工作，及时发现有矛盾激化趋势的事件，负责协助项目部协调纠纷、处理紧急情况；与分包队伍上级单位保持联络，出现应急前兆时应派人到现场与项目部配合随时控制事态发展，保持与领导小组的联系，促使问题及时解决。进入应急状态紧急阶段时，及时向上级报告，并保证有专人在现场，尽可能控制事态，必要时与分包队伍的上级单位、相关省市驻本地建设管理部门联系取得支持，并上报集团公司领导小组。

子、分公司领导小组应做好日常与劳务企业（队伍）人员维护稳定的宣传、教育、沟通、合作交流等工作，与本地区建设行政管理部门、劳动和社会保障局、公安局、内保局、街道办事处、相关各省市驻本地区建设管理部门、集团公司等劳务企业保持日常联络，以备应急状态时及时发现、处理问题和便于求助。

C. 项目经理部职责

各项目部劳务管理人员应掌握分包合同履约情况、工程量、劳务工作量和劳务费结算、支付、农民工工资发放的具体情况，还应按照"实名制"管理工作要求，将本项目部所有劳务作业队伍的人员花名册、合同备案资料、上岗证、考勤表、工资发放表按规定要求认真收集，归档备案。要认真观察本项目作业人员的思想动态和异常动态，认真做好思想政治工作，对有矛盾激化趋势的事件，应按组织体系及时汇报，及时化解矛盾，防止矛盾升级，不得忽视、隐瞒有矛盾激化趋势的事件发生。出现应急前兆时，原则上由发生群体性事件的项目部组织本项目部人员出面调解处理，并保持与本单位应急小组的联系，随时汇报事态进展。进入应急状态紧急阶段时，项目经理必须到现场，组织本项目部应急小组与劳务企业（作业队伍、作业班组）进行沟通，负责通过各种方式解决纠纷，确保稳定。

② 行政保障和法律援助工作组职责

保证应急领导小组成员通讯畅通，准备应急车辆，配合项目部工作，提供法律方面的支持。出现应急前兆时应随时关注并与项目部保持联系，进入应急状态紧急阶段时，应保证备勤车辆、急救器材和药品，上级或地方政府领导到场时，负责相应的接待工作，并为项目部解决纠纷提供法律方面的支持。

③ 保稳定宣传工作组职责

调查劳务企业人员的思想动态，负责协助及时调解矛盾，做好联系媒体宣传工作。出现应急前兆做好相关人员的思想工作，维护稳定，负责接待新闻媒体和协调处理与新闻媒体的关系，负责对新闻媒体发布消息。

（3）应急措施

1）在施工单位机关或总承包单位机关办公楼出现紧急情况阶段时，由应急指挥领导小组成员及工作组各司其职，维护现场秩序，进行劝阻和力争谈判解决矛盾。

2）机关各部门人员在出现紧急情况阶段时，部门内应当至少留一名员工负责保护部门内部的财物、资料。

3）局势得到控制后，由群体性突发事件工作组和项目部有关人员出面与劳务企业对话，要求对方派代表与总包单位就具体问题进行谈判，除代表外的其他人员应遣散或集中到会议室。

4）如果对方不能够按总包单位要求进行谈判，并且继续冲击总包单位机关、扰乱总包单位办公秩序，由现场总指挥决定报警，由行保、安全监管部门内勤进行报警。

（4）责任处理

1）突发事件的处理

① 突发劳务纠纷事件，要立即上报加强农民工及劳务管理工作领导小组，相关人员按预案要求在第一时间赶到事件发生现场，当即启动应急程序、开展工作。

② 发生纠纷事件的项目经理要协助公司处理突发纠纷事件，相关部门应积极配合。

③ 对突发劳务纠纷事件，要严格控制事态，坚持就地解决的原则。

④ 事件得到控制、平息后，要立即组织恢复生产秩序，采取一切措施消除负面影响。

2）责任处理

① 对违反各项规章制度，侵犯工人权益的劳务队伍视情节给予警告直至清理出场。

② 按相关责任要求，对发生纠纷事件的总承包企业、总承包二级公司和项目相关责

任人，追究责任。

③ 对纠纷事件不上报或瞒报、报告不及时的单位，视情节处以一定数额的罚款、通报批评并追究行政责任。

④ 对措施不得力，贻误时机，造成重大损失或影响的单位和项目经理，除通报批评、处以罚款外，要追究行政责任。

2. 劳务工资纠纷应急预案的组织实施

（1）突发事件应急状态描述

突发事件应急状态，分为如下四个阶段：

1）前兆阶段：劳务企业（作业队伍、作业班组）向项目部或有关部室索要劳务费、材料费、租赁费、机具费等，出现矛盾并煽动员工以非正常手段解决时；劳务作业人员出现明显不满情绪时；按施工进度劳务作业队伍应撤场但占据施工场地或生活区拒不撤场时；劳务作业人员聚集到建设单位、总承包单位办公地点或围堵建设单位、总承包单位管理人员时；劳务作业人员聚集到项目部干扰妨碍正常办公时。

2）紧急阶段：劳务作业人员聚集到建设单位、总承包单位办公机关，干扰妨碍正常办公时；劳务作业人员聚集到建设单位、总承包单位以外政府部门群访、群诉时；劳务作业人员采取影响社会治安等非正常手段制造影响时。

3）谈判阶段：聚众妨碍正常办公的劳务作业人员情绪得到控制，所属施工单位负责人能与劳务企业负责人或代表正式对话时。

4）解决阶段：与劳务企业负责人或代表达成一致意见且聚集的劳务作业人员已经疏散或退出占据的施工现场时；正常生产、办公秩序得到恢复时。

（2）应急状态的报告程序

当发现出现应急状态的前兆阶段和紧急阶段所描述的情况时，相关工作人员必须向有关部门报告，报告顺序如下：

1）应急状态前兆阶段：

项目部有关人员 ⟶ 项目经理 ⟶ 上级单位经理办公室 ⟶ 应急小组领导
　　　　　　　　　　　　　　↘ 各工作组　　　　　　　↘ 应急小组成员

2）直接进入紧急阶段

项目部有关人员 ⟶ 项目经理 ⟶ 上级经理办公室 ⟶ 应急小组领导
　　　　　　　　　　　　　　↘ 各工作组　　　　　↘ 应急小组成员

接到报告的项目经理或各级群体性劳务费纠纷突发事件应急工作组应及时核实情况，并迅速向上一级报告，同时，尽可能控制事态发展。出现联络障碍不能按上述顺序报告时，可越级上报，直至报告给应急指挥领导小组。

（3）预案的启动和解除权限

各级突发事件应急领导小组组长接到报告后，应迅速组织应急领导小组成员核实情况，情况属实需要启动本预案时，应由组长宣布进入应急状态，并启动本预案。应急领导小组成员接到通知后组织工作组人员，履行应急职责，并由领导小组组长决定是否向上级主管部门汇报。

事态进入解决阶段后,应急小组组长视实际情况决定解除本预案。

(4)"应急"资金准备

各施工单位应筹措一定比例资金,作为专项用于协调解决重大群体性事件的应急资金。

八、社会保险的基本知识

（一）社会保险的依据与种类

1. 社会保险的法律依据与制度规定

（1）社会保险的法律依据

社会保险是一种为丧失劳动能力、暂时失去劳动岗位或因健康原因造成损失的人口提供收入或补偿的一种社会和经济制度。社会保险计划由政府举办，强制某一群体将其收入的一部分作为社会保险税（费）形成社会保险基金，在满足一定条件的情况下，被保险人可从基金获得固定的收入或损失的补偿，它是一种再分配制度，它的目标是保证物质及劳动力的再生产和社会的稳定。

社会保险法是指国家通过立法设立社会保险基金，使劳动者在暂时或永久丧失劳动能力以及失业时获得物质帮助和补偿的一种社会保障制度。为了规范社会保险关系，维护公民参加社会保险和享受社会保险待遇的合法权益，使公民共享发展成果，促进社会和谐稳定，2010年10月28日第十一届全国人民代表大会常务委员会第十七次会议通过，《中华人民共和国社会保险法》自2011年7月1日起施行。

（2）社会保险制度的制度规定

1）社会保险的基本特征

① 社会性

一方面，社会保险的范围比较广泛，保险对象包括社会上不同层次、不同行业的劳动者或公民；另一方面，社会保险作为一种社会政策，具有保障社会安定的职能。

② 强制性

社会保险由国家立法强制实行，在保险的项目、收费的标准、享受的待遇上，投保人和被保险人都无权进行选择。

③ 缴费性

社会保险通常覆盖就业群体，与受益与工龄和缴费相关联，由此形成社会保险与社会救济的区别。

④ 互济性

社会保险依据调剂的原则集中和使用资金，以解决劳动者由于生、老、病、死、伤、残、失业等造成的生活困难。

⑤ 福利性

社会保险的待遇根据生活的需要确定，国家负担一部分资金，并由政府指定非营利性机构管理。

2) 社会保险关系的主体

社会保险领域涉及众多的主体，一般认为下列三类主体较为重要。

① 社会保险机构（保险人）

社会保险机构直接承担管理和实施社会保险，依法向用人单位、劳动者等征收社会保险费，并负责具体运作社会保险项目和向劳动者发放社会保险待遇。包括社会保险主管机构、经办机构、基金运营机构、监督机构等。主管机构负责制定社会保险政策和组织实施，并对具体业务部门工作进行管理、监督、检查；经办机构负责筹集社会保险基金，确认公民享受社会保险待遇的资格，给付社会保险待遇，组织社会保险服务；社会保险基金运营机构专门负责社会保险基金投资运营。

② 用人单位（投保人）

用人单位是一个广泛的概念，不仅包括各种类型的国家机关、企事业单位，而且包括有雇工的个体工商户。用人单位承担缴纳社会保险费的义务，是社会保险基金的主要缴纳者。有时劳动者也可以是投保人，如灵活就业人员为自己投保社会保险。

③ 劳动者及其亲属（被保险人和受益人）

作为社会保险的被保险人，必须具备以下两个条件：其一，社会保险的被保险人只能是自然人。法人以及其他社会组织，不能成为社会保险的被保险人。其二，社会保险的被保险人一般是具有劳动能力，并有一定收入来源的社会成员。社会保险作为一种社会保障方案，被保险人应当包括可能遭受属于社会保险范围的各类社会风险的社会成员，而不应仅仅限于企业职工。我国社会保险改革的基本目标是逐步将社会保险扩展到包括城镇各类企业职工、个体工商户及其帮工、私营企业主及其雇员以及自由职业者在内的各种社会成员。受益人是指基于与被保险人的一定关系而享有一定保险利益的主体。受益人一般只限于法定范围内的被保险人的直系亲属，世界各国的规定一般主要包括被保险人的配偶以及未成年子女等。受益人享有的保险利益，是在被保险人所得保险待遇以外，或者被保险人死亡后，按法定项目和标准获得物质帮助。受益人享受的待遇标准一般要低于被保险人享有的待遇标准。

2. 基本社会保险

（1）我国养老保险的组成介绍

我国的养老保险由三个部分（或层次）组成。第一部分是基本养老保险，第二部分是企业补充养老保险，第三部分是个人储蓄性养老保险。

1) 基本养老金

在我国实行养老保险制度改革以前，基本养老金也称退休金、退休费，是一种最主要的养老保险待遇。国家有关文件规定，在劳动者年老或丧失劳动能力后，根据他们对社会所作的贡献和所具备的享受养老保险资格或退休条件，按月或一次性以货币形式支付的保险待遇，主要用于保障职工退休后的基本生活需要。

1997年，《国务院关于建立统一的企业职工基本养老保险制度的决定》中明确：基本养老保险只能保障退休人员基本生活，各地区和有关部门要在国家政策指导下大力发展企业补充养老保险,同时发挥商业保险的补充作用。目前,按照国家对基本养老保险制度的总体思路,未来基本养老保险目标替代率确定为 58.5%。由此可以看出,今后基本养老金主要目的在于保障广大退休人员的晚年基本生活。

2）企业补充养老保险

企业补充养老保险是指由企业根据自身经济实力,在国家规定的实施政策和实施条件下为本企业职工所建立的一种辅助性的养老保险。它居于多层次的养老保险体系中的第二层次,由国家宏观指导、企业内部决策执行。

企业补充养老保险与基本养老保险既有区别又有联系。企业补充养老保险由劳动保障部门管理,单位实行补充养老保险,应选择经劳动保障行政部门认定的机构经办。企业补充养老保险的资金筹集方式有现收现付制、部分积累制和完全积累制三种。企业补充养老保险费可由企业完全承担,或由企业和员工双方共同承担,承担比例由劳资双方协议确定。

3）个人储蓄性养老保险

职工个人储蓄性养老保险是我国多层次养老保险体系的一个组成部分,是由职工自愿参加、自愿选择经办机构的一种补充保险形式。由社会保险机构经办的职工个人储蓄性养老保险,由社会保险主管部门制定具体办法,职工个人根据自己的工资收入情况,按规定缴纳个人储蓄性养老保险费,记入当地社会保险机构在有关银行开设的养老保险个人账户,并应按不低于或高于同期城乡居民储蓄存款利率计息,以提倡和鼓励职工个人参加储蓄性养老保险,所得利息记入个人账户,本息一并归职工个人所有。

4）制度补充

① 退休费用社会统筹

职工退休费用社会统筹是职工养老保险制度的一个重要内容,指由社会保险管理机构在一定范围内统一征集、统一管理、统一调剂退休费用的制度。具体办法为,改变企业各自负担本企业退休费的办法,改由社会保险机构或税务机关按照一定的计算基数与提取比例向企业和职工统一征收退休费用,形成由社会统一管理的退休基金,企业职工的退休费用由社会保险机构直接发放,或委托银行、邮局代发以及委托企业发放,以达到均衡和减轻企业的退休费用负担,为企业的平等竞争创造条件。

② 新型制度

社会统筹与个人账户相结合的基本养老保险制度是我国在世界上首创的一种新型的基本养老保险制度。这个制度在基本养老保险基金的筹集上采用传统型的基本养老保险费用的筹集模式,即由国家、单位和个人共同负担;基本养老保险基金实行社会互济;在基本养老金的计发上采用结构式的计发办法,强调个人账户养老金的激励因素和劳动贡献差别。

(2) 职工基本养老保险制度的覆盖范围

1）用人单位及其职工

《社会保险法》第十条第一款规定:"职工应当参加基本养老保险,由用人单位和职工共同缴纳基本养老保险费。"为了给逐步扩大职工基本养老保险制度的覆盖范围留下空间,《社会保险法》未对"职工"的范围作明确限定。具体操作可以依据国务院的有关规定执行。

2) 灵活就业人员

灵活就业，是与正规就业相对而言的就业状态。按照有关政策文件的规定，主要是指在劳动时间、收入报酬、工作场所、保险福利、劳动关系等方面不同于建立在工业化和现代工厂制度基础上的传统主流就业方式的各种就业形式的总称。灵活就业的形式主要有以下几种类型：非正规部门就业，即劳动标准、生产组织管理及劳动关系运作等均达不到一般企业标准的用工和就业形式。例如，家庭作坊式的就业；自雇型就业，有个体经营和合伙经营两种类型；自主就业，如自由职业者、自由撰稿人、个体演员、独立的经纪人等；临时就业，如家庭小时工、街头小贩、其他类型的打零工者。

随着现代经济社会的发展，就业形式越来越灵活，灵活就业人员越来越多，将灵活就业人员纳入职工基本养老保险覆盖范围，有利于扩大基本养老保险的覆盖面，保护灵活就业人员的社会保险权益。根据《国务院关于完善企业职工基本养老保险制度的决定》规定，城镇个体工商户和灵活就业人员都要参加职工基本养老保险。考虑到很多灵活就业人员流动性大、收入不稳定等情况，《社会保险法》规定，灵活就业人员可以自愿参加职工基本养老保险。《社会保险法》第十条第二款规定："无雇工的个体工商户、未在用人单位参加基本养老保险的非全日制从业人员以及其他灵活就业人员可以参加基本养老保险，由个人缴纳基本养老保险费。"

其中，非全日制从业人员是指与用人单位依法订立非全日制劳动合同的劳动者。根据《劳动合同法》规定，非全日制用工是指以小时计酬为主，劳动者在同一用人单位一般平均每日工作时间不超过4小时，每周工作时间累计不超过24小时的用工形式。本法规定未在用人单位参加社会保险的非全日制从业人员可以参加职工基本养老保险和职工基本医疗保险，是因为按照《劳动合同法》的规定，非全日制从业人员也属于职工，一般来说，他们也应像全日制职工一样在所在单位参加社会保险。但考虑到有的非全日制职工可能在同一单位只就业很短时间，比如一个月都不到。因此，这样的非全日制从业人员可以按自由职业者的身份参加职工基本养老保险和职工基本医疗保险。

(3) 职工基本养老保险制度模式

1) 实行社会统筹与个人账户相结合

《社会保险法》第十一条规定："基本养老保险实行社会统筹与个人账户相结合。"这一制度模式，是我国认真研究吸取外国经验，经过多年的改革探索和实践后确立的，具有中国特色。自1984年各地开始试行企业职工退休费用社会统筹，到1988年年底全国93%的市县实行了企业退休费用社会统筹。1991年6月，国务院在总结各地实行退休费用社会统筹改革经验的基础上，发布了《关于企业职工养老保险制度改革的决定》，第一次明确基本养老保险费用实行社会统筹，由国家、企业、个人三方共同负担。1993年中共中央十一届三中全会通过的《关于建立社会主义市场经济体制若干问题的决定》提出，"城镇职工养老和医疗保险金由单位和个人共同负担，实行社会统筹和个人账户相结合"。1995年3月，国务院下发了《关于深化企业职工养老保险制度改革的通知》（国发［1995］6号），明确了企业职工养老保险应按照社会统筹与个人账户相结合的原则进行改革试点。1997年7月，国务院在总结各地改革试点经验的基础上，下发了

《关于建立统一的企业职工基本养老保险制度的决定》，对企业职工基本养老保险制度进行了统一和规范，确立了基本养老保险实行社会统筹与个人账户相结合的制度模式。2005年12月，国务院下发了《关于完善企业职工基本养老保险制度的决定》，进一步提出要逐步做实个人账户，完善社会统筹与个人账户相结合的基本养老保险制度，实现由现收现付制向部分积累制转变。

我国选择"基本养老保险实行社会统筹与个人账户相结合"这一部分积累制的模式，将国际上现收现付和完全积累两种模式的优势集合，实现了优势互补、优化组合，是适合中国国情的。其优点在于：一是既能够保留现收现付模式养老金的代际转移、收入再分配功能，又能够实现完全积累模式激励缴费、提高工作效率的目的。二是既能够减轻现收现付模式福利支出的刚性，又能够克服完全积累模式个人年金收入缺乏相互调剂而导致的过度不均，并保证退休人员的基本生活。三是既能够利用完全积累模式积累资本、应付老龄化危机的制度优势，又能够缓解完全积累模式造成的企业缴费负担过重与基金保值增值的压力。

2) 基本养老保险个人账户

实行社会统筹和个人账户相结合的模式，把职工个人账户提到了基本养老保险制度中十分重要的位置。个人账户是职工在符合国家规定的退休条件并办理了退休手续后，领取基本养老金的重要依据。为此，《社会保险法》第十四条规定："个人账户不得提前支取，记账利率不得低于银行定期存款利率，免征利息税。个人死亡的，个人账户余额可以继承。"

① 基本养老保险个人账户记账办法。《国务院关于建立统一的企业职工基本养老保险制度的决定》规定，按本人缴费工资11%的数额为职工建立基本养老保险个人账户，个人缴费全部记入个人账户，其余部分从企业缴费中划入。随着个人缴费比例的提高，企业划入的部分要逐步降至3%。《国务院关于完善企业职工基本养老保险制度的决定》规定，从2006年1月1日起，个人账户的规模统一由本人缴费工资的11%调整为8%，全部由个人缴费形成，单位缴费不再划入个人账户。此外，城镇个体工商户和灵活就业人员参加基本养老保险，费用由个人缴纳，其中8%记入个人账户。

② 个人账户资金利率。个人账户从缴费到退休后支取长达数十年，通货膨胀的风险无法避免。通货膨胀会降低个人账户资金的购买力，造成个人账户资金的贬值，如果不能实现保值增值，个人账户资金的养老保障作用就会受到影响。

《国务院关于建立统一的企业职工基本养老保险制度的决定》规定，基本养老保险基金结余额，除预留相当于2个月的支付费用外，应全部购买国家债券和存入专户，严格禁止投入其他金融和经营性事业。个人账户储存额，每年参考银行同期存款利率计算利息。为了应对人口老龄化的挑战，实现养老保险制度的可持续发展，《国务院关于完善企业职工基本养老保险制度的决定》规定，要逐步做实基本养老保险个人账户，"国家制定个人账户基金管理和投资运营办法，实现保值增值"。根据这一规定，基本养老保险个人账户做实后，其实际利率应为投资回报率，而不再根据名义利率来计息。

实践中，如果是名义账户，一般参考职工平均工资增长率、物价指数等因素确定记账利率，各地高低不同。如果做实个人账户，则是按照投资回报率计算收益。考虑到这个实际,《社会保险法》规定,个人账户记账利率不得低于银行定期存款利率,既为个人账户保值增值规定了最低的记账利率,也为国务院随着实践发展完善政策留下了调整空间。通常情况下,定期存款利率根据年限的不同利率也不一样,一般来说,存款期限越长,利率越高。实践中,应依据本法精神,尽可能使个人账户对应较长期限的定期利率,以增进参保人员的收益。

③ 免征利息税。我国现行"利息税",实际上是个人所得税的"利息、股息、红利所得"税目,主要是指对个人在中国境内储蓄人民币、外币而取得的利息所得征收的个人所得税。根据1999年11月1日起开始施行的《对储蓄存款利息所得征收个人所得税的实施办法》(国务院令第272号),不论什么时间存入的储蓄存款,在1999年11月1日以后支取的,1999年11月1日起开始滋生的利息要按20%征收所得税。2007年,国务院决定自2007年8月15日起,将储蓄存款利息所得个人所得税的适用税率由现行的20%调减为5%。2008年10月9日起,国家决定暂免征收利息税。基本养老保险个人账户资金主要用于退休后养老,不同于普通储蓄,所以本法规定免征利息税,体现了国家对社会保险事业的支持。

④ 个人账户不得提前支取。个人账户的建立,是我国企业职工基本养老保险制度改革的关键之一,直接关系到每个职工和离退休人员的切身利益。个人账户资金是职工工作期间为退休后养老积蓄的资金,是基本养老保险待遇的重要组成部分,因此退休前个人不得提前支取,如果提前支取,职工退休后的养老保险待遇就无法保障。1997年,《国务院关于建立统一的企业职工基本养老保险制度的决定》明确规定,个人账户储存额只用于职工养老,不得提前支取。原劳动部办公厅印发的《职工基本养老保险个人账户管理暂行办法》(劳办发〔1997〕116号)进一步规定,只有出现职工离退休、职工在职期间死亡或者离退休人员死亡等情形时,个人账户才发生支付和支付情况变动。

⑤ 个人账户的继承。个人账户资金是职工个人工作期间为退休后养老积蓄的资金,具有强制储蓄性质。因此,个人账户养老金余额可以继承。1997年,《国务院关于建立统一的企业职工基本养老保险制度的决定》规定,职工或退休人员死亡,个人账户中的个人缴费部分可以继承。这样规定是因为:在2006年1月1以前,个人账户是以本人缴费工资11%建立的,其中除了职工本人缴费以外,还有从企业缴费中划转的一部分,而企业缴费不能继承。

《职工基本养老保险个人账户管理暂行办法》进一步规定,职工在职期间死亡或者离退休人员死亡时,如果其个人账户尚存余额,余额中个人缴费本息可以继承。职工在职期间死亡时,其继承额为其死亡时个人账户全部储存额中的个人缴费部分本息。离退休人员死亡时,继承额按以下公式计算:继承额=离退休人员死亡时个人账户余额×离退休时个人账户中个人缴费本息占个人账户全部储存额的比例。继承额一次性支付给亡者生前指定的受益人或者法定继承人。个人账户的其余部分,并入社会统筹基金。个人账户处理完后,应停止缴费或支付记录,予以封存。

(4) 享受养老保险待遇的条件

1) 退出劳动领域。《社会保障最低标准公约》第26条规定:"国家法律或条例可规定,对于应该发给某人的津贴,如发现该人从事任何规定的有收益的活动时,可以停发;

或其津贴如需要交费才可以享受者，当受益人的收入超过规定数额时可以减发；如属无需缴纳任何费用即可享受者，当受益人的收入或其他收益或这两者加在一起超过规定数额时，也可减发。"可见，劳动者只有退出劳动领域，才能享受基本养老保险待遇，这是国际公认的准则。

2) 年龄。年龄是劳动者享受基本养老保险待遇的又一必要条件。一般来说，享受基本养老保险待遇的年龄应当与退休年龄一致。

3) 工龄或缴纳年限。工龄或缴纳年限也是享受基本养老保险待遇的必要条件。一般国家都规定，凡是享受养老金支付待遇的人，必须工作满一定年限，并且参加养老保险履行缴费义务一定年限，这两个条件必须同时满足，才能领取养老保险金。

3. 基本医疗保险

基本医疗保险是为补偿劳动者因疾病风险造成的经济损失而建立的一项社会保险制度。通过用人单位和个人缴费，建立医疗保险基金，参保人员患病就诊发生医疗费用后，由医疗保险经办机构给予一定的经济补偿，以避免或减轻劳动者因患病、治疗等所带来的经济风险。

(1) 医疗保险的作用

1) 能够消除和化解劳动者所遭遇的疾病风险，保证劳动者的基本生活。劳动者在患病期间，需要就医和治疗，这需要额外的费用支出，当患有严重的疾病时，这笔费用可能就不是劳动者个人所能承担的。而且，在劳动者患病期间，由于不能参加劳动和工作，失去正常的工资收入，必然影响劳动者的正常生活。建立医疗保险制度，一方面，使劳动者在患病期间的医疗费和药费得到补偿；另一方面，对劳动者支付必要病假工资，这样，能够保证劳动者患病后及时获得治疗，并保证其本人及其家属的基本生活，使劳动者解除后顾之忧，尽快恢复健康。

2) 有利于调节公民收入之间的差别，体现社会公平。对于每个人来说，患病是不可预测的，而对于一个社会整体来说，可以通过大数法则来测定人们患病的几率，通过建立社会保险，由社会来分担个人的风险，最终达到化解每个人的风险的目的。医疗保险强调公平性，要求具备条件的劳动者都要参加到医疗保险制度中，并公平分担保险费，通常保险费的设计是收入越高，缴纳的保险费也越高，当劳动者患病时，可以平等地享受医疗给付。

(2) 医疗保险待遇的内容

根据我国现行立法的规定，医疗保险待遇有下述主要内容。

1) 医疗期待遇。职工享受医疗保险待遇，除完全丧失劳动能力外，只限于规定的医疗期内。医疗期的长度根据职工本人连续工龄和本单位工龄分档次确定，最短不少于3个月，最长一般不超过24个月；难以治愈的疾病，经医疗机构提出，本人申请，劳动行政部门批准后，可适当延长医疗期，但延长期限最多为6个月。

2) 疾病津贴。又称病假工资。职工患病或非因公负伤，停止工作满1个月以上的，停发工资，由用人单位按其工龄长短给付相当于本人工资一定比例的疾病津贴。

3) 医疗待遇。职工一般可在与社会保险经办机构签订医疗保险合同的定点医院选择就医。其保险待遇项目主要有：规定范围内的药品费用，规定的检查费用和治疗费用，规定标准的住院费用。

(3) 城镇职工基本医疗保险

1) 覆盖范围

按照《国务院关于建立城镇职工基本医疗保险制度的决定》（国发〔1998〕44号）的规定，城镇所有用人单位，包括企业（国有企业、集体企业、外商投资企业、私营企业等）、机关、事业单位、社会团体、民办非企业单位及其职工，都要参加基本医疗保险。这就是说，必须参加城镇职工基本医疗保险的单位和职工，既包括机关事业单位也包括城镇各类企业，既包括国有经济也包括非国有经济单位，既包括效益好的企业也包括困难企业。这是目前我国社会保险制度中覆盖范围最广的险种之一。但对乡镇企业及其职工、城镇个体经济组织业主及其从业人员是否参加基本医疗保险，国家明确由各省、自治区、直辖市人民政府确定。这主要是考虑到对这部分人群管理的状况和医疗保险本身的特殊性。如果硬性纳入基本医疗保险，而管理能力又跟不上，则有可能导致医疗费用支出控制不住，增加基金超支的风险。

劳动和社会保障部《关于贯彻两个条例扩大社会保障覆盖范围加强基金征缴工作的通知》（劳社部发〔1999〕10号）规定，农民合同制职工参加单位所在地的社会保险，社会保险经办机构为职工建立基本医疗保险个人账户。农民合同制职工在终止或解除劳动合同后，社会保险经办机构可以将基本医疗保险个人账户储存额一次性发给本人。

2) 个人缴费

首先，各统筹地区要确定一个适合当地职工负担水平的个人基本医疗保险缴费率，一般为工资收入的2%。其次，由个人以本人工资收入为基数，按规定的当地个人缴费率缴纳基本医疗保险费。个人缴费基数应按国家统计局规定的工资收入统计口径为基数，即以全部工资性收入，包括各类奖金、劳动收入和实物收入等所有工资性收入为基数，乘以规定的个人缴费率，即为本人应缴纳的基本医疗保险费。第三，个人缴费一般不需个人到社会保险经办机构去缴纳，而是由单位从工资中代扣代缴。

3) 建立账户

按照《国务院关于建立城镇职工基本医疗保险制度的决定》（国发〔1998〕44号）的规定，个人账户的注入资金来自于个人缴费和单位缴费两部分：个人缴费的全部记入个人账户，单位缴费的一部分记入个人账户。单位缴费一般按30%左右划入个人账户。但由于每个年龄段职工的医疗消费支出水平存在很大差别，因此在统筹地区确定单位缴费记入每个职工划入账户比例时，要考虑年龄因素，确定不同年龄档次的不同划入比例。确定单位缴费划入个人账户的具体比例，由统筹地区根据个人账户的支付范围和职工年龄等因素确定。

统筹基金的注入资金主要来自单位缴费部分。单位缴费用于划入个人账户后剩余的部分即为统筹基金的资金。

4) 账户处理

职工个人医疗保险账户的本金和利息均归职工个人所有，可以结转使用和继承。因此，参加基本医疗保险的职工死亡后，其个人医疗账户仍有余额的，可作为遗产，由其亲属按《继承法》规定实施继承。同时，其个人医疗账户台账、《职工医疗社会保险手册》由医疗社会保险机构收回注销。

5) 定点医疗

根据劳动保障部等部门《关于印发城镇职工基本医疗保险定点医疗机构管理暂行办法的通知》（劳社部发［1999］14号）的规定，参保人员在获得定点资格的医疗机构范围内，提出个人就医的定点医疗机构选择意向，由所在单位汇总后，统一报送统筹地区社会保险经办机构。社会保险经办机构根据参保人的选择意向统筹确定定点医疗机构。

除获得定点资格的专科医疗机构和中医医疗机构外，参保人员一般可再选择3～5家不同层次的医疗机构，其中至少应包括1～2家基层医疗机构（包括一级医院以及各类卫生院、门诊部、诊所、卫生所、医务室和社区卫生服务机构）。

参保人员对选定的定点医疗机构，可在1年后提出更改要求，由统筹地区社会保险经办机构办理变更手续。

6) 费用报销

根据劳动保障部等部门《关于印发城镇职工基本医疗保险定点医疗机构管理暂行办法的通知》（劳社部发［1999］14号）规定，参保人员应在选定的定点医疗机构就医，并可自主决定在定点医疗机构购药或持处方到定点零售药店购药。除急诊和急救外，参保人员在非选定的定点医疗机构就医发生的费用，不得由基本医疗保险基金支付。因此，职工如患急病确实来不及到选定的医院医治，自己到附近的医院诊治，持有医院急诊证明，其医药费用，可由基本医疗保险基金按规定支付。

7) 医疗期限

根据原劳动部1994年发布的《企业职工患病或非因工负伤医疗期规定》的规定，医疗期是指用人单位职工因患病或非因工负伤而停止工作治病休息，用人单位不能解除劳动合同的时限。

原劳动部1994年发布的《企业职工患病或非因工负伤医疗期规定》，对医疗期主要有以下几条规定：

① 企业职工因患病或非因工负伤，需要停止工作医疗时，根据本人实际参加工作年限，给予3个月到24个月的医疗期。实际工作年限10年以下的，在本单位工作5年以下的为3个月；5年以上的为6个月。实际工作年限在10年以上的，在本单位工作5年以下的为6个月；5年以上10年以下的为9个月；10年以上15年以下的为12个月；15年以上20年以下为18个月；20年以上的为24个月。

② 医疗期3个月的按6个月内累计病休时间计算；6个月的按12个月内累计病休时间计算；9个月的按15个月内累计病休时间计算；12个月的按18个月内累计病休时间计算；18个月的按24个月内累计病休时间计算；24个月的按30个月内累计病休时间计算。

③ 企业职工在医疗期内，其病假工资、疾病救济费和医疗保险待遇按照有关部门规定执行。

④ 企业职工非因工致残和经医生或医疗机构认定患有难以治疗的疾病，在医疗期内医疗终结，不能从事原工作，也不能从事用人单位另行安排的工作的，应当由劳动鉴定委员会参照工伤与职业病致残程度鉴定标准进行劳动能力的鉴定（自2002年4月5

日之后，按《职工非因工伤残或因病丧失劳动能力程度鉴定标准（试行）》（劳社部发〔2002〕8号）执行。被鉴定为一至四级的，应当退出劳动岗位，中止劳动关系，办理退休、退职手续，享受退休、退职待遇；被鉴定为五至十级的医疗期内不得解除劳动合同。

⑤ 企业职工非因工致残和经医生或医疗机构认定患有难以治疗的疾病，医疗期满，应当由劳动鉴定委员会参照工伤与职业病致残程度鉴定标准进行劳动能力的鉴定（自2002年4月5日之后，按《职工非因工伤残或因病丧失劳动能力程度鉴定标准（试行）》（劳社部发〔2002〕8号）执行。被鉴定为一至四级的，应当退出劳动岗位，解除劳动关系，并办理退休、退职手续，享受退休、退职待遇。

⑥ 医疗期满尚未痊愈者，被解除劳动合同的经济补偿问题按照有关规定执行。

4. 建筑施工企业工伤保险和意外伤害保险

（1）工伤保险

1）工伤保险的作用

① 工伤保险是维护职工合法权利的重要手段。工伤事故与职业病严重威胁广大职工的健康和生命，影响工伤职工工作、经济收入、家庭生活，关系到社会稳定。参加工伤保险，一旦发生工伤，职工可以得到及时救治、医疗康复和必要的经济补偿。

② 工伤保险是分散用人单位风险，减轻用人单位负担的重要措施。工伤保险通过基金的互济功能，分散不同用人单位的工伤风险，避免用人单位一旦发生工伤事故便不堪重负，严重影响生产经营，甚至导致破产，有利于企业的正常经营和生产活动。

③ 工伤保险是建立工伤事故和职业病危害防范机制的重要条件。工伤保险可以促进职业安全，通过强化用人单位工伤保险缴费责任，通过实行行业差别费率和单位费率浮动机制，建立工伤保险费用与工伤发生率挂钩的预防机制，有效地促进企业的安全生产。

2）工伤保险的特点

① 工伤保险对象的范围是在生产劳动过程中的劳动者。由于职业危害无所不在，无时不在，任何人都不能完全避免职业伤害。因此工伤保险作为抗御职业危害的保险制度适用于所有职工，任何职工发生工伤事故或遭受职业疾病，都应毫无例外地获得工伤保险待遇。

② 工伤保险的责任具有赔偿性。工伤即职业伤害所造成的直接后果是伤害到职工生命健康，并由此造成职工及家庭成员的精神痛苦和经济损失，也就是说劳动者的生命健康权、生存权和劳动权受到影响、损害甚至被剥夺了。因此工伤保险是基于对工伤职工的赔偿责任而设立的一种社会保险制度，其他社会保险是基于对职工生活困难的帮助和补偿责任而设立的。

③ 工伤保险实行无过错责任原则。无论工伤事故的责任归于用人单位还是职工个人或第三者，用人单位均应承担保险责任。

④ 工伤保险不同于养老保险等险种，劳动者不缴纳保险费，全部费用由用人单位负担。即工伤保险的投保人为用人单位。

⑤ 工伤保险待遇相对优厚，标准较高，但因工伤事故的不同而有所差别。

⑥ 工伤保险作为社会福利，其保障内容比商业意外保险要丰富。除了在工作时的意外伤害，也包括职业病的报销、急性病猝死保险金、丧葬补助（工伤身故）。

商业意外险提供的则是工作和休息时遭受的意外伤害保障，优势体现为时间、空间上的广度。比如上下班途中遭遇的意外，假如是机动车交通事故伤害可以由工伤赔偿，其他情况的意外伤害则不属于工伤的保障范围。

2010年12月20日，国务院第136次常务会议通过了《国务院关于修改〈工伤保险条例〉的决定》，对2004年1月1日起施行的《工伤保险条例》作出了修改，扩大了上下班途中的工伤认定范围，同时还规定了除现行规定的机动车事故以外，职工在上下班途中受到非本人主要责任的非机动车交通事故或者城市轨道交通、客运轮渡、火车事故伤害，也应当认定为工伤。

在赔付方面，医疗费用通常是由工伤保险先报销后，商业保险扣除已赔付部分对剩下的金额进行赔偿。身故或残疾保险金则是分别按照约定额度给付，不存在冲突现象。通常建议将商业意外险作为社保的补充和完善。

3) 工伤保险待遇

在国务院《工伤保险条例》中，规定了工伤保险待遇项目和标准，详见第十二章。

(2) 意外伤害保险

职工意外伤害保险是法定的强制性保险，也是保护建筑业从业人员合法权益，转移企业事故风险，增强企业预防和控制事故能力，促进企业安全生产的重要手段。

1) 建筑意外伤害保险的范围

建筑企业和项目部必须为施工现场从事施工作业和管理的人员，在施工活动过程中发生的人身意外伤亡事故提供保障，办理建筑意外伤害保险、支付保险费。范围应当覆盖工程项目。已在企业所在地参加工伤保险的人员，从事现场施工时仍可参加建筑意外伤害保险。各地建设行政主管部门可根据本地区实际情况，规定建筑意外伤害保险的附加险要求。

2) 建筑意外伤害保险的保险期限

保险期限应涵盖工程项目开工之日到工程竣工验收合格日。提前竣工的，保险责任自行终止。因延长工期的，应当办理保险顺延手续。

3) 建筑意外伤害保险的投保

施工企业应在工程项目开工前，办理完投保手续。鉴于工程建设项目施工工艺流程中各工种调动频繁、用工流动性大，投保应实行不记名和不计人数的方式。工程项目中有分包单位的由总承包施工企业统一办理、分包单位合理承担投保费用。业主直接发包的工程项目由承包企业直接办理。

4) 关于建筑意外伤害保险的索赔

建筑意外伤害保险应规范和简化索赔程序，搞好索赔服务。各地建设行政主管部门要积极创造条件，引导投保企业在发生意外事故后即向保险公司提出索赔，使施工伤亡人员能够得到及时、足额的赔付。各级建设行政主管部门应设置专门电话接受举报，凡被保险人发生意外伤害事故，企业和工程项目负责人隐瞒不报、不索赔的，要严肃查处。

（二）社会保险的管理

1. 社会保险费的征收（如图 8-1）

图 8-1 社会保险费征收外部流程图

社会保险费的缴费单位必须按月向社会保险经办机构申报应缴纳的社会保险费数额，经社会保险经办机构核定后，在规定的期限内缴纳社会保险费。缴费单位不按规定申报应缴纳的社会保险费数额的，由社会保险经办机构暂按该单位上月缴费数额的110%确定应缴数额；没有上月缴费数额的，由社会保险经办机构暂按该单位的经营状况、职工人数等有关情况确定应缴数额。缴费单位补办申报手续并按核定数额缴纳社会保险费后，由社会保险经办机构按照规定结算。

省、自治区、直辖市人民政府规定由税务机关征收社会保险费的，社会保险经办机构应当及时向税务机关提供缴费单位社会保险登记、变更登记、注销登记以及缴费申报的情况。

社会保险费缴费单位和缴费个人应当以货币形式全额缴纳社会保险费。缴费个人应当缴纳的社会保险费，由所在单位从其本人工资中代扣代缴。社会保险费用不得减免。

缴费单位未按规定缴纳和代扣代缴社会保险费的，由劳动保障行政部门或者税务机关责令限期缴纳；逾期仍不缴纳的，除补缴欠缴数额外，从欠缴之日起，按日加收千分之二的滞纳金。滞纳金并入社会保险基金。

征收的社会保险费存入财政部门在国有商业银行开设的社会保障基金财政专户。社会保险基金按照不同险种的统筹范围，分别建立基本养老保险基金、基本医疗保险基金、失业保险基金。各项社会保险基金分别单独核算。社会保险基金不计征税费。

省、自治区、直辖市人民政府规定由税务机关征收社会保险费的，税务机关应当及时向社会保险经办机构提供缴费单位和缴费个人的缴费情况；社会保险经办机构应当将有关情况汇总，报劳动保障行政部门。

此外，社会保险经办机构应当建立缴费记录，其中基本养老保险、基本医疗保险并应当按照规定记录个人账户。社会保险经办机构负责保存缴费记录，并保证其完整、安全。社会保险经办机构应当至少每年向缴费个人发送一次基本养老保险、基本医疗保险个人账户通知单。缴费单位、缴费个人有权按照规定查询缴费记录。

2. 社会保险争议的解决

社会保险不同于一般的商业保险，社会保险争议的解决途径取决于争议本身的性质。《社会保险法》尊重传统将社会保险争议分别定性为劳动争议与行政争议。2008年5月1日起实施的《劳动争议调解仲裁法》也明确指出用人单位与劳动者发生的社会保险争议属劳动争议适用本法。《劳动争议调解仲裁法》规定社会保险案件实行有条件的"一裁终局"，即对因执行国家劳动标准在社会保险方面发生的争议案件的裁决，在劳动者在法定期限内不向法院提起诉讼、用人单位向法院提起撤销仲裁裁决的申请被驳回的情况下，仲裁裁决为终局裁决，裁决书自做出之日起发生法律效力；而个人及其亲属或者参保单位，对社会保险经办机构做出的有关社会保险费征缴和待遇支付决定争议及参保单位、个人及其他有关单位对劳动保障部门做出的行政处罚（涉及社会保险事务管理）决定争议属行政争议，适用行政争议救济方式予以救济。行政争议救济方式即行政复议与行政诉讼。

我国《社会保险行政争议处理办法》规定，有下列情形之一的，公民、法人或者其他组织可以申请行政复议：

（1）认为经办机构未依法为其办理社会保险登记、变更或者注销手续的。

（2）认为经办机构未按规定审核社会保险缴费基数的。

（3）认为经办机构未按规定记录社会保险费缴费情况或者拒绝其查询缴费记录的。

（4）认为经办机构违法收取费用或者违法要求履行义务的。

（5）对经办机构核定其社会保险待遇标准有异议的。

（6）认为经办机构不依法支付其社会保险待遇或者对经办机构停止其享受社会保险待遇有异议。

（7）认为经办机构未依法为其调整社会保险待遇的。

（8）认为经办机构未依法为其办理社会保险关系转移或者接续手续的。

（9）认为经办机构的其他具体行政行为侵犯其合法权益的。

属于第（2）、（5）、（6）、（7）项情形之一的，公民、法人或者其他组织可以直接向劳动保障行政部门申请行政复议，也可以先向作出该具体行政行为的经办机构申请复查，对复查决定不服，再向劳动保障行政部门申请行政复议。

公民、法人或者其他组织认为经办机构的具体行政行为所依据的除法律、法规、规章和国务院文件以外的其他规范性文件不合法，在对具体行政行为申请行政复议时，可以向劳动保障行政部门一并提出对该规范性文件的审查申请。

公民、法人或者其他组织对经办机构作出的具体行政行为不服，可以向直接管理该经办机构的劳动保障行政部门申请行政复议。

申请人认为经办机构的具体行政行为侵犯其合法权益的，可以自知道该具体行政行为之日起60日内向经办机构申请复查或者向劳动保障行政部门申请行政复议。

申请人与经办机构之间发生的属于人民法院受案范围的行政案件，申请人也可以依法直接向人民法院提起行政诉讼。

下篇 专业技能

九、劳务管理计划

（一）编制劳务用工需求量计划

1. 劳务用工需求量的预测

（1）劳务用工需求量预测的原则

1）劳务需求预测应以劳动定额为依据。

2）劳务需求预测应围绕企业（项目）的施工组织设计中工程项目的开、竣工日期和施工部位及工程量，测算具体劳务需求的工种和数量。

（2）劳动力需求的预测计算方法

1）依据项目工期进度安排，确定工程部位所需的工种以及各个工种的具体劳务人员的需求数量。

2）根据企业（项目）跨年度和在施项目的劳务使用情况，测算可供给的劳务企业的工种、数量，从而计算出企业（项目）的劳务净需求。如某工种的劳务净需求为正数，则需引进新的劳务企业或施工队伍；反之，则过剩，需要精简或调剂。

3）在掌握劳务人员余缺并确定劳务净需求的基础上，编制劳务需求计划。

2. 劳务用工的相关计算方法

（1）平均人数计算

计算公式如下：

平均人数＝用工所需日历工日数÷月度日历日数

［例］ 根据下列日历工日数资料计算。

计划平均人数：

单位	用工所需日历工日数	月度日历日数	计划平均人数
一处	21300	30（4月）	710
二处	2580		86
三处	19500		650
四处	27000		900
五处	22500		750
合计	92880		3096

(2) 计划平均人数、计划工资总额和计划实际用工的计算

计划平均人数＝计划用工总工日÷计划工期天数

计划工资总额＝计划用工总工日×工日单价

计划实际用工＝计划用工总工日÷计划劳动生产率指数

[例] 某工程承包作业 5000m^2，计划每平方米单位用工 5 个工日，每个工日单价 40 元，计划工期为 306 天，计划劳动生产率指数为 120%。求计划平均人数、计划工资总额和计划实际用工（保留整数）。

[解] 计划平均人数＝计划用工总工日÷计划工期天数＝5000×5÷306＝82 人

计划工资总额＝计划用工总工日×工日单价＝5000×5×40＝1000000 元

计划实际用工＝计划用工总工日÷计划劳动生产率指数
$$=5000×5÷120\%=20833 工日$$

(3) 计划工人劳动生产率、计划工资总额和计划平均工资的计算

计划工人劳动生产率＝计划施工产值÷计划平均人数

计划工资总额＝计划施工产值×百元产值系数

计划平均工资＝计划工资总额÷计划平均人数

[例] 某工程队有建安工人 300 人，月计划完成施工产值 3750000 元，百元产值工资系数为 14%，试计算计划工人劳动生产率、计划工资总额和计划平均工资。

[解] 计划工人劳动生产率＝计划施工产值÷计划平均人数
$$=3750000÷300=12500 元/人$$

计划工资总额＝计划施工产值×百元产值工资系数
$$=3750000×14\%=525000 元$$

计划平均工资＝计划工资总额÷计划平均人数
$$525000÷300=1750 元$$

(4) 劳动定额完成情况指标的计算

1) 指标 1：执行定额面指标

指工人中执行定额工日占全部作业工日的比重。鼓励有条件执行定额的尽量执行定额。

全部作业工日：指出勤工日中扣除开会、出差、学习等非生产工日以及停工工日后的生产作业工日，包括全日加班工日。
$$全部作业工日＝制度内实际作业工日＋加班工日$$
$$制度内实际作业工日＝出勤工日－停工工日（非生产工日）$$

执行定额工日：指全部作业工日中，按定额考核工效，计发奖金或计件工资的实际工日数。
$$执行定额工日＝全部作业工日－未执行定额工日$$

执行定额面：指执行定额工日占全部作业工日的比重，计算公式为：
$$执行定额面＝执行定额工日÷全部作业工日×100\%$$

2) 指标 2：定额完成程度指标

指完成定额工日与实用工日（即全部作业工日数）相比的比率，比率越高，定额完成情况越好。

完成定额工日：指本期完成的实际验收工程量按劳动定额计算的所需定额工日数。

$$完成定额工日数 = \sum (完成工作量 \times 劳动定额)$$

$$劳动定额完成程度 = 完成定额工日数 \div 全部作业工日数 \times 100\%$$

[例] 某队有生产工人 100 人，7 月份病事假 72 工日，开会学习 40 工日，公休假日 8 天，加班 450 工日，出差、联系材料 20 工日，其中 1 人协助炊事班，2 人守卫，其余工人没有执行定额的 620 工日，全月共完成定额工日 2025 工日。

求：7 月份执行定额面及定额完成程度各是多少？（结果保留 2 位小数）

[解] 全部作业工日 ＝[(月平均人数－非生产人数)×(日历天数－公休天数)]－缺勤工日－非生产工日＋加班工日
　　　　　　　＝[(100－1－2)×(31－8)]－72－40－20＋450
　　　　　　　＝2549 工日

执行定额工日＝全部作业工日－未执行定额工日＝2549－620＝1929 工日

(1) 执行定额面＝1929÷2549×100%＝75.68%
(2) 定额完成程度＝2025÷2549×100%＝79.44%

答：7 月执行定额面为 75.68%；定额完成程度为 79.44%。

3. 劳务用工需求量计划表

(1) 劳务用工需求量计划的主要内容

1) 项目部劳动力计划编制的主要内容

① 根据企业（项目）工程组织设计的开竣工时间和具体施工部位及工程量，工程安排所需劳务企业或施工队伍；

② 按工期进度要求及实际劳务需求，编制工程施工部位劳务需求统计表（见表 9-1）；

③ 根据劳务净需求的新增部分，制定具体的补充或调剂计划；

④ 劳务净需求涉及引进新的劳务企业或施工队伍时，劳务需求计划应包括：

A. 引进劳务企业或施工队伍的资质类别、等级、规模和引进的渠道，通过资质审核、在施工程考察、劳务分包招投标、分包合同签订、分包合同及分包劳务人员备案等具体内容；

B. 引进企业或施工队伍进场的具体时间以及入场安全教育培训和住宿管理等内容。

2) 公司劳动力需求计划编制的主要内容

总承包企业的劳务主管部门应依据本公司生产部门的年度、季度、月度生产计划，制定劳动力招用、管理和储备的计划草案（见表 9-1、表 9-2），汇总本公司各项目部计划需求后形成公司的《劳务管理工作计划表》予以实施，并根据现场生产需要进行动态调整。

(2) 劳务用工需求量计划表

劳务用工需求计划表　　　　　　　　　　　　　　　　　　表 9-1

序号	工程项目名称	需求队伍类型	需求时限	需求队伍人数	落实人数	缺口人数	解决途径
1							
2							
3							
合计							

____年度建筑工企业劳动力供应保障月报表

表 9-2

填报单位（公章）：

序号	项目名称	____年 1-__月施工产值及劳动力情况													____年__月劳动缺口数			是否申请调剂解决，方式为	希望与劳务基地联系确定
		工程项目（项）		开复工面积（万 m²）			竣工项目（项）	竣工面积（m²）	施工总产值（万元）			分包企业数	人数		人数	短缺工种名称	短缺工种人数	希望推荐在京劳务企业调剂（是/否）	希望与劳务基地联系确定（是/否）
		小计	结转	新开	小计	结转	新开			小计	结转	新开		计划数	其中已落实					
1		2	3	4	5	6	7	8	9	10	11	12	13	14	15	16	17	18		
合计																				
其中：																				

填报人：　　　　　　　　　　　　　　　　电话：　　　　　　　　　　　　　　　　填报日期：　　年　　月　　日

（二）编制劳务管理计划

劳务管理计划是企业劳务管理人员根据企业自身施工生产需要和劳动力市场供需状况所制定的，从数量和质量方面确保施工进度和工程质量所需劳动力的筛选、引进和管理的计划。

1. 劳务管理计划的主要内容

劳务管理计划应围绕国家、地方政府行政部门对施工企业及劳务分包管理规定和企业（项目）的施工组织设计要求，制定具体工程项目所需劳动力的审核、筛选、组织、培训以及日常监督管理计划，主要包括：

（1）人员的配备计划

根据工程项目的开、竣工日期和施工部位及工程量，拟定具体施工作业人员的工种、数量以及筛选、组织劳动力进场或调剂的具体时间、渠道和措施。

（2）教育培训计划

对参与项目施工人员进行安全、质量和文明施工教育的措施。

（3）考核计划

对分包企业的分包合同的履约情况、管理制度的建立健全及执行情况、劳动合同签约情况以及劳务人员的工资发放情况等劳动用工行为的考核办法和措施。

（4）应急预案

施工现场劳动力短缺、停工待料、劳动纠纷等突发事件处理的应急预案。

2. 劳务管理的过程与措施

（1）劳务分包招投标

1）招标人进行招标方式登记备案；

2）总承包劳务管理部门对投标的作业队伍进行资格预审；

3）招标人发出招标文件并报总承包劳务管理部门备案；

4）招标人和投标人到总承包劳务管理部门，在总承包劳务管理部门监督下下开标；

5）招投标情况书面报告备案。

（2）新作业队伍引进

1）采用招投标方式选择队伍

① 项目经理部选择作业队伍参与投标报名并上报二级公司劳务部门；

② 二级公司劳务部门审核劳务企业资质；

③ 二级公司填报《分包单位投标资格预审表》并上报上级总承包劳务管理部门；

④ 总承包劳务管理部门审核把关，核查该企业、队伍的相关资质；

⑤ 经审核批准后，队伍方可参与投标。

2）采用议标方式选择队伍

① 项目经理部严格审核队伍所属劳务企业资质并将相关资料上报二级公司劳务主管

部门；

② 二级公司劳务主管部门审核相关资质；

③ 二级公司劳务主管部门填报《作业队伍引进申报表》，将审核材料汇总报上级总承包劳务管理部门；

④ 总承包劳务管理部门审核把关，核查该队伍的相关资质；

⑤ 经审核批准后，签订劳务分包合同并办理备案手续。

(3) 合同签订及备案

1) 项目经理部与劳务分包人确定合同中各项条款；

2) 项目经理部草拟劳务分包合同报送二级公司进行审核、会签；

3) 劳务企业在网上录入合同及作业人员信息；

4) 劳务企业将生成花名册及实名身份证名册按照政府主管部门相关要求进行审核、盖章，并连同合同一并报送总承包劳务管理部门审核；

5) 在二级公司的配合下，由劳务企业到上级总承包劳务管理部门办理人员验证手续；

6) 总承包劳务管理部门将备案材料报送政府建设主管部门进行合同及人员备案；

7) 备案完成后，将相关资料返还二级公司及劳务企业；

8) 总承包劳务管理部门劳务督察部门将不定期对项目劳务分包合同及作业人员备案情况进行检查。

(4) 职业资格准入审验

1) 专业与劳务分包施工企业持《合同用工备案花名册》和岗位证书，到总承包劳务管理部门进行证书审验；

2) 证书审验合格后，由总承包劳务管理部门开具《务分包企业证书审核注册登记备案表》；凭此表及已加盖验证单位证书审验章的名册，办理备案手续；

3) 证书审验不合格，专业与劳务分包施工企业应在十五个工作日内提交相关资料进行复审，复审不合格，必须在进行培训鉴定。

(5) 劳动力管理

1) 作业人员与劳务企业签订劳动合同；

2) 劳务企业建立劳务作业人员花名册，核验作业人员身份，留存身份证复印件；

3) 劳务企业进行证书审验，审验合格后办理人员备案手续，劳务作业人员方可进入施工现场；

4) 项目经理部组织劳务作业人员进行入场教育；

5) 作业队伍劳务员按规定记录作业人员考勤情况；

6) 作业队伍劳务员依照劳动合同约定标准，以实际出勤情况为依据，编制工资表；

7) 项目经理部劳务员建立施工作业人员实名增减台账；

8) 项目经理部劳务员报送月度劳动力情况报表到二级公司劳务主管部门；

9) 二级公司劳务主管部门报送月度劳动力情况报表到总承包劳务管理部门；

10) 总承包劳务管理部门根据报表情况深入施工现场对劳动力管理情况进行检查。

(6) 劳务费结算支付

1) 项目经理部劳务费结算人员根据劳务分包合同承包范围、相关规定及劳务企业完成工作量结算劳务费；

2）项目部开具《劳务费发放单》报二级公司劳务主管部门；

3）二级公司劳务主管部门审核《劳务费发放单》报送总承包劳务管理部门同时报劳务费分配方案；

4）劳务企业委托取款人员携带企业《劳务费取款委托书》及本人身份证到总承包劳务管理部门办理当年取款证；

5）总承包劳务管理部门审核签认《劳务费发放单》从劳务费专用账户中拨付劳务费；

6）总承包劳务管理部门每月将劳务费发放数据反馈二级公司。

(7) 劳务管理统计分析工作

1）劳动力报表

① 定期由项目经理部结合本项目施工生产计划安排，制定劳动力供应计划，报二级公司劳务管理部门，二级公司根据生产计划制定企业劳动力计划，报总承包劳务管理部门；

② 每月由项目经理部填报《工程项目作业人员表》，二级公司审核汇总后报总承包劳务管理部门。

2）劳务费报表

① 每月由项目经理部填报《劳务费结算支付情况月报表》，二级公司审核汇总报总承包劳务管理部门；

② 总承包劳务管理部门汇总《劳务费结算情况月报表》，报总承包企业主管领导审核后将结果发布。

(8) 劳务督察

1）总承包企业劳务督察部门按照月度、季度检查计划及年度排查计划对各项目经理部劳务管理工作进行检查；

2）项目经理部备查资料均应按照总承包企业的管理要求整理归档，检查资料进行备案存档；

3）对经检查不合格的项目经理部，由总承包企业劳务督察部门下发整改通知书，并按要求进行限期整改；

4）总承包企业劳务督察部门于10个工作日内对检查不合格的项目经理部进行复查，复查合格项目经理部将检查材料备案存档。复查仍不合格项目经理部勒令整改、并对该项目部及所属二级公司进行通报；

5）总承包企业劳务督察部门对各二级公司和项目经理部劳务分包合同履约情况进行检查，对检查中存在重大劳务管理隐患的，由督察部门开具《劳务督察管理隐患预警通知单》，并上报隐患报告，经主管领导审核批准后，在总承包企业范围内发布隐患通知；

6）总承包企业劳务督察部门根据检查结果进行月度评价和年度考核工作。

(9) 队伍考评

1）总承包企业劳务管理部门负责组织实施劳务作业队伍考评工作，布置考评任务，凡在总承包企业内承接劳务分包工程施工的劳务分包施工作业队均须参加考评；

2）总承包企业范围劳务作业队伍的考评周期为一季度，针对不同工程、不同队伍的实际情况，总承包企业所属二级公司可结合本单位情况制定相应考核评价周期；

3）各二级公司应按照总承包企业年度队伍考评工作要求，建立考核评价体系，劳务管理部门组织项目经理部在规定时间内对所使用作业队伍进行考核评价，总承包劳务管理部门劳务管理、督察部门将对重点项目到现场配合监督考评工作；

4）各二级公司需在项目经理部考评结束后一周内对各队伍考核评价情况进行审核汇总，将考评结果上报总承包劳务管理部门，总承包劳务管理部门将结合考评情况进行现场抽查，并开展综合考核评价申报工作；

5）各劳务作业队伍的考评结果经评价确认后，由总承包劳务管理部门以书面形式予以公布，纳入本年度"施工作业队伍信用评价"考评体系，并作为总承包企业评定优秀劳务作业队伍的重要依据。

附图：

图 9-1 劳务管理流程图

3. 劳务管理计划的实施和检查

通过实施劳务管理计划，看是否符合达到以下劳务管理计划的任务：

（1）通过劳务管理计划的实施，掌握企业用工需求变化，合理组织和调剂工程所需劳务队伍，确定劳务队伍和施工作业人员引进渠道、进退场时间，从施工作业人员的数量和质量上为企业实现预定目标提供保证。

（2）通过劳务管理计划的实施，使劳务队伍的审核、考察和进场的教育培训和生活后勤管理工作更具有针对性。

(3) 通过劳务管理计划的实施,使对劳务队伍的日常劳务管理工作更加规范。

(三) 编制劳务培训计划

建筑业是吸纳农村劳动力转移就业的重要行业,但建筑业农民工就业状况不稳定、技能水平低等问题尚未得到根本解决,需要落实企业责任,创新培训方法,健全培训机制,推进建筑业农民工培训工作。

培训计划是从组织的战略出发,在全面、客观的培训需求分析基础上做出的对培训时间、培训地点、培训者、培训对象、培训方式和培训内容等的预先系统设定。

1. 劳务培训需求分析

(1) 培训需求分析的含义

培训需求分析就是判断是否需要培训及分析培训内容的一种活动或者过程。需求分析对企业的培训工作至关重要,同时真正有效地实现培训的前提条件,是使培训工作准确、即使和有效完成的重要保证。需求分析具有很强的指导性,它即使确定培训目标、设计培训计划的前提,也是进行培训评估的基础。

(2) 培训需求分析的内容

1) 培训需求的层次分析

① 企业层次分析。主要确定企业范围内的培训需求,以保证培训计划符合企业的整体目标与战略要求。通过对企业的外部环境和内部气氛进行分析,包括对政府的产业政策、竞争对手的发展状况、企业的发展目标、生产效率、事故率、疾病发生率、辞职率、缺勤率和员工的行为等进行分析,来发现企业目标语培训需求之间的联系。

② 工作岗位层次分析。主要是确定各个工作岗位的员工达到理想的工作业绩所必须掌握的技能和能力。工作分析、绩效评价、质量控制报告和顾客反应等都为这种培训需求提供了重要的信息。

③ 员工个人层次分析。主要是确定员工目前的实际工作绩效与企业的员工业绩标注对员工技能的要求之间是否存在差距,是为了将来评价培训的结果和评估未来培训的需求。

2) 在职员工培训需求分析。由于新技术在生产过程中的应用、在职员工的技能不能满足工作需要等方面的原因而产生的培训需求,通常采用绩效分析法评估在职员工的培训需求。

3) 培训需求的阶段分析。主要有目前培训需求分析及未来培训需求分析两种。

① 目前培训需求分析主要是分析企业现阶段的生产经营目标及其实现状况、未能实现的生产任务、企业运行中存在的问题等方面,找出这些问题产生的原因,并确认培训是解决问题的有效途径。

② 未来培训需求分析室为满足企业未来发展过程中的需要而提出培训的要求。

(3) 员工培训需求分析的实施过程

1) 前期准备工作

培训活动开展之前,培训者就要有意识的收集被培训者的相关资料,简历背景档案,培训档案应该注重员工素质、员工工作变动情况以及培训历时等方面内容的记载。

2) 制定培训需求调查计划

① 确定培训需求调查的内容。培训需求调查的内容不要过于宽泛，这样会浪费时间和费；对于某一项内容可以从多角度调查，这样易于取证。

② 确定培训需求调查工作的目标、计划。培训需求调查工作应确定一个目标，由培训的特点而定。但由于培训需求调查中的各种客观或主观的原因，使培训需求调查的结果易受其他因素的影响，因此要提高和保证调查结果的可信度。对于重要的、大规模的需求评估，还需要制订一个需求调查工作的计划。

③ 选择合适的培训需求调查方法。根据企业的实际情况以及培训中可利用的资源选择一种合适的培训方法。如面谈法、观察法、问卷调查法和个别会谈结合法。

3) 实施培训需求调查工作

在制订了培训需求调查计划后，就要按照计划依次开展工作。实施培训需求调查主要包括以下步骤：

① 有培训部门发出制订计划的通知，请各负责人针对相应岗位工作需要提出培训培训愿望。

② 相关人员根据企业或部门的理想需求与现实需求、预测需求与现实需求的差距，调查、收集来源于不同部门和个人的各类需求信息，整理、汇总培训需求的动机和愿望，并报告企业培训组织部门或者负责人。由企业的组织计划部门、相关岗位、相关部门及培训组织管理部门共同协商确定培训需求分析。

4) 分析与输出培训需求结果

① 对培训需求调查信息进行归类、整理。对收集到的信息进行分类，并根据不同的培训调查内容的需要进行分类，并根据不同的培训调查内容的需要进行信息的归档；同时制作一套表给对信息进行统计，利用直方图、分布曲线图等工具将信息所表现的趋势和分布状况予以直观处理并进行整理。

② 对培训需求进行分析、总结。对收集上来的调查资料进行仔细分析，从中找出培训需求，并对其进行总结。此时应注意个别需求和普遍需求、当前需求和未来需求之间的关系。

③ 撰写培训需求分析报告。对所有的信息进行分类处理、分析总结以后，就要根据处理结果撰写培训需求调查报告，报告结论要以调查的信息为依据，对各部门申报、汇总上来的培训动机、培训需求的结果做出解释并提供评估结论，以最终确定是否需要培训及培训什么。

2. 劳务培训计划的主要内容

（1）劳务培训计划的编制原则

培训计划的制定是一个复杂的系统工程。制订之前有许多需要考虑的因素，这些因素直接影响培训计划的质量和效果，计划编制的基本原则有：

1) 注重系统性原则

① 全员性。一方面，全员都是受训者，另一方面，全员都是培训者。

② 全方位性。全方位性主要体现在培训的内容丰富宽广，满足不同层次的需求。

③ 全程性。企业的培训过程贯穿与员工职业生涯的始终。

2) 理论与实践相结合的原则

① 符合企业要求的培训目的。培训的根本目的是为了提高广大员工在生产中解决具体问题的能力，从而提高企业的效益。

② 发挥学员学习的主动性。理论与实践相结合的原则决定培训时要积极发挥学员的主动性，强调学员的参与和合作。

3) 培训与提高相结合的原则

① 全员培训的重点提高相结合。全员培训就是有计划、有步骤地对在职的各级各类人员都进行培训，这是提高员工素质的必由之路。

② 组织培训和自我提高相结合。在个人成长环境中，组织和个人的因素都是相当重要的。

4) 人格素质培训与专业素质相结合

① 从培训的三方面内容，既知识、技能和态度看，三者必须兼备，缺一不可。

② 其次，从培训的难易程度来看，态度的培训更为困难。

③ 员工的态度也影响培训效果的好坏。

总之，在培训中应将人格素质的训练融入知识技能的学习中，而不是与现实脱节，成为一种形式主义。

5) 人员培训与企业战略文化相适应

① 培训应服务于企业的总体经验战略；

② 培训应有助于优秀企业文化的塑造和形成；

③ 培训应有助于企业管理工作的有序和优化；

④ 人员培训必须面向市场；

⑤ 人员培训必须面向时代。

（2）如何编制劳务培训计划

培训计划必须满足组织及员工两方面的需求，兼顾组织资源条件及员工素质基础，并充分考虑人才培养的超前性及培训结果的不确定性。不同的企业，培训计划的内容不一样。劳务培训计划编制的要求见第三章。

（3）劳务培训计划的主要内容

建筑业务工人员的培训主要形式可分为分必修课和自选课。必修课主要是：当前市城市建设管理的形势和任务；建设职工（相应岗位从业人员）职业道德规范和市民守则；外来从业人员有关政策、建设行业文明施工、安全生产有关常识和法律法规；融入城市生活的文明行为和文明礼仪、个人卫生保健、疾病预防等基本知识；计划生育管理、社会综合治理和有关法律常识；针对工程建设需要的施工技术、操作技能、质量管理标准规范；工程项目建设的重要意义，工程、工地创建的目标要求等课程。自选课因工地而宜，即随着形势发展的新变化，工程进展的新要求，农民工出现的新问题及企业自身需要的内容等设置相应课程。有条件的项目，也可根据农民工的不同层次和需求，开设或组织农民工参加高层次的岗位和学历培训。

建筑业农民工教育培训主要围绕砌筑工、木工、架子工、钢筋工、混凝土工、抹灰工、建筑油漆工、防水工、管道工、电工、电焊工、装饰装修工、中小型建筑机械操作工等14个建筑业关键工种开展。包括安全生产常识、职业基础知识和岗位操作技能、普法维权知识、日常城市生活培训等，其中，岗位操作技能训练可依托施工现场根据生产实际组织进行。

1）安全生产培训

"安全生产"这个概念，一般意义上讲，是指在社会生产活动中，通过人、机、物料、环境、动物的和谐运作，使生产过程中潜在的各种事故风险和伤害因素始终处于有效控制状态，切实保护劳动者的生命安全和身体健康。也就是说，为了使劳动过程在符合安全要求的物质条件和工作秩序下进行的，防止人身伤亡财产损失等生产事故，消除或控制危险有害因素，保障劳动者的安全健康和设备设施免受损坏、环境免受破坏的一切行为。

安全生产是安全与生产的统一，其宗旨是安全促进生产，生产必须安全。搞好安全工作，改善劳动条件，可以调动职工的生产积极性；减少职工伤亡，可以减少劳动力的损失；减少财产损失，可以增加企业效益，无疑会促进生产的发展；而生产必须安全，则是因为安全是生产的前提条件，没有安全就无法生产。

2）岗位技能培训。

3）新工艺、新工法和施工技术专题培训。

4）普法维权培训

包括以下主要内容：

① 《劳动合同法》相关法律知识；

② 劳务分包合同知识；

③ 房屋建筑与市政基础设施工程劳务管理；

④ 农民工应当掌握的保障工资收入与取得经济补偿的相关法律知识问答；

⑤ 女职工和未成年工特殊保护权益；

⑥ 务工人员发生工伤如何维护合法权益；

⑦ 务工人员获得法律援助的办法和途径。

5）城市生活常识培训

① 交通安全知识；

② 生活安全知识；

③ 文明礼仪常识；

④ 发生违反治安法规行为，影响首都和谐稳定的有关处罚规定。

（4）培训的主要形式

建筑业务工人员教育培训主要通过以下三种形式进行：

1）入场教育和日常现场教育；

2）农民工夜校；

3）开展技术大比武活动。

十、劳务资格审查与培训

（一）劳务队伍资质验证

劳务员在审验劳务队伍资质时，应注意以下几方面问题：

1. 资格要求

（1）施工作业队所在的劳务企业符合建筑施工工程资质要求。

（2）劳务分包企业的施工作业队属于当地建设主管部门、行业管理协会和企业考核评价合格的队伍。

（3）施工作业队已经完成对进场施工作业人员在建设主管部门备案。

2. 业绩要求

能够信守合同、保证工期、质量、安全，能服从项目经理部日常管理，与项目经理部配合融洽。能够积极配合政府主管部门和项目经理部妥善处理突发事件，保证企业和谐和社会稳定。

3. 政策管理要求

劳务队伍的管理行为符合国家及地方政府法律法规与政策的要求。

（二）劳务人员身份、职业资格的核验

1. 通用要求

（1）劳务作业工人必须与劳务企业签订书面劳动合同，并在建设主管部门完成人员备案。劳务作业人员进场前必须按要求与劳务企业签订劳动合同，且一式三份分别由施工作业人员、劳务企业和总包企业留存归档。

（2）劳务作业工人应当按政府规定进行安全培训和普法维权培训，考核合格后方可入场施工作业。

（3）劳务作业工人应当100%具备相应工种岗位资格证书。

2. 劳务施工队人员持证上岗规范标准

（1）劳务分包企业施工队伍必须配备相应的管理人员，不得低于注册人数的8%，全

部管理人员应 100%持有国家相关部门颁发的管理岗位证书。

(2) 管理人员配备应符合以下标准：

1) 每 50 人必须配备一名专职安全员（50 人以下的按 50 人计算）。

2) 每个注册劳务分包企业的法人代表、项目负责人、专职安全员必须具有安全资格证书。

3) 队伍人数在百人以上劳务分包企业，必须配备一名专职劳务员，不足百人的可配备兼职管理人员。

(3) 一般技术工人、特种作业人员、劳务普工注册人员必须 100%持有相应工种的岗位证书。

(4) 对于劳务分包工程队伍人数超过 50 人的，其中级工比例不低于 40%、高级工比例不得低于 5%。

(5) 在施工现场，不得使用未成年工、童工，所有从事施工作业人员年龄不得在 55 周岁以上，其中登高架设作业人员（架子工）年龄应控制在 45 周岁以下。

(6) 未达到上述标准的劳务分包施工企业应在 15 个工作日内提交相关资料进行复审，复审不合格，须由劳务主管部门进行补充培训或鉴定。

3. 证书审验标准和工作流程

(1) 证书审验标准

1) 专业与劳务分包企业出具的证书版本和格式必须符合国家统一证书核发标准，否则视为假证。

2) 证书内文字必须按规定的要求书写，其书写部分不得有涂改、照片处必须加盖钢印，其钢印必须压照片，否则该证书不予承认。

3) 特种作业、特种设备、建筑行业起重设备操作人员证书必须在规定的有效时间内，凡过期或未按规定时间进行复检者均为失效证书不予承认。

(2) 操作流程

1) 专业与劳务分包施工企业办理人员实名制备案前，首先持《合同用工备案花名册》和岗位证书，提交公司（项目）劳务管理部门进行备案人员的证书审验工作。

2) 证书审验时专业与劳务分包施工企业负责人或代理负责人必须在场。

3) 证书审验合格单位，由公司（项目）劳务管理部门开具"劳务分包企业证书审核注册登记备案证明"；专业与劳务分包企业凭"劳务分包企业证书审核注册登记备案证明"及名册，到公司劳务主管部门办理备案手续。

4) 证书审验中、出现专业与劳务分包施工企业职工名册内有无证人员，在 15 个工作日内提交相关资料进行复审，复审不合格，其无证人员必须在总包企业的职业技能培训机构办理无证人员培训注册，由职业技能开发中心根据全市各工种考核安排陆续开展培训或鉴定工作。

劳务分包施工企业接到培训或鉴定通知后准时参加培训或鉴定。

(3) 注意事项

1) 管理人员须持《住建部管理人员岗位证书》。

2) 技术工人须持国家人力资源和社会保障部《职业资格证书》或国家住房和城乡建设部《职业技能岗位证书》。

3) 特种设备作业人员或特种作业人员须持国家相关管理部门颁发的特种设备作业人员或特种作业人员操作证书。

4) 特种设备的电梯安装人员须持质量技术监督管理局核发的《特种设备作业人员证》。

5) 建筑行业起重设备操作人员须持建设部门核发的《建筑施工特种作业人员操作资格证》。

6) 劳务普工须持住房和城乡建设部核发的《职业技能岗位证书》。

(4) 信息传递

1) 对未办理证书审验的专业与劳务分包作业队伍一律不予办理备案手续。

2) 将证书审验工作作为劳务管理考核评价工作指标。

3) 劳务管理部门应积极配合，督促入场作业队伍及时办理证书审验，对入场人员所持证书不符合规定的，应尽快实施补充培训和参加补充鉴定，确保入场作业队伍尽快完成备案手续。

（三）劳务分包合同的评审

1. 劳务分包合同的主要内容和条款

劳务作业分包，是指施工承包单位或者专业承包单位（即劳务作业的发包人）将其承包工程中的劳务作业发包给劳务分包单位（即劳务作业承包人）完成的活动。

(1) 劳务分包单位的资质

根据《建筑业企业资质管理规定》等有关规定，劳务分包序列企业资质设一级、二级和不分等级，13个资质类别，其中常用类别有：脚手架作业、模板作业、焊接作业、钢筋作业、混凝土作业、砌筑作业、水暖电安装作业、木工作业、抹灰作业、油漆作业等。如同时发生多类作业可划分为结构劳务作业、装修劳务作业、综合劳务作业等。

(2) 劳务分包合同的内容和条款

建设部和国家工商行政管理总局于2003年发布了《建设工程施工劳务分包合同（示范文本）》（GF—2003—0214）。劳务分包合同不同于专业分包合同，其重要条款有：

1) 劳务分包人资质情况；

2) 劳务分包工作对象及提供劳务内容；

3) 分包工作期限；

4) 质量标准；

5) 工程承包人义务；

6) 劳务分包人义务；

7) 材料、设备供应；

8) 保险；

9) 劳务报酬及支付；

10) 工时及工程量的确认；

11) 施工配合；

12) 禁止转包或再分包，等等。

(3) 工程承包人的主要义务

对劳务分包合同条款中规定的工程承包人的主要义务归纳如下。

1) 组建与工程相适应的项目管理班子，全面履行总（分）包合同，组织实施施工管理的各项工作，对工程的工期和质量向发包人负责。

2) 完成劳务分包人施工前期的下列工作：

① 向劳务分包人交付具备本合同项下劳务作业开工条件的施工场地；

② 满足劳务作业所需的能源供应、通信及施工道路畅通；

③ 向劳务分包人提供相应的工程资料；

④ 向劳务分包人提供生产、生活临时设施。

3) 负责编制施工组织设计，统一制定各项管理目标，组织编制年、季、月施工计划、物资需用量计划表，实施对工程质量、工期、安全生产、文明施工、计量检测、实验化验的控制、监督、检查和验收。

4) 负责工程测量定位、沉降观测、技术交底，组织图纸会审，统一安排技术档案资料的收集整理及交工验收。

5) 按时提供图纸，及时交付材料、设备，提供施工机械设备、周转材料、安全设施，保证施工需要。

6) 按合同约定，向劳务分包人支付劳动报酬。

7) 负责与发包人、监理、设计及有关部门联系，协调现场工作关系。

(4) 劳务分包人的主要义务

对劳务分包合同条款中规定的劳务分包人的主要义务归纳如下。

1) 对劳务分包范围内的工程质量向工程承包人负责，组织具有相应资格证书的熟练工人投入工作；未经工程承包人授权或允许，不得擅自与发包人及有关部门建立工作联系；自觉遵守法律法规及有关规章制度。

2) 严格按照设计图纸、施工验收规范、有关技术要求及施工组织设计精心组织施工，确保工程质量达到约定的标准；科学安排作业计划，投入足够的人力、物力，保证工期；加强安全教育，认真执行安全技术规范，严格遵守安全制度，落实安全措施，确保施工安全；加强现场管理，严格执行建设主管部门及环保、消防、环卫等有关部门对施工现场的管理规定，做到文明施工；承担由于自身责任造成的质量修改、返工、工期拖延、安全事故、现场脏乱造成的损失及各种罚款。

3) 自觉接受工程承包人及有关部门的管理、监督和检查；接受工程承包人随时检查其设备、材料保管、使用情况，及其操作人员的有效证件、持证上岗情况；与现场其他单位协调配合，照顾全局。

4) 劳务分包人须服从工程承包人转发的发包人及工程师的指令。

5) 除非合同另有约定，劳务分包人应对其作业内容的实施、完工负责，劳务分包人应承担并履行总（分）包合同约定的、与劳务作业有关的所有义务及工作程序。

(5) 保险

1) 劳务分包人施工开始前，工程承包人应获得发包人为施工场地内的自有人员及第三人人员生命财产办理的保险，且不需劳务分包人支付保险费用。

2) 运至施工场地用于劳务施工的材料和待安装设备，由工程承包人办理或获得保险，且不需劳务分包人支付保险费用。

3) 工程承包人必须为租赁或提供给劳务分包人使用的施工机械设备办理保险，并支付保险费用。

4) 劳务分包人必须为从事危险作业的职工办理意外伤害保险，并为施工场地内自有人员生命财产和施工机械设备办理保险，支付保险费用。

5) 保险事故发生时，劳务分包人和工程承包人有责任采取必要的措施，防止或减少损失。

(6) 劳务报酬

1) 劳务报酬可以采用以下方式中的任何一种：

① 固定劳务报酬（含管理费）；

② 约定不同工种劳务的计时单价（含管理费），按确认的工时计算；

③ 约定不同工作成果的计件单价（含管理费），按确认的工程量计算。

2) 劳务报酬，可以采用固定价格或变动价格。采用固定价格，则除合同约定或法律政策变化导致劳务价格变化以外，均为一次包死，不再调整。

(7) 工时及工程量的确认

1) 采用固定劳务报酬方式的，施工过程中不计算工时和工程量。

2) 采用按确定的工时计算劳务报酬的，由劳务分包人每日将提供劳务人数报工程承包人，由工程承包人确认。

3) 采用按确认的工程量计算劳务报酬的，由劳务分包人按月（或旬、日）将完成的工程量报工程承包人，由工程承包人确认。对劳务分包人未经工程承包人认可，超出设计图纸范围和因劳务分包人原因造成返工的工程量，工程承包人不预计量。

(8) 劳务报酬最终支付

1) 全部工作完成，经工程承包人认可后14天内，劳务分包人向工程承包人递交完整的结算资料，双方按照本合同约定的计价方式，进行劳务报酬的最终支付。

2) 工程承包人收到劳务分包人递交的结算资料后14天内进行核实，给予确认或者提出修改意见。工程承包人确认结算资料后14天内向劳务分包人支付劳务报酬尾款。

3) 劳务分包人和工程承包人对劳务报酬结算价款发生争议时，按合同约定处理。

(9) 禁止转包或再分包

劳务分包人不得将合同项下的劳务作业转包或再分包给他人。

2. 劳务分包合同的主体与形式

(1) 劳务分包合同订立的主体

劳务作业发包时，发包人、承包人应当依法订立劳务分包合同。

1）劳务作业发包人是指发包劳务作业的施工总承包或专业承包企业，劳务作业发包人不得将劳务作业发包给个人或者不具备与所承接工程相适应的资质等级以及未取得安全生产许可证的企业。

2）劳务作业承包人是指承揽劳务作业的具有与所承接工程相适应的资质等级并取得安全生产许可证的劳务分包企业。劳务作业承包人不得将所承接的劳务作业转包给其他企业或个人。

3）建设单位不得直接将劳务作业发包给劳务分包企业或个人。

（2）劳务分包合同的形式

1）自带劳务承包。指企业内部正式职工经过企业培训考核合格成为工长，劳务人员原则上由工长招募，人员的住宿、饮食、交通等由企业统一管理，工资由企业监督工长发放或由工长编制工资发放表由企业直接发放。

2）零散的劳务承包。指企业临时用工，往往是为了一个工程项目而临时招用工人。

3）成建制的劳务分包。指以企业的形态从施工总承包企业或专业承包企业处分项、分部或单位工程地承包劳务作业。

在第一种形式中，公司将所承建的部分工程通过签订承包合同的形式，交由本公司职工具体承包施工，该承包人自招工人，就形式而言，工程由承包人负责施工与管理，工人的报酬也是由承包人支付，这似乎在承包人与工人之间已形成了劳务关系。但是，关键的问题是，该承包人系公司的职工，其是以公司的名义履行承包合同并与他人发生法律关系，故该承包合同属于内部承包合同。承包经营属企业内部经营管理方式的变化，不产生施工合同履行主体变更问题。该承包人招用工人行为应视为公司的行为，被招用的工人与公司之间存在劳动关系，与承包人之间则不存在劳务关系。

在第二种形式中，承包人的法律地位不应等同于分包人，而是根据受劳务作业方有无用工资格分别界定为劳动关系或劳务关系，即劳动者或劳务地位。理由为承包人仅仅是工费承包，并且一般从事的是工程中单一工种的作业，其个人收入与施工效益直接挂钩，但对工程项目的承建不进行独立管理，也不对工程质量承担终身责任，仅对发包人承担"合格"的质量责任。承包人在提供劳务期间属临时性质的劳务人员，对施工期间发生的伤害事故、质量安全问题均不能承担责任。

在第三种形式中，毋须多言，该劳务承包实质属于工程分包性质，承包人地位等同于分包人地位。

可见第一、二种形式的施工劳务，一定程度上可以说是临时用工，劳务作业分包含义只能涵括第三种成建制的劳务分包，对其他两种情形不能等同。

3. 劳务分包合同意思表示的真实性

《合同法》规定：当事人形式权利、履行义务应当遵循诚实信用原则。一方以欺诈、胁迫的手段订立合同，损害国家、集体或者第三人利益的，不能认定为有效的合同。

4. 劳务分包方施工与资源保障能力评价

在劳务分包方施工与资源保障能力评价时，应重点考察申报企业的履约能力和意愿，即企业经营、管理、财务能力状况和经营行为及社会信用。具体内容如下：

（1）企业重视管理工作，有较高的管理意识和完善的管理体系。

1）有符合本行业和企业特点的较完善的管理制度。

2）有完善的组织管理体系。

3）遵守国家法律法规，注重建筑业法律法规的宣传、教育和学习。

（2）企业依法经营，具备与资质等级相匹配的经营规模和能力。

1）按照资质等级和核定的业务范围承揽工程，不转包、不违法分包。

2）不转借企业资质证书和营业执照，不挂靠其他企业投标。

3）不以行贿、回扣、买标、卖标、窃取商业秘密等不正当手段谋取中标，不串通投标，不围标。

4）不高估冒算，严格执行各项造价管理规定及各项取费标准的计价原则。

5）净资产、经营规模和人力资源水平达到资质等级规定的标准要求。

（3）企业注重加强管理，有较高的管理和履约能力。

1）有健全的质量管理体系和责任制，按有关规定进行考核。

2）坚持百年大计，质量第一。严格执行国家和地方强制性技术标准和相关管理规范和规程，工程质量合格率达到百分之百。

3）坚持安全生产，落实安全责任制。贯彻执行安全生产法律、法规和各项安全生产的规章制度，规范"安全许可证"的管理，杜绝和控制各类重大事故的发生。

4）严格执行建设工程施工现场场容卫生、环境保护、生活区设置和管理等标准，作好防尘、防噪、防遗洒等环保工作，达到环境噪声污染防治相关的要求。

5）认真贯彻《工程建设项目管理规范》，落实项目经理责任制，项目运行规范有效。

6）严格合同履约，认真执行竣工验收制度和质量保修有关制度。依法办理合同的登记和备案。

7）合同台账和档案管理严谨，能够及时准确提供统计数据和有关资料。

8）健全对分包方的管理，按照国家地方有关政策规定支付劳务费。

（4）企业财务状况良好。

1）财务制度健全，内控制度完善，照章纳税。

2）企业资产负债率、资产保值增值和效益指标达到规定水平。

（5）遵纪守法，社会信用良好。

1）遵守工商、司法、税收、环保等法律法规。

2）企业法定代理人和主要负责人的个人信用良好。

3）尊重、依法保障消费者、分包企业或农民工的各种权益，依法处理好相关投诉，未发生严重影响社会稳定的事件。

4）银行（金融）信用良好。

5）自觉执行人民法院、仲裁机构依法做出的判决和裁定。

5. 劳务分包合同实施的监督管理要求

（1）对劳务分包合同实施的监督管理要求

1）劳务分包管理信息制度要求

省、市建设主管部门建立劳务分包合同管理信息系统，建立劳务分包合同备案、履约信息的记录、使用和公示制度。

市和区县建委通过劳务分包合同管理信息系统，实施劳务分包合同监督管理。

2）劳务分包合同监管体系

省（市）建设主管部门负责全市劳务分包合同的订立、备案、履行等活动的监督管理，区县建设主管部门负责本辖区内劳务分包合同履行过程的监督管理。

省（市）和区县两级建设主管部门应当加强与各省建设行政主管部门驻当地建设管理机构的联系、协调与配合，共同加强对外省市在所在区域建筑施工企业劳务分包合同履行过程的监督管理。

3）劳务分包合同监督检查内容

建设主管部门应当建立劳务分包合同监督检查制度，采取定期检查、巡查和联合检查等方式进行监督检查。检查内容：

① 履行劳务分包合同的合同主体是否合法；

② 发包人、承包人是否另行签订背离劳务分包合同实质性内容的其他协议；

③ 劳务分包合同履行过程中的补充协议；

④ 劳务分包合同备案、网上数据申报以及劳务分包合同履约信息报送情况；

⑤ 劳务分包合同价款支付情况；

⑥ 劳务作业人员备案情况；

⑦ 劳务分包合同是否包括大型机械、周转性材料租赁和主要材料采购等内容；

⑧ 其他应当检查的内容。

（2）建筑劳务分包的禁止性行为和处罚

1）省（市）建设主管部门责令改正，通报批评，记入信息提示系统的禁止性行为：

发包人、承包人有下列情形之一的，市和区县建委可以责令改正，通报批评，并记入市建设行业信用信息提示系统：

① 承包人未按本办法进行劳务分包合同备案的；

② 承包人未按本办法进行劳务分包合同变更备案等手续的；

③ 发包人未按本办法进行解除备案等手续的；

④ 发包人、承包人未按规定建立健全劳务分包合同管理制度、明确劳务分包合同管理机构和设置劳务分包合同管理人员的；

⑤ 承包人未按规定报送劳务分包合同履行数据或者报送虚假劳务分包合同履行数据的；

⑥ 承包人未按照劳务分包合同的约定组织劳务作业人员完成劳务作业内容的；

⑦ 承包人在收到劳务分包合同价款后未按照合同约定发放工资并将工资发放情况书面报送发包人的；

⑧ 发包人、承包人未按照相关规定对施工过程中的劳务作业量及应支付的劳务分包合同价款予以书面确认的；

⑨ 发包人未按照相关规定支付劳务分包合同价款的；

⑩ 对工程变更或者劳务分包合同约定允许调整的内容以及所涉及的劳务分包合同价款调整，发包人、承包人未及时履行书面签证手续并确认相应劳务分包合同价款的；

⑪ 工程变更或者劳务分包合同约定允许调整的内容涉及劳务分包合同价款调整的，发包人未及时确认变更的劳务分包合同价款，或者确认的变更价款未与工程进度款同期支付的；

⑫ 发包人未按照相关规定要求承包人提交维修保证金的；

⑬ 发包人或者承包人不配合监督检查的。

2）省（市）建设主管部门责令改正，记入地市级建委信息提示系统和注册建造师信用档案、并向社会公布的禁止性行为：

发包人、承包人有下列情形之一的，责令改正，并记入市建设行业信用信息警示系统；该项目的项目经理对下列情形负有直接责任的，记入注册建造师信用档案，向社会进行公布：

① 发包人将劳务作业发包给个人或者不具备与所承接工程相适应的资质等级以及未取得安全生产许可证的企业；

② 发包人将与工程有关的大型机械、周转性材料租赁和主要材料采购发包给承包人的；

③ 发包人、承包人未依法订立书面劳动合同的；

④ 发包人、承包人在未签订书面劳务分包合同并备案的情况下进场施工的；

⑤ 劳务分包合同订立后，发包人、承包人再行订立背离劳务分包合同实质性内容的其他协议；

⑥ 劳务作业全部内容经验收合格后，承包人不按照劳务分包合同约定将该劳务作业及时交付发包人的；

⑦ 发包人、承包人不按照相关规定进行劳务作业验收和劳务分包合同价款结算的；

⑧ 发包人在劳务分包合同价款结算完成后，不按照相关规定的时限支付全部结算价款的；

⑨ 发包人、承包人发生以上所列情形三次以上的。

3）限制其承揽新工程的行为：

发包人或者承包人有下列情形之一的，工程所在地建设行政主管部门可以限制其承揽新的工程或者新的劳务作业。

① 转包劳务作业的；

② 因拖欠劳务分包合同价款或者劳务作业人员工资而引发群体性事件的；

③ 发包人、承包人有以上所列情形三次以上的。

4）因直接发包劳务作业，对建设单位的处罚：

建设单位直接将劳务作业发包给劳务分包企业或者个人的，市和区县建委可以责令改正，通报批评，并记入当地建设行业信用信息系统；建设单位拒不改正的，建设主管部门可以限制其新开工程项目。

（四）劳务分包队伍综合评价

1. 劳务分包队伍综合评价的内容

（1）劳务管理：分包队伍管理体系健全，劳务管理人员持证上岗。办理合同备案和人员备案及时，发生工程变更及劳务分包合同约定允许调整的内容及时进行洽商，合同履约情况良好，作业人员身份证复印件、岗位技能证书、劳动合同齐全且未过有效期，每月按考勤情况按时足额发放劳务作业人员工资，施工队伍人员稳定，根据项目经理部农民工夜校培训计划按时参加夜校培训，服从项目经理部日常管理，保证不出现各类群体性事件，保障企业和社会稳定。

（2）安全管理：安全管理体系健全，人员进场安全教育面达到100%；考核合格率达到100%，按规定比例配备专职安全员，按规定配备和使用符合标准的劳保用品，特种作业人员必须持有效证件上岗，施工中服从管理无违章现象、无伤亡事故。

（3）生产管理：施工组织紧凑，能够按时完成生产计划，施工现场内干净、整洁，无材料浪费，成品、半成品保护到位。

（4）技术质量管理：无质量事故发生，承接工程达到质量标准和合同约定工期要求，严格按照技术交底施工，质量体系健全，严格进行自检，无返工现象。

（5）行保管理：食堂必须办理卫生许可证，炊事员必须持有健康证且保持良好的个人卫生。食堂食品卫生安全符合规定，无食物中毒。生活责任区干净、整洁。无浪费水电现象。落实职业病防护相关管理规定。

（6）综合素质：信誉良好、顾全大局，服从项目经理部日常管理，与项目经理部配合融洽。积极配合政府和项目经理部妥善处理突发事件，保证公司和社会稳定。

2. 劳务分包队伍综合评价的方法

（1）考评周期

总承包企业范围劳务作业队伍的考评周期为一季度，针对不同工程、不同队伍的实际情况，各分公司可结合本单位情况制定相应考核评价周期。

（2）考评方式

由公司劳务主管部门统一部署考评工作，各分公司劳务管理部门组织项目部在规定时间内对所使用作业队伍进行考核，公司劳务主管部门将对重点项目到现场进行配合监督。各分公司须在项目部考评结束后一周内对各队伍考评表进行审核汇总，考评结果上报公司劳务主管部门，公司劳务主管部门将结合考评情况进行现场检查。

（3）信息反馈

1）凡在公司范围内承接劳务分包工程施工的劳务作业队伍，经考评不合格将限期整改，同时要求作业队长参加考核培训。连续两次考评均不合格队伍，公司劳务主管部门将按照不合格队伍予以公布。

2) 凡属公司当年新引进队伍,考评不合格,公司劳务主管部门将按照不合格队伍予以公布,同时建议分公司劳务管理部门签订合同变更或终止协议,降低合同履约风险,该队伍不得在公司范围内承揽新工程。

3) 凡不配合项目部进行考评工作或考评周期内发生严重影响社会稳定的违法行为、聚众围堵事件或恶性恶意讨要事件、责任安全事故和质量事故的劳务作业队伍,公司劳务主管部门将按照不合格队伍予以公布,该队伍不得在公司范围内承揽新工程。

3. 劳务分包队伍综合评价的标准

评价实行百分制,考评结果95分(含95分)以上为优秀;85~94分为合格;85分以下(含85分)为不合格。各劳务作业队伍的考评结果经确认后,由企业劳务主管部门以书面形式予以公布,纳入本年度"施工作业队伍"考评体系,并作为公司评定优秀劳务作业队伍的重要依据(各项考核标准见表10-1)。

劳务分包(施工作业队)考评表　　　　　　表10-1

劳务作业队伍名称:　　　　　　　　单位和项目部名称:

序号	考评项目		检查标准	分值	得分	存在问题
1	劳务管理	队伍管理体系	队伍管理班子健全,配备工程技术、安全、质量、财务、治安、劳务管理等人员,设专职劳务员,且持有住建委核发的劳务员上岗证	3		
2		劳务分包合同履约监管	作业队伍签订劳务分包合同并及时办理备案,分包合同未过期限,洽商变更复核签认手续,合同履约情况良好	5		
3		人员管理	按规定完成人员备案,身份证、上岗证、劳动合同与花名册所列人员一一对应且无过期,劳动合同有本人签字,人员稳定,增减台账实名记录	5		
4		工资支付	建立健全统一的考勤表,工资表和相关台账,保证农民工工作足额、实名制支付;月度工资发放不低于当地最低工资标准	5		
5		农民工夜校管理	夜校教育记录有本人签字,且每月每人不少于2次	2		
6	安全管理	安全管理体系	安全管理体系健全,按比例配备专职安全员	4		
7		入场教育	人员进场安全教育面达到100%;考核合格率达到100%	4		
8		劳保用品	按规定配备和使用符合标准的劳保用品	4		
9		特种作业	特种作业人员变必须持有有效证件上岗	4		
10		事故预防	施工中服从管理,无违章现象、无伤亡事故	4		
11	生产管理	施工组织	施工组织紧凑,能够按时完成生产计划	5		
12		施工现场	施工现场内干净、整洁,无材料浪费	5		
13		产品保护	成品、半成品保护到位			
14	质量管理	质量体系	质量监管体系健全	4		
15		质量达标	承接工程达到质量保证和合同约定工期要求	4		
16		技术交底	严格按照技术交底施工	4		
17		质量检验	严格进行自检,无返工现象	4		
18		质量保证	无质量事故发生	4		

续表

序号	考评项目		检查标准	分值	得分	存在问题
19	行政管理	食堂卫生	食堂必须办理卫生许可证，炊事员必须持有健康证且保持良好的个人卫生。食堂食品卫生安全符合规定，无食物中毒	5		
20		生活区管理	生活区管理达到住建委下发的"文明生活区标准"要求	5		
21		资源节约	无浪费水电等资源现象	5		
22		职业病防护	落实职业病防护相关管理规定	5		
23	综合素质	日常管理	积极配合项目部日常管理，与项目部配合融洽	2		
24		突发事件妥善处理	积极配合政府和项目部妥善处理突发事件，保证社会稳定	3		
25	否决项目	工人工资委及时、足额支付	未按要求及时、足额支付工人工资，引发纠纷或群体性事件	−10		
26		发生工伤事故	未按要求做好安全防护工作，发生伤亡事故	−10		
现场情况说明	受检队伍现场共计　人，其中： 管理人员　人；初级技工　人、中级技工　人、高级技工　人、普工　人。 18—30岁　人，30-45岁　人，45-55岁　人，55岁以上　人。 本省人员　人，外省人员　人，人员所占省市和自治区　个。					

项目经理（签字）　　　　　　　检查人（签字）　　　　　　　检查日期　年　月　日

（五）劳务培训计划的实施

1. 落实劳务培训师资、教材、场地、资金

（1）师资

培训教师的选择是培训实施的过程中一项重要内容，教师选择的恰当与否对整个培训活动的效果和质量都有着直接的影响，优秀的教师往往可以使培训更加富有成效。

1）教师的来源

教师的来源一般来说有两个渠道：一个是外部渠道，另一个是内部渠道。从这两个渠道选择教师各有利弊。

外部渠道：

① 比较专业，具有丰富的培训经验，但费用较高；

② 没有什么束缚，可以带来新的观点和理念，但对企业和员工情况不了解，培训的内容可能不实用，针对性不强；

③ 与企业没有直接关系，员工比较容易接受，责任心可能不强。

内部渠道：

④ 对企业情况比较了解，培训具有针对性，但可能缺乏培训经验；

⑤ 责任心比较强，费用较低，但受企业现有状况的影响比较大，思路可能没有创新；

⑥ 可以与受训人员进行很好的交流，但员工对教师的接受程度可能比较低。

(2) 教材

为了便于受训人员学习，一般都要将培训的内容编辑成教材，培训的内容不同，教材的形式也就不同。一些基础性的培训可以使用公开出售的教材，而那些特殊性的培训则要专门编写教材，教材可以由企业自行进行编写，也可以由培训教师提供，但无论教材的形式如何，都要紧紧围绕培训的内容。

(3) 场地

培训场地的选择要根据参加培训的人数、培训的形式来确定，如果采取授课法，就应当在教室或者会议室等有桌椅的地方进行，便于受训人员进行相关记录，如果采用讨论法，就应采用"圆桌形式"的教室布局；而如果是实操法教学或者游戏法教学，就要选择有一定活动空间的地方。此外，培训地点的选择，还应当考虑培训的人数、培训的成本等因素，此外，还应考虑教师授课过程中是否需要投影、白板等设施，准备好相应的位置放置。

(4) 资金

培训资金又称培训经费，是进行培训的物质基础，是培训工作所必须具备的场所、设施、教师配备等费用的资金保证。能否确保培训经费和能否合理地分配及使用经费，关系到培训的规模、水平及程度，还关系到培训者与培训对象能否有很好的心态来对待培训。

1) 培训成本的核算

培训成本即企业在员工培训过程中所发生的一切费用，包括培训之前的准备工作，培训的实施过程，以及培训结束后的效果评估等各项活动的各种费用。培训成本项目的核算有两种：

① 利用会计方法计算培训成本。主要是按照一定的成本科目进行统计计算。目前使用较多的是下列几种项目统计计算培训成本：

A. 培训项目开发或购买成本；

B. 培训教师的课酬、交通费、食宿费等费用；

C. 培训对象交通及住宿等方面的成本；

D. 设备、设施等硬件的使用成本；

E. 向培训教师和培训对象提供的培训材料成本；

F. 教学辅助人员、管理人员的工资；

G. 培训对象学习期间的工资，因参加培训而损失的生产率或发生的替代成本。

② 利用资源需求模型计算培训成本。资源需求模型是从培训项目开始的准备阶段一直到项目全部终止，按照培训项目设计成本、培训项目实施成本、培训项目需求分析评估成本、培训项目成果的跟踪调查以及效果评估成本等科目进行成本的核算。总之，资源需求模型的方法核算培训成本，有利于分析不同阶段所需设备、设施、人员和材料的成本支出情况；有助于分析不同培训项目成本的总体差异，为科学合理地选择培训项目提供依据；有利于对比不同培训项目成本的总体差异。为科学合理地选择培训项目提供依据；有利于对比不同培训项目的不同阶段发生的费用以突出重点问题，对成本实施有效的监控。

2) 培训资金的来源

建筑业务工人员教育培训资金应建立多层次、多渠道经费分担机制，确保培训工作顺利开展。按照国家关于教育培训经费管理的有关规定和建筑行业实际情况，对劳务企业管理人员和务工人员开展教育培训工作采取分层次，多渠道分担办法。

① 政府出资解决农民工培训经费

对广大农民工的普法教育培训，岗位培训主要由政府出资解决。省（市）建设主管部门每年会拨付一定的费用，组织开展全市农民工的普及培训。

② 劳务企业管理人员培训经费由劳务企业和个人承担

对劳务企业经理、施工队长、专业管理人员的岗位资格培训和继续教育，主要由劳务企业或取得岗位资格证书的个人出资解决。

③ 总包企业开展务工人员培训经费由企业教育经费解决

对总承包企业组织进场务工人员开展的普及培训、现场培训和新工艺、新工法培训由企业从教育经费中解决。

④ 行业培训经费由行业协会有偿服务解决

对由省（市）建设主管部门委托行业协会开展的全行业统一培训，由行业协会采取合理有偿服务形式解决培训经费来源。

2. 培训课程的过程管理

培训实施的过程，通过图10-1来表现，更为直观。

图 10-1　培训实施流程图

3. 培训效果评估与总结

（1）培训评估的含义

培训的评估就是对员工培训活动的价值做出判断。评估技术通过建立培训效果评估指标及评估体系,对培训是否达到预期目标、培训计划是否具有成效等进行检查与评价,然后把评估结果反馈给相关部门作为下一步培训计划与培训需求分析的依据。

(2) 培训评估的内容与作用

培训评估实际上是对有关培训信息进行处理和应用的过程。培训评估意义的体现来自于对培训过程的全称评估。全称评估分为三个阶段,即培训前的评估、培训中的评估和培训后的评估。

1) 培训前评估的内容和作用。评估内容包括培训需求整体评估,培训对象知识、技能和工作态度评估,工作成效及行为评估,培训计划评估等。

2) 培训中评估的内容和作用。评估内容包括:培训对象的态度和持久性、培训的时间安排及强度、提供的培训量、培训组织准备工作评估、培训内容和形式的评估、培训教师和培训工作者评估等。

评估的作用包括保证培训活动按照计划进行及培训执行情况的反馈和培训计划的调整;从培训中找出不足,归纳出教训,及时修整等。

3) 培训后评估的内容和作用。评估内容包括培训目标达成情况评估,培训效果效益综合评估,培训工作者的工作绩效评估等。

培训评估的作用有助于树立以结果为本的意识及扭转目标错位的现象,是提高培训质量的有效途径。

(3) 员工培训评估的基本步骤

1) 评估的可行性分析及需求分析。在对培训项目的评估开始之前,要确定评估是否有价值,评估是否有必要进行,这一过程可以有效地防止不必要的浪费。可行性分析包括两方面:一是决定该培训项目是否交由评估者评估;二是了解项目实施的基本情况。两方面内容为以后的评估设计奠定基础。在培训项目开发之前,必须将评估目标确定下来,而需求分析应提供培训项目必须达到的目标,并使这些目标最终得到完善。

2) 选定评估的对象。应针对新开发课程的培训需求、课程设计、应用效果等方面,新教师的教学方法、质量等综合能力方面,新的培训方式的课程组织、教材、课程设计等方面进行评估。

3) 建立基本的数据库。在进行评估之前,必须将项目执行前后的数据收集齐备。收集的数据最好是多个时段内的数据,以便进行分析比较。

4) 选择评估方法。确定培训项目目标之前首先选择评估方法,因为评估方法的选择会影响培训项目目标的制定。只有在确定评估方法的基础上,才能设计出合理的评估方案并选择正确的测量工具,同时对评估的时机和进度做出准确的判断。常用的评估方法有培训前后的测试、学员的反馈意见、对学员进行的培训后跟踪、采取行动计划以及工作的完成情况等。

5) 决定评估策略。评估策略决定了与评估有关的谁来评估、在什么地方评估和在什么时候评估的问题。这些关键问题的答案在计划评估时是很重要的,通常应由个人或一个小组负责收集数据比较合适。

6) 确定评估目标。培训项目的目标位课程设计者和学员指明了方向;为是否应该实施该培训项目提供了依据。

7) 在适当的时候要收集数据，这样可以使评估计划达到预期的效果。

8) 对数据进行分析和解释。数据分析有时会有巨大的挑战。当数据收集齐备并达到预先确定的目标以后，接下来的步骤就是对数据进行分析，以及对分析结果进行解释。

9) 计算培训项目成本收益。员工培训项目的开展需要投入一定资金，若要考虑培训的经济效益，就要计算投资回报率。通过投资回报率这一重要指标进行衡量和对比。其计算公式如下：投资回报率＝项目净利润/项目成本×100％。

(4) 培训总结

培训总结主要以根据实际情况写出公正合理的评估报告为主要形式。评估报告的主要内容如下：

1) 导言。说明被评估的培训项目的概况，介绍评估目的和评估性质，撰写者要说明此评估方案实施以前是否做过类似的评估。

2) 概述评估实施的过程。

3) 阐述评估结果。

4) 评估结果和参考意见。

5) 附录。包括手机和分析资料用的问卷、部分原始资料等。

6) 报告提要。对报告要点的概括，帮助读者迅速掌握报告要点。

十一、劳动合同管理

（一）劳动合同的规范性审查

1. 审查订立劳动合同的主体

（1）用人单位主体合法

用人单位与劳动者签订劳动合同的应当是法定代表人或法定代表人授权委托的代理人。凡不具备法人资格的事业部负责人与劳动者签订劳动合同前应当办理法定代表人授权委托手续。

（2）劳动者资格合法

劳动者应当是年满18周岁，具备民事行为能力，身体条件和工作能力符合用人单位招聘条件。

劳动者未与其他用人单位建立劳动关系。

在校学生、现役军人、离退休人员及居民雇佣等不属于具有签订劳动合同主体资格的劳动者。

2. 审查劳动合同订立时间

用人单位应当在用工之日与劳动者订立劳动合同。

用人单位在用工之前与劳动者订立劳动合同的，劳动合同生效日期应当填写用工之日。已建立劳动关系，未同时订立书面劳动合同的，应当自用工之日起一个月内订立书面劳动合同，劳动合同期限自用工之日起计算。约定试用期的，试用期自用工之日起计算。劳动合同期限三个月以上不满一年的，试用期不得超过一个月；劳动合同期限一年以上不满三年的，试用期不得超过二个月；三年以上固定期限和无固定期限的劳动合同，试用期不得超过六个月。

3. 审查劳动合同书内容

（1）劳动合同内容应具备劳动合同法规定的必备条款。

劳动合同应当载明建筑劳务分包企业名称、地址、农民工姓名、身份证号码、出生日期、家庭住址、户口所在地等基本情况，并具备以下条款：①劳动合同期限；②工作内容；③劳动保护和劳动条件；④劳动报酬；⑤保险待遇；⑥劳动纪律；⑦劳动合同的解除条件；⑧劳动争议处理方式。劳动者在用人单位所在地以外地点工作，应明确约定执行劳动者劳动报酬的最低工资标准。

（2）除必备条款外，用人单位与劳动者可以约定试用期、培训、劳动纪律、保守商业秘密、竞业限制、违反劳动合同的责任、补充保险和福利待遇等其他事项。

用人单位与劳动者不得在《劳动合同法》第四十四条规定的劳动合同终止情形之外约定其他的劳动合同终止条件。

4. 审查劳动合同期限

（1）首次签订劳动合同的期限规定

1）用人单位与新招收应届毕业生、新调入员工首次签订劳动合同时，应协商签订三年（含）以下期限劳动合同。

2）用人单位与关键岗位紧缺人才首次签订劳动合同时，应协商签订五年（含）以上期限劳动合同。

（2）固定期限劳动合同

连续订立两次"以完成一定工作任务为期限的劳动合同"，可以订立固定期限劳动合同。

（3）无固定期限劳动合同

有下列情形之一，劳动者提出或者同意续订、订立劳动合同的，除劳动者提出订立固定期限劳动合同外，应当订立无固定期限劳动合同：

1）劳动者在该用人单位连续工作满十年的。

2）用人单位初次实行劳动合同制度或者国有企业改制重新订立劳动合同时，劳动者在该用人单位连续工作满十年且距法定退休年龄不足十年的。

3）连续订立二次固定期限劳动合同，且劳动者没有《劳动合同法》第三十九条和第四十条第一项、第二项规定的情形，续订劳动合同的。

4）复员、转业退伍军人初次分配工作的。

5）全国劳动模范、先进工作者或者"五一"劳动奖章获得者。

6）法律、行政法规规定的其他情形。

地方各级人民政府以及有关部门为安置困难人员就业而提供的给予岗位补贴和社会保险补贴的公益性岗位，其劳动合同不适用前款订立无固定期限劳动合同的规定以及支付经济补偿的规定。

5. 无效劳动合同

（1）下列劳动合同无效或者部分无效：

1）以欺诈、胁迫的手段或者乘人之危，使对方在违背真实意思的情况下订立或者变更劳动合同的。

2）用人单位免除自己的法定责任、排除劳动者权利的。

3）违反法律、行政法规强制性规定的。

4）有关劳动报酬和劳动条件等标准低于集体合同的。

（2）对劳动合同的无效或者部分无效有争议的，由劳动争议仲裁机构或者人民法院确认。

（3）劳动合同部分无效，不影响其他部分效力的，其他部分仍然有效。

（4）劳动合同被确认无效，劳动者已付出劳动的，用人单位应当向劳动者支付劳动报酬。劳动报酬的数额按照劳动合同约定；劳动合同未约定或约定不明确的，按照本单位相同或相近岗位职工的劳动报酬确定。

（5）劳动合同法施行前订立、施行后存续的劳动合同，内容与《劳动合同法》相抵触的，抵触部分自2008年1月1日起无效。

6. 劳动合同签订过程中需注意的事项

（1）建筑劳务分包企业与农民工签订劳动合同后，双方应严格履行劳动合同。

（2）总承包企业、专业承包企业要加强对分包其工程的劳务分包企业签订和履行劳动合同情况的监督和检查，督促劳务分包企业严格履行劳动合同，切实保障农民工的合法权益。

（3）建筑劳务分包企业与农民工在劳动合同中应明确以下工资问题：

1）约定工资标准，且约定的标准不得低于当地最低工资标准。

2）明确约定工资支付日期。

3）约定工资支付的方式，建筑劳务分包企业应当至少每月向农民工支付一次工资，且支付部分不得低于当地最低工资标准，终止或解除劳动合同后应当一次性付清农民工工资。在计发农民工工资时应由农民工本人签字确认。

（4）建筑劳务分包企业的法定代表人或者其委托代理人代表企业与农民工签订劳动合同。劳动合同由双方分别签字或者盖章，并加盖用人单位公章。

（5）劳动合同应当一式三份，建筑劳务分包企业与农民工各持一份，另外一份保留在农民工务工的工地备查，农民工的劳动合同不得由建筑劳务分包企业代为保管。

（6）订立劳动合同时，不得扣押劳动者的居民身份证和其他证件，不得要求劳动者提供担保或者以其他名义向劳动者收取财物。

7. 未定劳动合同的法律后果

（1）劳动者接到《签订劳动合同通知书》后，自用工之日起一个月内不与用人单位签订劳动合同，用人单位可以书面通知劳动者终止劳动关系，无需向劳动者支付经济补偿，但是应当依法向劳动者支付其实际工作时间的劳动报酬。

（2）用人单位自用工之日起超过一个月不满一年未与劳动者订立书面劳动合同的，应当自用工之日起满一个月的次日到补订书面劳动合同的前一日向劳动者每月支付两倍工资，并与劳动者补订书面劳动合同。补订劳动合同的生效日期为签订劳动合同之日。劳动者接到《签订劳动合同通知书》后，逾期不与用人单位补订书面劳动合同的，视为拒不补订，用人单位可以终止劳动关系并依照《劳动合同法》第四十七条规定的经济补偿标准向劳动者支付经济补偿。支付经济补偿金年限自2008年1月1日起计算。

（3）用人单位自用工之日起满一年未与劳动者订立书面劳动合同的，自用工之日起满一个月的次日至满一年的前一日应当向劳动者每月支付两倍的工资，并视为自用工之日起满一年的当日已经与劳动者订立无固定期限劳动合同，应当立即与劳动者补订书面劳动合同。

（4）凡因用人单位原因未订立书面劳动合同的，用人单位不得单方对劳动者进行劳动关系的解除或终止，否则视为违法解除或终止。

附：建筑业劳动合同范本（国家版）

建筑业劳动合同
（示范文本）

中华人民共和国劳动和社会保障部制

签 约 须 知

1. 用人单位不得招用未满16周岁的未成年人。

2. 劳动合同期限在六个月以下的，试用期不得超过十五日；劳动合同期限在六个月以上一年以下的，试用期不得超过三十日；劳动合同期限在一年以上两年以下的，试用期不得超过六十日。试用期包括在劳动合同期限内。

3. 用人单位支付劳动者工资不得低于本地最低工资标准。本地区最低工资标准为元/月（小时）。

4. 用人单位依法安排劳动者延长工作时间的，支付劳动者不低于工资的150%的工资报酬；安排劳动者在休息日工作又不能安排补休的，支付劳动者不低于工资的200%的工资报酬；安排劳动者在法定休假日工作的，支付劳动者不低于工资的300%的工资报酬。

5. 当用人单位有克扣或者无故拖欠劳动者工资等违反劳动保障法律、法规或者规章的行为，侵犯劳动者合法权益的，劳动者可以依法向用人单位用工所在地劳动保障行政部门劳动保障监察机构投诉。

6. 用人单位应当按照有关法律、法规和国家及地方相关规定参加社会保险。

7. 双方应当仔细阅读合同条款，以明确其权利和义务。

甲方（用人单位）名称：＿＿＿＿＿＿＿＿＿＿

法定代表人：＿＿＿＿＿＿＿＿＿＿

地址：＿＿＿＿＿＿＿＿＿＿＿＿　　联系电话：＿＿＿＿＿＿＿＿＿＿

乙方（劳动者）姓名：＿＿＿＿＿＿　　家庭住址：＿＿＿＿＿＿＿＿＿＿

居民身份证号码：＿＿＿＿＿＿＿＿　　联系电话：＿＿＿＿＿＿＿＿＿＿

根据《中华人民共和国劳动法》和国家有关规定，甲乙双方遵循平等自愿、协商一致的原则订立本劳动合同。

一、劳动合同期限

甲、乙双方选择以下第＿＿种形式确定劳动合同期限：

（一）有固定期限：自＿＿＿年＿＿月＿＿日起至＿＿＿年＿＿月＿＿日止。

（二）无固定期限：自＿＿＿年＿＿月＿＿日起至止。

（三）以完成一定的工作任务为期限：自＿＿＿年＿＿月＿＿日起至＿＿＿＿＿＿＿＿＿＿时止。

其中，试用期自＿＿＿年＿＿月＿＿日至＿＿＿年＿＿月＿＿日。

二、工作内容和工作时间

（四）根据甲方工作需要和任职要求，乙方同意在＿＿＿＿＿＿＿＿岗位上工作。经甲乙双方协商同意，可以变更工作岗位，双方签署的变更协议或者通知书作为本合同的附件。

（五）乙方应按照甲方的要求，按时完成规定的工作数量，达到规定的质量标准。

（六）乙方每日工作时间不超过8小时、平均每周工作时间不超过40小时。甲方应当保证乙方每周至少休息1日。

甲方因生产特点不能按照前款执行时，经劳动保障行政部门批准，可以实行综合计算工时或者不定时工作制。

三、劳动报酬和社会保险

（七）甲方根据本单位的工资制度，确定乙方正常工作时间工资执行以下第__种方式：

1. 甲乙双方实行月（周、日、小时）工资制。乙方月（周、日、小时）工资为____元。试用期的工资为____元/月（周、日、小时）。

2. 甲乙双方实行计件工资制，计件单价为____元。

甲方提供食宿条件或者等同于提供食宿条件的，不得折算为乙方工资。

（八）甲方按月以货币形式支付乙方工资，每月____日前支付工资，并由乙方签字确认。

（九）甲乙双方实行周、日、小时工资制的，甲方应按双方约定的时间，以货币形式支付乙方工资，并由乙方签字确认。

四、劳动保护和劳动条件

（十）甲方为乙方提供符合有关劳动法律、法规和国家有关规定的劳动安全保护设施、劳动防护用品和其他劳动条件。甲方必须按照国家有关规定对女职工和未成年工实行特殊劳动保护。

（十一）甲方在乙方上岗前对乙方进行安全生产教育。在施工现场，甲方必须按照国家建筑施工安全生产的规定，采取必要的安全措施。

（十二）甲方为乙方提供的宿舍、食堂、饮用水、洗浴、公厕等基本生活条件必须达到安全、卫生要求，其中建筑施工现场必须符合建筑施工现场环境与卫生标准。

（十三）用人单位应当将依法参加工伤保险的有关情况在本单位内公示。用人单位和职工应当预防工伤事故发生，避免和减少职业病危害。职工发生工伤时，用人单位应当采取措施使工伤职工得到及时救治。

五、劳动纪律

（十四）甲方依法制定的需要乙方遵守的劳动规章制度，应当在与乙方签订本劳动合同时告知乙方。

（十五）乙方自觉遵守有关劳动法律、法规和甲方依法制定的各项规章制度，严格遵守安全操作规程，服从管理，按时完成工作任务。

乙方对甲方违章、强令冒险作业有权拒绝；对危害生命安全和身体健康的劳动条件，有权提出批评、检举和控告。

六、劳动合同的解除和终止

（十六）甲乙双方单方面解除本合同，应符合《劳动法》第二十五条、第二十六条、第二十七条、第三十一条和第三十二条的规定。乙方有《劳动法》第二十九条规定情形的，甲方不得随意解除本合同。

（十七）劳动合同期满或者当事人约定的劳动合同终止条件出现，劳动合同即行终止。甲乙双方协商同意，可以续订劳动合同。

（十八）解除、终止劳动合同时，甲方应当依据有关法律法规等规定出具解除、终止劳动合同的证明书或者相关文件。

七、经济补偿与赔偿

（十九）甲方依法解除乙方劳动合同，应当支付乙方经济补偿金的，按照《劳动法》

及有关规定执行。乙方根据《劳动法》第三十二条第（二）、（三）项规定解除本合同，甲方也应按照《劳动法》及有关规定执行。

（二十）甲方支付乙方的工资报酬低于施工地行政区域内最低工资标准的，要在补足低于标准部分的同时，依法支付赔偿金。

八、劳动争议处理

（二十一）甲、乙双方在履行本劳动合同时发生争议的，可先协商解决；不愿协商或者协商不成的，可在争议发生之日起 60 日内向当地（用人单位工商注册地或者施工地）劳动争议仲裁委员会申请仲裁。对仲裁裁决不服的，可以在 15 日内向当地人民法院提起诉讼。

九、其他约定

（二十二）甲、乙双方约定的其他内容如下：

_____
_____。

（二十三）本劳动合同与国家法律法规及有关规定相违背的，依照国家法律法规及有关规定执行。

本劳动合同一式两份，甲乙双方各执一份。

本劳动合同自甲乙双方签字、盖章之日起生效。

甲方（公章）　　　　　　　　　　　　　乙方（签字）

法定代表人或者
委托代理人签字

签字日期：　年　月　日　　　　　　　　签字日期：　年　月　日

（二）劳务分包款的核实

劳务分包合同价款（劳务费）包括工人工资、文明施工及环保费中的人工费、管理费、劳动保护费、各项保险费、低值易耗材料费、工具用具费、利润等。

劳务分包工程的发包人和劳务工程承包人必须在分包合同中明确约定劳务款的支付时间、结算方式以及保证按期支付的相应措施。

对劳务分包款的核实，主要从以下几个方面出发：

1. 劳务分包合同价款的确定方式及应用范围

发包人、承包人约定劳务分包合同价款计算方式时，应当在采用固定合同价款、建筑面积综合单价、工种工日单价、综合工日单价四种方式选择其一计算，不得采用"暂估价"方式约定合同总价。

（1）固定合同价款是指在合同中确定一个完成全部劳务分包施工项目所应支付的劳务费用总价，总价被承包人接受以后，一般不得变动。

（2）建筑面积综合单价是指以建筑施工面积（平方米）为计量单位，完成从进场到竣工全部劳务工作量的各工种工人应支付的工资和其他劳务费用的价格（元/平方米）。

一般适用于一个劳务分包单位承担绝大部分劳务工作的情况。建筑面积综合单价通常按地下结构、地上结构、初装修、水暖安装、电气安装、外墙面砖、外墙粉刷等分部分项工程分别计算平方米单价，也可以统一按建筑面积确定平方米单价，有时总包单位还规定将辅材、小型机具和劳保用品所需费用折算成平方米单价，包含在承包价中。

（3）工种工日单价是指按不同作业工种划分的，每完成一个定额工日所应支付的工资价格（元/日），即按定额单价确定各工种的工日单价。

工种工日单价通常用于木工、砌筑、抹灰、石制作、油漆、钢筋、混凝土、脚手架、模板、水暖电安装、钣金、架线等工种。

（4）综合工日单价是指按工日计算（元/日），完成每个分部分项工程对所需使用的各工种应支付的综合劳务费价格。劳务费包含：工人工资、劳动保护费、管理费、各项保险费用、临设费用、文明施工环保费用、利润、税金；不包含以下内容：中小型施工机具、设备费、劳务作业周转费、低值易耗材料费。

综合工日单价通常用于房建结构、装饰工程初装修、装饰工程精装修、机电设备安装、弱电安装、市政－市政管线、市政－市政道桥、市政－市政综合、园林等分部分项工程。

（5）暂估价是指招标阶段直至签订合同协议时，招标人在招标文件中提供的用于支付必然发生但暂时不能确定价格的材料以及专业工程的金额。暂估价包括材料暂估单价和专业工程暂估价。暂估价不适用于劳务分包工程。

2. 劳务分包合同价款构成的主要内容

劳务分包合同价款包括工人工资、文明施工及环保费中的人工费、管理费、劳动保护费、各项保险费、低值易耗材料费、工具用具费、利润等。

3. 劳务分包合同价款应当分别约定和必须明确的内容

发包人、承包人在劳务分包合同订立时应当对下列有关合同价款内容明确约定：

（1）发包人将工程劳务作业发包给一个承包人的，正负零以下工程、正负零以上结构、装修、设备安装工程等应分别约定；

（2）工人工资、管理费、工具用具费、低值易耗材料费等应分别约定；

（3）承包低值易耗材料的，应当明确材料价款总额，并明确材料款的支付时间、方式；

（4）劳务分包合同价格风险幅度范围应明确约定，超过风险幅度范围的，应当及时调整。

4. 劳务分包合同价款结算的时间限制

发包人、承包人应当在劳务分包合同中明确约定对劳务作业验收的时限，以及劳务合同价款结算和支付的时限。

（1）发包人、承包人应当在每月 20 日前对上月完成劳务作业量及应支付的劳务分包合同价款予以书面确认，书面确认时限自发包人收到承包人报送的书面资料之日起计算，最长不得超过 3 日；发包人应当在书面确认后 5 日内支付已确认的劳务分包价款。

（2）总承包企业自收到劳务分包承包人依照约定提交的结算之日起 28 日内完成审核，并书面答复承包人；逾期不答复的，视为发包人同意承包人提交的结算资料。

5. 劳务分包合同价款支付的有关规定

（1）合同价款支付的时间限制

发包人、承包人应当在劳务分包合同中明确约定施工过程中劳务作业工作量的审核时限和劳务分包合同价款的支付时限。

月度审核时限从发包人收到承包人报送的上月劳务作业量之日起计算，最长不得超过 3 日；支付时限从完成审核之日起计算，最长不得超过 5 日。

劳务分包工程完工，工程结算程序完成后，发包人应当自结算完成之日起 28 日内支付全部结算价款。

（2）农民工工资的支付

总承包企业和劳务企业必须每月支付一次劳务企业农民工的基本工资，企业工资月支付数额不得低于北京市最低工资标准，余下未支付部分企业在工程完工后或季度末、年末必须保证足额支付。

建筑施工企业应当在银行建立工资保证金专用账户，专项用于发生欠薪时支付农民工工资的应急保障。在京施工的总承包企业的工资保证金不少于 100 万元，专业承包和劳务分包企业不少于 50 万元。

建设单位或施工总承包企业未按合同约定与劳务分包企业结清工程款，致使劳务分包企业拖欠农民工工资的，由建设单位或工程总承包企业先行垫付农民工工资，先行垫付的工资数额以未结清的工程款为限。

（3）支付形式

分包合同价款的支付必须以银行转账的形式办理，付款时总包单位不得以现金方式向分包单位支付劳务费。如果分包单位是外地施工企业的，分包单位还必须向总包单位出具外地施工企业专用发票。

（4）对履行劳务分包合同价款的规定：

1）发包人不得以工程款未结算、工程质量纠纷等理由拖欠劳务分包合同价款。

2）发包人、承包人应当在每月月底前对上月完成劳务作业量及应支付的劳务分包合同价款予以书面确认，发包人应当在书面确认后 5 日内支付已确认的劳务分包合同价款。

3）承包人应当按照劳务分包合同的约定组织劳务作业人员完成劳务作业内容，在收到劳务分包合同价款按照合同约定发放工资并将工资发放情况书面报送发包人。

附：劳务费结算支付情况汇总表、劳务费结算支付情况月报表、工程项目劳务费结算支付情况月报表（表 11-1～表 11-3）。

劳务费结算支付情况汇总表

表 11-1

制表单位：总包劳务管理机构
报送时间：次月 5 日前
单位：万元

企业名称：（盖章）

施工单位	累计完成施工产值	结算系数%	应结	结算支付情况				预留账户	
				实际支付		应付未付	支付率%	拨入	余额
				累计	本期				
	1	2	3=1×2	4	5	6=3-4	7=4÷3		
甲								10	12

主管领导： 　　　　部门领导： 　　　　制表人： 　　　　填报日期：

_____劳务费结算支付情况月报表

(二级公司填报)

企业名称：(盖章)　　　　　2009 年 1— 月

制表单位：总包劳务管理机构
报送时间：次月 1 日前
单位：万元

表 11-2

类别	项目名称	累计完成施工产值	劳务合同额	结算系数 %	结算情况			支付情况		
					应结	已结	未结	实际兑付		未付
								累计	本期	
		1	2	3	4=1×3	5	6=4−5	7	8	9=4−7
甲	乙									
总计										
劳务项目合计										
其中：										
合作项目合计										
其中：										
外埠项目合计										
其中：										
其他										

兑付率 %
10=7÷4

主管领导：　　　　　　　　部门主管：　　　　　　　　制表人：　　　　　　　　填报日期：

说明：1. 劳务费结算支付情况，按劳务分包项目、合作工程项目、外埠工程项目以及其他工程项目，分类别填报数据。
2. 各类别劳务项目以《北京集团经营生产综合计划》所列项目为依据。
3. 各单位工程项目为单位填报。
4. 统计时期为每日历月，月报上报日期次月 5 日之前；年报时期为每日历年，上报日期次年春节前。

_____劳务费结算支付情况月报表

(项目部填报)

表 11-3

制表单位：总包劳务管理机构
报送时间：每月 30 日前
单位：万元

2009 年 1— 月

填报单位：

序号	工程名称	分包企业	队长	合同额	结算		支付		余额	备注
					累计	本期	累计	本期		
合计										

主管领导：　　　　　　　　　　　　填报人：　　　　　　　　　　电话：　　　　　　　　报送日期：

（三）劳务人员工资核实

按国务院和地方政策要求，总承包企业应当做到对劳务企业劳务费月结季清或按分包合同约定执行；同时应监督外施队对农民工工资月清月结或按劳动合同约定执行，确保农民工工资按时足额发放给本人。

劳务企业必须每月支付一次劳务企业农民工的基本工资，企业工资月支付数额不得低于当地最低工资标准，余下未支付部分企业在工程完工后或季度末、年末必须保证足额支付。

建设单位或施工总承包企业未按合同约定与劳务分包企业结清工程款，致使劳务分包企业拖欠农民工工资的，由建设单位或工程总承包企业先行垫付农民工工资，先行垫付的工资数额以未结清的工程款为限。以北京市为例，根据《北京市建筑业农民工工资支付暂行管理办法》京劳社资发【2008】66号，劳务员核实劳务人员工资发放情况，应注意以下几个方面：

1. 核实是否设立农民工工资专用账户

劳务分包企业选定并预约邮政储蓄银行网点，完成初始审核后，持营业执照副本及复印件一份（复印件需加盖单位公章）、《代发农民工工资协议书》一式三份，前往选定银行网点办理开户手续，开户手续完成后，邮政储蓄银行网点将出具《农民工工资专用账户开立证明书》。如有的劳务分包企业已在邮政储蓄银行开立了工资代发账户，可与农民工工资专用账户合并。

2. 核实农民工工资专用账户是否备案

劳务分包企业持《农民工工资专用账户开立证明书》到当地住建委建筑业管理服务中心领取《建筑业企业档案管理手册》后，按照就近、方便的原则，选择一个区（县）劳动保障行政部门，将邮储银行出具的农民工工资专用账户开立证明书进行备案；劳务分包企业在与劳务发包企业签订劳务分包合同时，必须出具《建筑业企业档案管理手册》，并将农民工工资专用账户的开户银行、账号和企业代码写入劳务分包合同中。

3. 核实是否编制农民工工资表并进行公示和确认

在每月25日前，由劳务分包企业根据所记录的农民工务工情况编制出工资表（纸质版发薪数据文件）报劳务发包企业项目部审核，项目部依据IC系统记录的农民工出勤情况、留存的劳动合同书和所属劳务员跟踪记录的农民工务工情况进行核对，经核实无误后，将工资表（纸质版发薪数据文件）在施工现场和农民工生活区公示三天。公示后对确认的工资表（纸质版发薪数据文件）分别由劳务分包企业、劳务发包企业盖章确认。

4. 核实务工人员工资是否实际支付

（1）每月2日前，劳务分包企业持加盖本企业公章的代发工资申请单（一式四份）和工资表（发薪数据文件，含电子版和纸质版）递交给开立农民工专用账户所在的邮政储蓄银行。邮政储蓄银行网点进行审核确认后，将加盖日戳的第四联代发工资申请单退回劳务分包企业。

（2）每月3日前，劳务发包企业依据确认的工资表（纸质版发薪数据文件）汇总数额，将月度支付的劳务费中用于农民工工资支付的部分直接打入劳务分包企业的农民工工资专用账户中，剩余劳务费可直接支付给劳务分包企业。劳务分包企业应对这两笔收入分别开具发票。

(3) 邮政储蓄银行在对提供的资料和汇入金额核对无误后，每月5日将款项打入劳务分包企业所属农民工实名制卡中。

(4) 邮政储蓄银行将农民工工资发放清单分别反馈给劳务分包企业、劳务发包企业，劳务分包企业依据邮储银行反馈的发放清单开具农民工工资部分的劳务费发票。

(5) 劳务企业以现金形式支付劳动者工资的，应核实工资是否由队长或班组长代发，农民工工资必须本人领取并签字，不得由他人代发代领。

(四) 劳务人员个人工资台账的建立

1. 考勤表、工资表与工资台账管理的重要性

劳务费结算台账和支付凭证是反映总包方是否按规定及时结算和支付分包方劳务费的依据，也是检查分包企业劳务作业人员能否按时发放工资的依据；劳务作业人员工资表和考勤表，是劳务分包企业进场作业人员实际发生作业行为工资分配的证明，也是总包单位协助劳务分包企业处理劳务纠纷的依据；工资台账是务工人员工资发放明细的记录。因此，劳务费结算台账和支付凭证以及劳务作业人员工资表、考勤表和工资台账应该作为劳务管理重要资料存档备查。

2. 建立考勤表、工资表与工资台账的方法

劳务费结算台账和支付凭证是反映总包方是否按规定及时结算和支付分包方劳务费的依据，也是检查分包企业劳务作业人员能否按时发放工资的依据；劳务作业人员工资表和考勤表，是劳务分包企业进场作业人员实际发生作业行为工资分配的证明，也是总包单位协助劳务分包企业处理劳务纠纷的依据。因此，劳务费结算台账和支付凭证以及劳务作业人员工资表和考勤表应该作为劳务管理重要资料存档备查。建筑施工企业应当对劳动者出勤情况进行记录，作为发放工资的依据，并按照工资支付周期编制工资支付表，不得伪造、变造、隐匿、销毁出勤记录和工资支付表。

(1) 劳务管理人员负责建立每日人员流动台账，掌握务工人员的流动情况，为项目部提供真实的基础资料。项目部劳务管理人员必须要求施工队伍负责人每日上报现场实际人员人数，施工队伍负责人必须对上报人数确认签字，劳务管理人员通过对比记录人员流动情况。每周要求施工队伍负责人上报施工现场人员考勤，由项目部劳务管理人员与现场花名册进行核对，确定人员增减情况，对于未在花名册中人员，要求施工队伍负责人按规定办理相关手续。

(2) 项目部每次结算劳务费时，劳务管理人员必须要求施工队伍负责人提供务工人员工资表，并留存备案。工资表中人员必须与考勤相一致，且必须有务工人员本人签字、施工队伍负责人签字和其所在企业盖章，方可办理劳务费结算。项目部根据施工队伍负责人所提供的工资表，按时向务工人员支付工资。

(3) 劳务分包企业每次发放务工人员工资后，应将工资发放情况记入务工人员工资台账相关的台账、表格等见表11-4～表11-8。做到月结月计，账目清楚，以便日后查用。

_____公司劳务作业人员（含队长、班组长、农民工）花名册

表 11-4

项目名称（全称）：_____ 班组名称：_____ _____ 年 _____ 月

编号	姓名	性别	工种（或岗位）	等级	文化程度	籍贯	家庭住址	身份证号	劳动合同编号	岗位技能证书编号

班组长签字：_____ ；用工企业劳务员签字：_____

用工企业项目负责人（授权队长）签字：_____ ；填表时间：_____

用工企业盖章：

申明：此表登记劳务作业人员为本表单位在该工程全部人数，情况属实。

此表由施工班组编制，用工单位（分包）确认，汇总后，每月报总包备案。

第 _____ 页，共 _____ 页

十一、劳动合同管理

_____公司劳务作业人员（含队长、班组长、农民工）考勤表　　表 11-5

项目名称（全称）：_____　　班组名称：_____　　_____年_____月

编号	姓名	工种	上月						本月																							合计
			26	27	28	29	30	31	1	2	3	4	5	6	7	8	9	10	11	12	13	14	15	16	17	18	19	20	21	22	23	24	25	

申明：此表登记劳务作业人员为我单位本月在该工程全部出勤人数，出勤情况属实；我单位已将此表向全体劳务作业人员公示，均无异议。

用工企业劳务员签字：	用工企业项目负责人（授权队长）签字：	总计
班组长签字：	填表时间：	用工企业盖章：

此表由施工班组编制，用工单位（分包）确认，汇总后，每月报总包备案。

第_____页，共_____页

务工人员工资表

表 11-6

项目名称（全称）：　　　　　　　　　　　　班组名称：　　　　　　　　　　　　　　　　　　年　　　月

序号	姓名	工种	出勤工日	日工资	工资总额	支出部分					本月实际支付	未支付数	领款人签字	备注
						生活费	预支费	罚款	其他					

班组长签字：　　　　　　　　　　；用工企业劳务员签字：　　　　　　　　　　；用工企业盖章：

用工企业项目负责人（授权队长）签字：　　　　　　　　　　；填表时间：　　　　　　　　　

申明：此表登记劳务作业人员为我单位本月在该工程全部人数；工资结算、支付，领取情况属实，均系本人签字。

此表由用工单位（分包）编制，每月报总包备案。

第　　　页，共　　　页

劳务作业人员增减台账

表 11-7

单位及项目部名称：_____

序号	企业名称	姓名	身份证号	增减情况	来源或去向	日期	备注
1							
2							
3							
4							
5							
6							
7							
8							
9							
10							

项目部负责人签字：　　　　　　　　　　　　　　　　　　　　　　　　填表日期：　年　月　日

此表由用工单（分包）编制，每月报总包备案。

计：进场人员_____人，退场人员_____人。

注：1. 增减情况中注明此人是"新进场"或"退场"人员；
2. 来源或去向中注明此人进场前所在工地或退场去向；
3.《台账》中所记录人员各含项目部所属各劳务分包队伍和专业分包队伍人员，不含项目部管理人员。

表 11-8

务工人员工资台账

项目名称（全称）：_____ 班组名称：_____ 务工人员姓名：_____

年

序号	姓名	工种	出勤工日	日工资	工资总额	支出部分					未支付数	备注
						生活费	预支费	罚款	其他	实际支付		
1												
2												
3												
4												
5												
6												
合计												

填表人：　　　　　　　　　　　　　　　　　　　　　　　　　　　劳务人员本人确认签字：

此表由用工单位（分包）编制，每月报总包备案。

十二、劳务纠纷处理

(一) 编制劳务人员工资纠纷应急预案

1. 工资纠纷应急预案的主要内容

工资纠纷应急预案的主要内容及编制要求见第七章。

2. 工资纠纷应急处理的原则

根据《建设领域农民工工资支付管理暂行办法》有以下原则：

(1) 先行垫付原则

业主或工程总承包企业未按合同约定与建设工程承包企业结清工程款，致使建设工程承包企业拖欠农民工工资的，由业主或工程总承包企业先行垫付农民工被拖欠的工资，先行垫付的工资数额以未结清的工程额为限。

(2) 优先支付原则

企业因被拖欠工程款导致拖欠农民工工资的，企业追回的被拖欠工程款，应优先用于支付拖欠的农民工工资。

(3) 违法分包承担连带责任原则

工程总承包企业不得将工程违反规定发包、分包给不具备用工主体资格的组织或个人，否则应承担清偿拖欠工资连带责任。

(4) 及时裁决和强制执行原则

农民工与企业因工资支付发生争议的，按照国家劳动争议处理有关规定处理。对事实清楚、不及时裁决会导致农民工生活困难的工资争议案件，以及涉及农民工工伤、患病期间工资待遇的争议案件，劳动争议仲裁委员会可部分裁决；企业不执行部分裁决的，当事人可依法向人民法院申请强制执行。

(二) 组织实施劳务人员工资纠纷应急预案

1. 劳务人员工资纠纷应急处理的组织管理系统

为最大限度降低劳务工资纠纷突发事件造成的经济损失和社会影响、正常的生产和管理秩序同时本着确保社会稳定，建立和谐社会，预防为主，标本兼治的原则，总承包企业应建立劳务人员工资纠纷应急处理的组织管理系统。

(1) 劳务纠纷及突发事件管理机构

成立总承包企业"一把手"为组长的工作领导小组，由最高领导管理劳务纠纷突发事件的最高领导机构人员组成模式为：

组长：企业董事长（总经理）

副组长：企业主管劳务的副总经理

组员：与劳务相关部门管理人员

(2) 职责分类及责任落实到人

1) 现场协调，解决方案的落实：×××
2) 政策、法制宣传：×××
3) 治安保卫现场监督管理：×××
4) 劳务资料收集督促：×××
5) 情况汇总上报：×××
6) 应急情况报警：×××

(3) 应急情况报警电话

火警电话：119　急救电话：120、999

项目所在派出所电话：××××××××

项目所在地建筑业主管部门电话：××××××××

(4) 领导小组下设办公室：电话××××××××　联系人：×××

2. 劳务人员工资纠纷的主要表现形式和纠纷原因

(1) 劳务人员工资纠纷表现形式

1) 企业内部闹事；
2) 围堵总承包企业和政府机关；
3) 聚众上访、提出仲裁和司法诉讼。

(2) 劳务人员工资纠纷的主要原因

1) 建设单位和总承包单位拖欠工程款引发的工资纠纷。
2) 劳务分包单位内部管理混乱、考勤不清和工资发放不及时引发的工资纠纷。
3) 总承包单位和劳务分包单位由于劳务合同争议引发的工资纠纷。
4) 违法分包引发的工资纠纷。劳务人员工资纠纷发生的原因主要是施工企业将工程部分项目发包引发的工资纠纷给"包工头"，劳务作业完成后结算也与"包工头"结算，而且农民工工资一般由"包工头"发放。一旦结算完毕，"包工头"人走了而农民工工资没有支付，农民工就会向施工企业追讨而发生纠纷。
5) "恶意讨薪"引发的工资纠纷。

3. 解决劳务人员工资纠纷的主要方法和途径

(1) 解决劳务人员工资纠纷的主要方法

1) 建立公司支付农民工工资的约束和保障机制，从根本上解决农民工工资拖欠问题。一是按照工程合同价款的一定比例向主管部门交纳职工工资保障金，工资保障金在工程合同价款中列支，专款专用。二是公司应及时将工资保障金存入指定银行、专户存储、专款专用。三是公司招收农民工，必须与农民工签订劳动合同，农民工依法享有劳动报酬、休息休假、劳动安全卫生以及保险福利的权利，并在规定期限内持农民工名册到当地劳动和社会保障行政主管部门备案。四是公司应当以货币形式按月足额支付农民工工资，施工工程期限小于一个月的或者双方约定支付工资期限低于一个月的，另其约定。五是在工程建设期间内及工程竣工后，有拖欠农民工工资行为的，由劳动和社会保障行政主管部门启动工资保障金，及时发放拖欠的农民工工资。

2）建立企业信用档案制度。对存在拖欠农民工工资问题的劳务公司不予使用，挑选工资发放执行有信用的劳务公司。

3）建立日常工作机制和监督机制。通过设立拖欠举报投诉电话，加强对各项目的监管，促使每个项目部依法支付农民工工资，落实清欠责任，及时兑现农民工工资。

4）建立欠薪应急周转金制度。其主要由公司一部分资金，组成欠薪保障应急基金，专门用于应付突发性、群体性的欠薪纠纷。

5）提高农民工的法律维权意识。加强对国家有关法律法规的宣传力度，进一步提高广大农民朋友的法律法规保护意识，公司应设立农民工工资清欠举报电话，一旦发现有工程款拖欠的，农民朋友能及时向公司反映，启动应急预案，及时解决。

6）严格"两个规范"做好公司及各项目部劳动队伍管理和用工管理，从源头上杜绝发生农民工公司纠纷事件。

7）完善法律法规，加大执法力度，用法律手段解决工资拖欠问题。一是工资保障金制度。建设工程项目部开工前，公司要按照各省市规定比例足额将工资保障金存入建设部门指定的账户。工程竣工验收合格后如果没有拖欠工资的投诉，公司可以将本息一并支取。如有拖欠工资投诉，建设主管部门从保障基金中划支所欠款项。二是合同管理制度。公司实行分包时，要与分包企业签订合同，承担项目建设中发生的工资发放义务与责任。三是用工签发工票制度。企业如遇特殊情况不能按月发放工资时，向农民工签发工票，作为领取工资的依据，也可以作为农民工讨要被拖欠工资的凭证。四是按月发放工资制度。总承包企业按月凭工票向农民工足额发放工资。五是建立支付农民工工资公告制度。在施工现场设立公告牌、公示投诉电话、地址等相关信息。六是建立企业信用档案制度。对发生拖欠的项目部，公司将给予经济处罚。

（2）解决劳务人员工资纠纷的主要途径

1）由建设单位或总承包单位先行支付。

2）责令用人单位按期支付工资和赔偿金。

3）通过法律途径解决。

根据《劳动法》和国务院《劳动保障监察条例》等规定，用人单位不得克扣或无故拖欠劳动者工资。用人单位克扣或无故拖欠劳动者工资的，由劳动保障行政部门责令支付劳动者的工资报酬，逾期不支付的，责令用人单位按应付金额 50% 以上 1 倍以下的标准计算，向劳动者加付赔偿金。

如果务工人员遭遇用人单位的欠薪，应通过合法手段来讨要欠薪，不要以跳楼、堵路等过激行为威胁用人单位，否则一时冲动可能危害生命，还有可能因触犯刑律被追究责

任。在用人单位拖欠工资的情况下,可以先与用人单位协商,如果协商无效解决,则可以通过以下法律途径来解决:

① 向当地劳动保障监察机构举报投诉。

② 向当地劳动争议仲裁委员会申请仲裁,需要注意的是,要在劳动争议发生之日起60日内向劳动争议仲裁委员会提出书面申请。

③ 通过法律诉讼途径解决。分三种情况:一是劳动纠纷案件仲裁后一方不服的,可以向法院提出诉讼;二是经仲裁后不服从,劳动仲裁裁决生效后,用人单位不执行的,可申请法院强制执行;三是属于劳务欠款类的可直接向法院提起民事诉讼。

(三)处理劳务纠纷

1. 判断劳务纠纷性质及其原因

(1)劳务纠纷的性质

1)劳务纠纷多发性。劳务纠纷案件在数量上居高不下,每年皆有上升趋势。集体劳动争议上升幅度较大。集体争议呈现突发性强、人数多、处理难度大的特点。

2)经济利益主导性。绝大多数劳资纠纷是由于劳动者的基本劳动经济权益被侵害,而又长期得不到解决所致。通常,劳动关系双方对经济利益的重视程度高于对其他权利的重视程度,由于劳动者处于劳动关系的弱势地位,个人很难为维护权利与用人单位抗衡,因此多从经济利益方面找回损失,而用人单位对违约出走的劳动者,也大多以经济赔偿为由提出申诉。据统计,劳动报酬是引发劳动争议的第一原因,其次是解除或终止劳动合同,再次是自动离职或辞职。

3)劳务纠纷地域集中性。大量的劳动争议案件集中在大中城市、沿海县(市、区),山区县劳动争议数量较少。

4)矛盾激化性。弱势一方的劳动者往往不愿通过正当的法律途径解决纠纷,而是采取集体上访、封堵政府机关,甚至有集体堵塞道路交通的行为发生。

5)无照经营性。无证无照的家庭作坊与劳动者之间发生的劳资纠纷不断增多。大量无证无照的家庭作坊,雇工人数少则几人,多则几十人,用工不规范,劳务管理混乱,是劳务争议产生和矛盾激化的多发地。

(2)劳务纠纷的原因

施工企业对签订劳务分包合同管理不够重视,合同条款不够完善;劳务分包企业在施工现场没有选派合格的管理人员,对劳务工人的管理不到位,造成进度拖延及质量、安全事故;劳务分包企业雇用的工人未签订劳动合同也未办理工伤、医疗或综合保险等社会保险;无照家庭作坊雇用劳务工人,承揽劳务分包,发生问题时处理不到位;劳务者的权益受侵害又不能适时合理解决;施工企业片面追逐利润,损害劳务者的合法权益;劳务者的弱势地位是其合法权益受侵害的主要原因;施工企业和劳务分包企业双方法律意识淡薄引发劳动争议;劳动关系的日趋多样化、复杂化;政府建设行政主管部门对建筑劳务的动态监管不到位等都是导致劳务纠纷的原因,归类来讲,劳务纠纷产生的原因主要有以下

几类:

1) 由于未签订劳动合同引发的劳务纠纷

内部施工劳务作业队劳务承包纠纷发生的原因主要是劳动关系和工伤事故。从目前来看,施工劳务作业队所配属的都是农民工,往往都不签订劳动合同。

2) 由于违法分包引发的劳务纠纷

"包工头"的劳务分包纠纷发生的原因主要是劳动报酬和劳动关系。施工企业将工程部分项目发包给"包工头",劳务作业完成后结算也与"包工头"结算,而且农民工工资一般由"包工头"发放。一旦结算完毕,"包工头"人走了而农民工工资没有支付,农民工就会向施工企业追讨而发生纠纷。

3) 由于未签或分包合同约定不明确引发的劳务纠纷

成建制的劳务分包纠纷发生的原因主要有以下几种情形。未签订劳务分包合同或虽然签订劳务分包合同但约定不明确。从严格意义来讲,成建制的劳务分包是两个独立法人发生的经济契约关系,通过合同来确定双方的权利和义务。因此,一旦发生工期、质量问题,由于未签订劳务分包合同或虽然签订劳务分包合同但合同约定不明确,施工企业就很难维护自己的权益。

4) 由于"包工头"挂靠成建制企业引起的劳务纠纷

由于项目部在劳务分包过程中,没有认真审查对方当事人授权权限、授权资格及授权人的身份,虽然与成建制企业签订劳务分包合同,实质是与"包工头"发生经济关系,造成与第三方发生纠纷。如果项目部没严格审查或疏忽审查或明知劳务分包企业无相应的资质或超过其相应资质应当承担的劳务作业的工程量而签订劳务分包合同,都将被判定为无效的劳务分包合同。如果由于劳务分包企业的资质原因,造成完成的工程量不合格的,项目部所在的施工企业将独立的向工程发包人承担责任。如果在项目部和劳务分包企业签订劳务分包合同时,对资质问题或超资质范围问题都是明知的,那么根据《合同法》第五十八条规定:"双方都有过错的,应当各自承担相应的责任",项目部所在的施工企业和劳务分包企业都要承担损失。

5) 名为劳务分包实为工程分包引起的劳务纠纷

合同名称为劳务分包合同,但是合同内容却是工程分包,目的是为了规避检查。这种合同将依据合同的实际内容和建设施工中的客观事实以及双方结算的具体情况来认定双方合同关系的本质。被认定为工程分包合同,那么就要按照工程分包合同的权利义务,来重新确认双方的权利义务。如果劳务分包企业未取得建筑施工企业资质或者超越资质等级的,双方签订的合同为无效合同。《最高人民法院关于审理建设工程施工合同纠纷案件的适用法律问题的解释》第1条规定:"建设工程施工合同具有下列情形之一的,应当根据《合同法》第五十二条第(5)项的规定,认定无效:承包人未取得建筑施工企业资质或者超越资质等级的;没有资质的实际施工人借用有资质的建筑施工企业名义的;建设工程必须进行招标而未招标或者中标无效的"。第四条规定:"承包人非法转包、违法分包建设工程或者没有资质的实际施工人借用有资质的建筑施工企业名义与他人签订建设工程施工合同的行为无效。人民法院可以根据《民法通则》第一百三十四条规定,收缴当事人已经取得的非法所得"。由此可见,要想从合同名称来规避法律是行不通的,而且可能会带来严重的法律后果。

2. 处理劳务纠纷的主要法规依据和处置原则

处理劳务纠纷的法律依据主要有《建筑法》、《劳动法》、《劳动合同法》等法律及各省市有关劳务管理的相关文件。

(1)《建筑法》处理劳务纠纷的原则

按照《建筑法》的要求，建立和完善建筑劳务分包制度，承包企业进行劳务作业分包必须使用有相关资质的企业，并应当按照合同约定或劳务分包企业完成的工作量及时支付劳务费用。承包企业应对劳务分包企业的用工情况和工资支付进行监督，并对本工程发生的劳务纠纷承担连带责任。劳务企业要依法与农民工签订劳动合同。

(2)《劳动合同法》处理劳务纠纷的原则

第十八条规定：劳动合同对劳动报酬和劳动条件等标准约定不明确，引发争议的，用人单位与劳动者可以重新协商；协商不成的，适用集体合同规定；没有集体合同或者集体合同未规定劳动报酬的，实行同工同酬；没有集体合同或者集体合同未规定劳动条件等标准的，适用国家有关规定。

(3)《劳动法》处理劳务纠纷的原则

第五十条规定：工资应当以货币形式按月支付给劳动者本人。不得克扣或者无故拖欠劳动者的工资。

第七十七条规定：用人单位与劳动者发生劳动争议，当事人可以依法申请调解、仲裁、提起诉讼，也可以协商解决。调解原则适用于仲裁和诉讼程序。

第七十八条规定：解决劳动争议，应当根据合法、公正、及时处理的原则，依法维护劳动争议当事人的合法权益。

第七十九条规定：劳动争议发生后，当事人可以向本单位劳动争议调解委员会申请调解；调解不成，当事人一方要求仲裁的，可以向劳动争议仲裁委员会申请仲裁。当事人一方也可以直接向劳动争议仲裁委员会申请仲裁。对仲裁裁决不服的，可以向人民法院提起诉讼。

第八十条规定：在用人单位内：可以设立劳动争议调解委员会。劳动争议调解委员会由职工代表、用人单位代表和工会代表组成。劳动争议调解委员会主任由工会代表担任。劳动争议经调解达成协议的，当事人应当履行。

第八十一条规定：劳动争议仲裁委员会由劳动行政部门代表、同级工会代表、用人单位方面的代表组成。劳动争议仲裁委员会主任由劳动行政部门代表担任。

第八十二条规定：提出仲裁要求的一方应当自劳动争议发生之日起六十日内向劳动争议仲裁委员会提出书面申请。仲裁裁决一般应在收到仲裁申请的六十日内作出。对仲裁裁决无异议的，当事人必须履行。

第八十三条规定：劳动争议当事人对仲裁裁决不服的，可以自收到仲裁裁决书之日起十五日内向人民法院提起诉讼。一方当事人在法定期限内不起诉又不履行仲裁裁决的，另一方当事人可以申请人民法院强制执行。

第八十四条规定：因签订集体合同发生争议，当事人协商解决不成的，当地人民政府劳动行政部门可以组织有关各方协调处理。

因履行集体合同发生争议，当事人协商解决不成的，可以向劳动争议仲裁委员会申请仲裁；对仲裁裁决不服的，可以自收到仲裁裁决书之日起十五日内向人民法院提起诉讼。

(4) 各省市关于处理劳务纠纷相关管理文件

以北京市地方政府部门的规定为例。

1）根据《北京市房屋建筑和市政基础设施工程劳务分包合同管理暂行办法》第三十七条的规定：发包人或者承包人因拖欠劳务分包合同价款或者劳务作业人员工资而引发群体性事件的，市住房城乡建设委可以限制其承揽新的工程或者新的劳务作业。

2）根据《北京市建筑施工企业劳动用工和工资支付管理暂行规定》京劳社资发[2004]155号规定：因建筑施工企业违反本规定，引发极端或群体性事件的，由市建设行政主管部门按照以下规定责令其限期整改，改正期间，禁止其承接新的工程，记入市建委行业信用系统，并在有形建筑市场和媒体进行曝光。

① 引发一般性极端事件或者20人以下的群体性事件，改正期限不少于1个月；

② 引发较严重极端事件和20人以上的群体性事件，造成一定社会影响的，改正期限不少于6个月；

③ 引发严重极端事件和重大群体性事件，造成严重社会影响的，改正期限不少于12个月；

④ 第一起极端或群体性事件发生后，12个月内又发生极端或群体性事件，改正期限视情节和后果予以延长。

对本企业严重违法行为负有直接责任的主要领导记入个人不良行为纪录；对负有主要责任的领导由有关部门追究其行政责任；触犯法律的将依法追究刑事责任。

3. 劳务纠纷处置的主要方式和办法

(1) 劳务纠纷处置的主要方式

发生劳务纠纷，当事人不愿协商、协商不成或者达成和解协议后不履行的，可以向调解组织申请调解；不愿调解、调解不成或者达成调解协议后不履行的，可以向劳动争议仲裁委员会申请仲裁；对仲裁裁决不服的，除另有规定的外，可以向人民法院提起诉讼。

1）和解和调解

① 和解是指当事人通过自行友好协商，解决合同发生的争议。

② 劳务纠纷的调解是指在劳动争议调解委员会的主持下，在双方当事人自愿的基础上，通过宣传法律、法规、规章和政策，劝导当事人化解矛盾，自愿就争议事项达成协议，使劳动争议及时得到解决的一种活动。调解是由当事人以外的调解组织或者个人主持，在查明事实和分清是非的基础上，通过说服引导，促进当事人互谅互让，友好的解决争议。调解原则适用于仲裁和诉讼程序。

③ 和解和调解的作用。通过和解或调解解决争议，可以节省时间，节省仲裁或者诉讼费用，有利于日后继续交往合作，是当事人解决合同争议的首选方式。但这种调解不具有法律效力，调解要靠当事人的诚意，达成和解后要靠当事人自觉的履行。和解和调解是在当事人自愿的原则下进行的，一方当事人不能强迫对方当事人接受自己的意志，第三方

也不能强迫和解。

2) 仲裁

建设工程承包合同当事人如果不愿意和解、调解、或者和解、调解不成功，可以根据达成的仲裁协议，将合同争议提交仲裁机构。

仲裁具有办案迅速、程序简便的特点和优点，而且进入仲裁程序以后，仍然采取仲裁与调解相结合的方法，先调节，后仲裁，首先着力于调解方式解决。经调解成功达成协议后，仲裁庭即制作调解书或根据协议的结果制作裁决书，调解书和裁决书都具有法律效力。

提请仲裁的前提是双方当事人已经订立了仲裁协议，没有订立仲裁协议，不能申请仲裁。仲裁协议包括合同订立的仲裁条款或者附属于合同的协议。合同中的仲裁条款或者附属于合同的协议被视为与其他条款相分离而独立存在的一部分，合同的变更、解除、终止、失效或者被确认为无效，均不影响仲裁条款或者仲裁协议的效力。国内合同当事人可以在仲裁协议中约定发生争议后到国内任何一家仲裁机构仲裁，对仲裁机构的选定没有级别管辖和地域管辖。

3) 诉讼

如果建设工程承包合同当事人没有在合同中订立仲裁条款，发生争议后也没有达成书面的仲裁协议，或者达成的仲裁协议无效，合同的任何一方当事人，包括涉外合同的当事人，都可以向人民法院提起诉讼。在人民法院提起合同案诉讼，应当依照《民事诉讼法》执行。

经过诉讼程序或者仲裁程序产生的具有法律效力的判决、仲裁裁决书或者调解书，当事人应当履行。如果付有履行义务的当事人不履行判决、仲裁裁决或调解书，对方当事人可以请求人民法院予以执行。执行也就是强制执行，即由人民法院采取强迫措施，促进义务人履行法律文书确定的义务。

合同当事人在遇到合同争议时，究竟是通过协商，还是通过调解、仲裁、诉讼去解决，应当认真考虑对方当事人的态度、双方之间的合作关系、自身的财力和人力等实际情况，权衡出对自己最为有利的争议解决对策。

(2) 劳务纠纷处置的方法

1) 积极磋商，争取协商解决

建筑市场发展越来越成熟，与此同时，建筑施工过程中的争议也越来越多。为了保护自己的合法权益，不少建筑施工企业都参照国际惯例，设置并逐步完善了自己的内部法律机构或部门，专职实施对争议的管理，这已经成为建筑施工企业在市场中良性运转的一个重要保障。但是，要防止解决争议去找法院打官司的单一思维，有时通过诉讼解决未必是最经济有效的方法，解决争议过程主要应考虑诉讼成本和效果的问题。由于工程施工合同争议情况复杂，专业问题多，有许多争议法律无法明确规定，往往造成评审法官难以判断、无所适从。在通常情况下，工程合同纠纷案件经法院几个月的审理，由于解决困难，法官也只能采取反复调解的方式，以求调解结案。因此，施工企业也要深入研究案情和对策，争取协商、调解方式解决争议，尽量通过协商谈判的方式解决，以提高争议解决效率。在协商解决中，一个很重要的谈判技巧是：站在对方角度思考问题，这有时往往能决定协商谈判的成败。

2) 通过仲裁、诉讼的方式解决纠纷，重视时效，及时主张权利

当事人请求仲裁机构或人民法院保护民事权利，应当在法定的时效期间内，一旦超过时效，当事人的民事实体权力就丧失了法律的保护。因此，建筑施工企业要通过仲裁、诉讼的方式解决建设合同纠纷时，应当特别重视有关仲裁时效与诉讼时效的法律规定，在法定诉讼时效或仲裁时效内主张权利。

① 仲裁时效，是指当事人在法定申请仲裁的期限内没有将起纠纷提交仲裁机关进行仲裁的，即丧失请求仲裁机关保护其权利的权利。在明文约定合同纠纷由仲裁机关仲裁的情况下，若合同当事人在法定提出仲裁申请的期限内没有依法申请仲裁的，则该权利人的民事权利不受法律保护，债务人可依法免于履行债务。

② 诉讼时效，是指权利人在法定提起诉讼的期限内如不主张其权利，即丧失请求法院依诉讼程序强制债务人履行债务的权利。诉讼时效实质上就是消灭时效，诉讼期间届满后，债务人依法可免除其应负之义务。若权利人在诉讼时效期间届满后才主张权利的，丧失了胜诉权，其权利不受司法保护。

法律确定时效制度的意义在于，防止债权债务关系长期处于不稳定状态，催促债权人尽快实现债权，从而避免债权债务纠纷因年长日久难以举证，不便于解决纠纷。

③ 诉讼时效期间的起算和延长

诉讼时效期间的起算，是指诉讼时效期间从何时开始。根据《民法通则》的规定，向人民法院请求保护民事权利的诉讼时效期间为 2 年，法律另有规定的除外，诉讼时效期间从权利人知道或者应当知道其权利被侵害时起计算。

诉讼时效期间的延长，是指人民法院对于诉讼时效的期限给予适当的延长。根据《民法通则》第一百三十七条规定："诉讼时效期间从知道或者应当知道权利被侵害时起计算。但是，从权力被侵害之日起超过 20 年的，人民法院不予保护，有特殊情况的人民法院可以延长诉讼时效期间。"

4. 解决劳务纠纷的对策

解决建筑施工劳务纠纷的对策主要有：

(1) 推行建筑业劳务基地化管理

建筑劳务基地化管理，是指建设行政部门对建筑劳务输出、输入双方的共同管理，是建筑劳务实行统一组织培训、输出、使用、回归、分配等全过程的系统管理。建筑劳务供需双方逐步建立定点定向、专业配套、双向选择、长期合作的新型劳务关系，发挥建筑劳务基地在提供建筑劳务方面的主渠道作用。

(2) 施工总承包企业要优选劳务队伍，并实施招投标管理

项目部提出专业队伍使用申请表，公司根据申请表，一方面起草招标文件，一方面从合格分包商名录中列取拟选投标队伍名单，并填报拟选投标队伍审批表上报主管领导审批。公司根据拟选投标队伍审批结果，组织考察小组进行调查和考察，并填写队伍考察评价记录，负责招标工作。

(3) 加强和落实劳务分包合同管理

施工企业要切实加强劳务合同管理。企业要把签订劳务合同作为管理的重点，一定要

先签订合同后施工，劳务合同条款要具体和完善，不可完全照搬范本，其合同条款要根据工程的实际情况，明确双方各自的权利和义务，用合同条款的形式监督约束双方。签订合同前组织相关人员进行合同评审，重点评审分包方能力、以往类似工程业绩、分项工程劳务价格和条款的严密性。这样有利于合同双方认真履行合同，减少不必要的纠纷。要求企业将合同送到劳动保障部门鉴定，以便纠正劳务合同中存在的问题，指导企业按照法律法规的规定签订劳务合同。企业要注重分包合同资料的收集，如协议书、图纸、变更设计、验收记录、隐蔽记录、结算单、往来的信件、交底资料、索赔资料等，这些资料均是劳务合同的组成部分。这样可以有效地应对分包方的索赔，对保证分包合同的顺利履行及减少合同纠纷和维护企业利益均具有重要作用。

（4）实施规范化劳务管理，推广建筑业务工人员实名制

劳务企业施工作业人员进入现场后，由项目部统一管理，必须遵循"三证八统一"的管理制度即：身份证、暂住证、上岗证、劳动合同、人员备案证书、工资表、考勤表、化名册、床头卡、工作出入证，项目部建立劳务人员管理档案，分类存放，以备查。

（5）施工企业要切实加强建筑劳务合同实施过程管理

成立劳务分包管理组织机构。鉴于劳务分包管理工作的重要性，实际施工中应成立相应的管理组织机构，明确职责和分工，以对劳务分包工作进行全方位、全过程的管理和监督。选择劳务协作队伍。选择有实力、信誉好、能长期合作的劳务分包队伍，首先要严格审查其营业执照、资质等级证书、安全生产许可证、建筑安全生产特殊岗位操作人员持有的有效证件等。同时，根据以往类似完成工程情况考察其施工能力和信誉情况。实行劳务工长负责制。企业要求劳务分包企业建立以劳务工长为首的施工现场生产管理系统，实行劳务工长负责制。明确施工现场劳务企业的主要职能就是在现场管理调配工人以及核定分配工资，劳务企业并不参与施工现场的生产管理。确定工程劳务分包单价。单价的确定是劳务分包管理工作的关键，在项目分包管理中，每项工程的劳务分包单价的确定必须根据劳务市场行情结合投标报价综合确定。加强对劳务分包队伍的施工过程控制。工程施工劳务分包过程涉及方方面面，在做好技术、安全交底的同时，应对所施工的工程数量、部位、质量、材料耗用量、进度计划等指标进行细化、分解和明确。其中材料消耗、机具设备管理和施工质量控制应作为管理控制的重点。注重完工总结。分包工程完工后，及时总结分析，通过对管理中的得失检查，为分包工作提供借鉴。年底进行考核评定，评出优秀，列入合格劳务分包名册，淘汰落后队伍。

（6）施工企业要切实加强劳务分包作业人员的考勤管理

项目部严格执行现场考勤管理制度，准确核实劳务队伍的备案人员花名册人员是否与现场实际人员考勤相吻合，如果实际人员考勤比备案花名册人员多出或减少时应积极督促劳务队长办理人员增减备案手续，如果来不及办理备案手续时，必须登记好人员的进出场台账及考勤记录，留存身份证复印件，并要求其队长在7天内补办手续或做清场处理。现场施工人员所有考勤记录（考勤表经项目经理、劳务队长签字，劳务公司盖章），每月由项目行管员统一收集、整理并按政府要求上传、上报、留存。

（7）施工企业要切实加强劳务分包作业人员的工资发放管理

劳务分包队伍中的劳务人员工资，每月由劳务分包队伍在规定日期做好上月劳务人员

的工资清单，在现场公示3天无误后，由劳务队长带上所公示的工资清单、考勤记录、工资发放承诺书（加盖单位公章、施工队长签字）报项目经理部审核、签字、确认，然后报公司审核、签字确认后，方可去财务部领取支票。发放工资时由项目部统一组织实施监督发放，督促劳务公司派人进行现场跟踪、监督发放，保证把工资足额发放到农民工手中。工资必须执行月结月清制度，明确作业人员当月应发工资额和实发工资额，领取人必须有本人签字，不得代签（特殊情况除外）。

（8）施工企业要切实加强公司对劳务分包作业人员的档案管理

公司施工管理部要对劳务用工实行动态管理、规范管理、程序管理，要建立劳务用工合同管理台账或数据信息库，及时协调、处理好劳务分包队伍与劳务人员之间的争议。

（四）参与工伤事故善后处理工作

1. 工伤及工伤事故的认定

（1）工伤

关于"工伤"的概念，1921年国际劳工大会通过的公约中对"工伤"的定义是："由于工作直接或间接引起的事故为工伤。"1964年第48届国际劳工大会也规定了工伤补偿应将职业病和上下班交通事故包括在内。因此，当前国际上比较规范的"工伤"定义包括两个方面的内容，即由工作引起并在工作过程中发生的事故伤害和职业病伤害。职业病，是指企业、事业单位和个体经济组织的劳动者在职业活动中，因接触粉尘、放射性物质和其他有毒、有害物质等因素而引起的疾病。

（2）工伤认定

根据《工伤保险法》第十四、十五条规定，进行认定。

2. 工伤或伤亡职工的治疗与抚恤

（1）医疗费

1）职工治疗工伤应当在签订服务协议的医疗机构就医，情况紧急时可以先到就近的医疗机构急救。

2）治疗工伤所需费用符合工伤保险诊疗项目目录、工伤保险药品目录、工伤保险住院服务标准的，从工伤保险基金支付。

3）工伤职工治疗非工伤引发的疾病，不享受工伤医疗待遇，按照基本医疗保险办法处理。

4）住院伙食补助费由所在单位按照本单位因公出差伙食补助标准的70%发给住院伙食补助费。经医疗机构出具证明，报经办机构同意，工伤职工到统筹地区以外就医的，所需交通、食宿费用由所在单位按照本单位职工因公出差标准报销。

（2）误工费（停工留薪期待遇）

1）职工因工作遭受事故伤害或者患职业病需要暂停工作接受工伤医疗的，停工留薪期内，原工资福利待遇不变，由原单位按月支付。

2）停工留薪期一般不超过 12 个月。伤情严重或者特殊，经设区的市级劳动能力鉴定委员会确认，可以适当延长，但延长不得超过 12 个月。

3）工伤职工在停工留薪期满后仍需治疗的，继续享受工伤医疗待遇。

(3) 护理费

1）生活不能自理的工伤职工在停工留薪期需要护理的，由所在单位负责。

2）工伤职工已经评定伤残等级并经劳动能力鉴定委员会确认需要生活护理的，从工伤保险基金按月支付生活护理费。生活护理费按照生活完全不能自理、生活大部分不能自理或者生活部分不能自理 3 个不同等级支付，其标准分别为统筹地区上年度职工月平均工资的 50%、40% 或者 30%。各地规定不一。

(4) 职工因工致残享受的待遇

第一种情况 职工因工致残被鉴定为一级至四级伤残的，保留劳动关系，退出工作岗位，享受以下待遇：

1）从工伤保险基金按伤残等级支付一次性伤残补助金，标准为：一级伤残为 24 个月的本人工资，二级伤残为 22 个月的本人工资，三级伤残为 20 个月的本人工资，四级伤残为 18 个月的本人工资。

2）从工伤保险基金按月支付伤残津贴，标准为：一级伤残为本人工资的 90%，二级伤残为本人工资的 85%，三级伤残为本人工资的 80%，四级伤残为本人工资的 75%。伤残津贴实际金额低于当地最低工资标准的，由工伤保险基金补足差额。

3）工伤职工达到退休年龄并办理退休手续后，停发伤残津贴，享受基本养老保险待遇。基本养老保险待遇低于伤残津贴的，由工伤保险基金补足差额。

职工因工致残被鉴定为一级至四级伤残的，由用人单位和职工个人以伤残津贴为基数，缴纳基本医疗保险费。

第二种情况 职工因工致残被鉴定为五级、六级伤残的，享受以下待遇：

1）从工伤保险基金按伤残等级支付一次性伤残补助金，标准为：五级伤残为 16 个月的本人工资，六级伤残为 14 个月的本人工资。

2）保留与用人单位的劳动关系，由用人单位安排适当工作。难以安排工作的，由用人单位按月发给伤残津贴，标准为：五级伤残为本人工资的 70%，六级伤残为本人工资的 60%，并由用人单位按照规定为其缴纳应缴纳的各项社会保险费。伤残津贴实际金额低于当地最低工资标准的，由用人单位补足差额。

经职工本人提出，可以与用人单位解除或终止劳动关系，由用人单位分别以其解除或终止劳动关系时的统筹地区上年度职工月平均工资为基数，支付本人 20 个月、18 个月的一次性工伤医疗补助金和 35 个月、30 个月的一次性伤残就业补助金。

第三种情况 职工因工致残被鉴定为七级至十级伤残的，享受以下待遇：

1）从工伤保险基金按伤残等级支付一次性伤残补助金，标准为：七级伤残为 12 个月的本人工资，八级伤残为 10 个月的本人工资，九级伤残为 8 个月的本人工资，十级伤残为 6 个月的本人工资。

2）劳动合同期满终止，或者职工本人提出解除劳动合同的，由用人单位分别按其解除或终止劳动合同时的统筹地区上年度职工月平均工资为基数，支付本人一次性工伤医疗补助金和一次性伤残就业补助金。一次性工伤医疗补助金的具体标准为：7级16个月，8级14个月，9级12个月，10级10个月；一次性伤残就业补助金的具体标准为：7级25个月，8级20个月，9级15个月，10级10个月。

职工被确诊为职业病的，一次性工伤医疗补助金在上述标准基础上加发50%。

工伤职工距法定退休年龄5年以上的，一次性工伤医疗补助金和一次性伤残就业补助金全额支付；距法定退休年龄不足5年的，每减少1年一次性伤残就业补助金递减20%。距法定退休年龄不足1年的按一次性伤残就业补助金全额的10%支付；达到法定退休年龄的，不支付一次性工伤医疗补助金。

(5) 因工死亡赔偿

职工因工死亡，其直系亲属按照下列规定从工伤保险基金领取丧葬补助金、供养亲属抚恤金和一次性工亡补助金。

从2011年1月1日起，安全生产事故中一次性死亡补偿金标准，按上一年度全国城镇居民人均可支配收入的20倍计算。新标准实行后，在生产安全事故中死亡的职工家属最高能获得60万元补偿金，提高近两倍。

(6) 非法用工伤亡赔偿

1) 一次性赔偿包括受到事故伤害或患职业病的职工或童工在治疗期间的费用和一次性赔偿金，一次性赔偿金数额应当在受到事故伤害或患职业病的职工或童工死亡或者经劳动能力鉴定后确定。

2) 劳动能力鉴定按属地原则由单位所在地设区的市级劳动能力鉴定委员会办理。劳动能力鉴定费用由伤亡职工或者童工所在单位支付。

3) 职工或童工受到事故伤害或患职业病，在劳动能力鉴定之前进行治疗期间的生活费、医疗费、护理费、住院期间的伙食补助费及所需的交通费等费用，按照《工伤保险条例》规定的标准和范围，全部由伤残职工或童工所在单位支付。

4) 伤残的一次性赔偿金按以下标准支付：一级伤残的为赔偿基数的16倍，二级伤残的为赔偿基数的14倍，三级伤残的为赔偿基数的12倍，四级伤残的为赔偿基数的10倍，五级伤残的为赔偿基数的8倍，六级伤残的为赔偿基数的6倍，七级伤残的为赔偿基数的4倍，八级伤残的为赔偿基数的3倍，九级伤残的为赔偿基数的2倍，十级伤残的为赔偿基数的1倍。

5) 死亡受到事故伤害或患职业病造成死亡的，按赔偿基数的10倍支付一次性赔偿金。

6) 赔偿基数，是指单位所在地工伤保险统筹地区上年度职工年平均工资。

(7) 其他情形

1) 伤残津贴、供养亲属抚恤金、生活护理费由统筹地区劳动保障行政部门根据职工平均工资和生活费用变化等情况适时调整。调整办法由省、自治区、直辖市人民政府规定。

2) 职工因工外出期间发生事故或者在抢险救灾中下落不明的，从事故发生当月起3个月内照发工资，从第4个月起停发工资，由工伤保险基金向其供养亲属按月支付供养亲属抚恤金。生活有困难的，可以预支一次性工亡补助金的50%。职工被人民法院宣告死亡的,按照工伤保险条例第三十七条职工因工死亡的规定处理。

3)工伤职工有下列情形之一的,停止享受工伤保险待遇:
① 丧失享受待遇条件的;
② 拒不接受劳动能力鉴定的;
③ 拒绝治疗的;
④ 被判刑正在收监执行的。

4)用人单位分立、合并、转让的,承继单位应当承担原用人单位的工伤保险责任;原用人单位已经参加工伤保险的,承继单位应当到当地经办机构办理工伤保险变更登记。

5)用人单位实行承包经营的,工伤保险责任由职工劳动关系所在单位承担。

6)职工被借调期间受到工伤事故伤害的,由原用人单位承担工伤保险责任,但原用人单位与借调单位可以约定补偿办法。

7)企业破产的,在破产清算时优先拨付依法应由单位支付的工伤保险待遇费用。

8)职工被派遣出境工作,依据前往国家或者地区的法律应当参加当地工伤保险的,参加当地工伤保险的,其国内工伤保险关系中止;不能参加当地工伤保险的,其国内工伤保险关系不中止。

9)职工再次发生工伤,根据规定应当享受伤残津贴的,按照新认定的伤残等级享受伤残津贴待遇。

10)本人工资是指工伤职工因工作遭受事故伤害或者患职业病前12个月平均月缴费工资。本人工资高于统筹地区职工平均工资300%的,按照统筹地区职工平均工资的300%计算;本人工资低于统筹地区职工平均工资60%的,按照统筹地区职工平均工资的60%计算。

3. 工伤及伤亡保险事项的处理

(1) 工伤认定申请主体

1)用人单位申请工伤认定:当职工发生事故伤害或者按照职业病防治法规定被诊断、鉴定为职业病的场合,用人单位应当依法申请工伤认定,此系其法定义务。

2)受伤害职工或者其直系亲属、工会组织申请工伤认定:在用人单位未在规定的期限内提出工伤认定申请的场合,受伤害职工或者其直系亲属、工会组织可直接依法申请工伤认定。据此,此种申请必须满足一个前提条件,那就是用人单位未在规定的期限内提出工伤认定申请。而非职工一发生事故伤害或者一按职业病防治法规定被诊断、鉴定为职业病时就可以由受伤害职工或者其直系亲属、工会组织直接申请工伤认定。此种场合的直接申请工伤认定就受伤害职工或者其直系亲属来说,是其民事权利而非义务。同时,法律授权工会组织也享有工伤认定申请权,以维护受伤害职工的合法权益。

(2) 工伤认定管辖

1)劳动保障行政部门。具体地说,应当向统筹地区劳动保障行政部门提出工伤认定申请。

2)依规定应向省级劳动保障行政部门提出工伤认定申请的,根据属地原则应向用人单位所在地设区的市级劳动保障行政部门提出。

（3）工伤认定申请时限

1）用人单位申请工伤认定时限：30日，自事故伤害发生之日或者被诊断、鉴定为职业病之日起算。遇有特殊情况，经报劳动保障行政部门同意，申请时限可以适当延长。至于何为"特殊情况"及何为"适当延长"由劳动保障行政部门酌情认定、决断。上述期间内，用人单位未申请工伤认定的，受伤害职工或者其直系亲属、工会组织申请工伤认定始得直接申请工伤认定。

2）受伤害职工或者其直系亲属、工会组织申请工伤认定时限：1年，自事故伤害发生之日或者被诊断、鉴定为职业病之日起算。

（4）工伤认定材料提交

1）填写由劳动保障部统一制定的《工伤认定申请表》。

2）劳动合同文本复印件或其他建立劳动关系的有效证明。

3）医疗机构出具的受伤后诊断证明书或者职业病诊断证明书（或者职业病诊断鉴定书）。

申请人提供材料不完整的，劳动保障行政部门应当当场或者在15个工作日内以书面形式一次性告知工伤认定申请人需要补正的全部材料。

（5）受理或不予受理

1）受理条件

① 申请材料完整；

② 属于劳动保障行政部门管辖；

③ 受理时效尚未经过；

④ 申请主体适格。

上述四个条件须同时满足，否则，申请将不会被受理。劳动保障部门受理的，应当书面告知申请人并说明理由。

2）不予受理：应当书面告知申请人并说明理由。

（6）证据的调查核实

1）劳动保障部门根据需要可以对提供的证据进行调查核实。

2）劳动保障部门调查核实，应由两名以上人员共同进行，并出示执行公务的证件。

3）调查核实时，依法行使职权并履行法定保密义务。

4）根据工作需要，委托其他统筹地区的劳动保障行政部门或相关部门进行调查核实。

（7）举证责任

1）原则上，适用谁主张，谁举证。否则，承担举证不能的不利后果。

2）职工或者其直系亲属认为是工伤，用人单位不认为是工伤的情况下，由该用人单位承担举证责任。用人单位拒不举证的，劳动保障行政部门可以根据受伤害职工提供的证据依法做出工伤认定结论。

（8）工伤认定决定

1）认定决定包括工伤或视同工伤的认定决定和不属于工伤或不视同工伤的认定决定。

2）劳动保障行政部门应当自受理工伤认定申请之日起60日内作出工伤认定决定。

3）工伤认定决定应当依法载明必记事项。

4) 工伤认定决定应加盖劳动保障行政部门工伤认定专用印章。

（9）送达与抄送

1) 劳动保障行政部门应当自工伤认定决定做出之日起 20 个工作日内，将工伤认定决定送达工伤认定申请人以及受伤害职工（或其直系亲属）和用人单位，并抄送社会保险经办机构。

2) 工伤认定法律文书的送达按照《民事诉讼法》有关送达的规定执行。

（10）复议或诉讼

职工或者其直系亲属、用人单位对不予受理决定不服或者对工伤认定决定不服的，可以依法申请行政复议或者提起行政诉讼。

十三、劳务资料管理

（一）收集、整理劳务管理资料

1. 劳务管理资料的种类与内容

（1）总承包企业管理资料和基本内容

1）劳务分包合同

① 劳务分包合同应当由双方企业法定代表人或授权委托人签字并加盖企业公章，不得使用分公司、项目经理部印章；

② 劳务分包合同不得包括大型机械、周转性材料租赁和主要材料采购内容；

③ 发包人、承包人约定劳务分包合同价款计算方式时，不得采用"暂估价"方式约定合同总价。

2）中标通知书和新队伍引进考核表

项目部劳务员必须按照下述规定，保存好中标通知书和新队伍引进考核表备查：

① 单项工程劳务合同估算价 50 万以上的须进行招投标选择队伍；

② 新劳务企业、作业队伍引进须进行项目推荐、公司考察、综合评价和集团公司审批手续。

3）劳务费结算台账和支付凭证

劳务费结算台账和支付凭证是反映总承包方是否按规定及时结算和支付分包方劳务费的依据，也是检查分包企业劳务作业人员能否按时发放工资的依据：

① 承包人完成劳务分包合同约定的劳务作业内容后，发包人应当在 3 日内组织承包人对劳务作业进行验收；验收合格后，承包人应当及时向发包人递交书面结算资料，发包人应当自收到结算资料之日起 28 日内完成审核并书面答复承包人；逾期不答复的，视为发包人同意承包人提交的结算资料；双方的结算程序完成后，发包人应当自结算完成之日 28 日内支付全部结算价款；

② 发包人、承包人就同一劳务作业内容另行订立的劳务分包合同与经备案的劳务分包合同实质性内容不一致的，应当以备案的劳务分包合同作为结算劳务分包合同价款的依据。

4）人员增减台账

项目部劳务管理人员根据分包企业现场实际人员变动情况登记造册，是保证进入现场分包人员接受安全教育、持证上岗、合法用工的基础管理工作，必须每日完成人员动态管理，建安施工企业、项目经理部应当按照"八统一"标准做好施工人员实名管理。

5）农民工夜校资料

总承包单位必须建立"农民工夜校"，将农民工教育培训工作纳入企业教育管理体系，其管理资料有：
  ①"农民工夜校"组织机构及人员名单；
  ②"农民工夜校"管理制度；
  ③农民工教育师资队伍名录及证书、证明；
  ④"农民工夜校"培训记录。
  6）日常检查记录
  ①项目部劳务员对分包方进场人员日常检查记录，是判定分包方该项目实际使用人员与非实际使用人员的重要资料。
  ②各项目经理部日常用工检查制度和劳务例会记录。
  7）劳务作业队伍考评表
  ①《劳务作业队伍考评表》；
  ②对作业队伍相关月度检查、季度考核、年度评价，分级评价的相关资料及报表。
  8）突发事件应急预案
  ①项目部突发事件应急预案；
  ②定期检测、评估、监控及相应措施的资料记录。
  9）总承包企业和二级公司管理文件汇编。
  10）劳务员岗位证书。
  11）行业和企业对劳务企业和施工作业队的综合评价资料。
  (2) 分包企业管理资料和基本内容
  1）劳务作业人员花名册和身份证明
  ①劳务分包企业提供的进入施工现场人员花名册，是总承包单位掌控进场作业人员自然情况的重要材料。花名册必须包含姓名、籍贯、年龄、身份证号码、岗位证书编号、工种等重要信息。花名册也是总承包方在处理分包方劳务纠纷时识别是否参与发包工程施工作业的依据。因此，劳务员必须将分包企业人员花名册和身份证明作为重要文件收集保管；
  ②劳务分包企业提供的进入施工现场人员花名册，必须由分包企业审核盖章，必须由分包企业所属省建管处审核盖章，必须由当地建设主管部门审核盖章，必须与现场作业人员实名相符；
  ③《劳动合同法》第七条规定：用人单位自用工之日起即与劳动者建立劳动关系。用人单位应当建立职工名册备查。
  2）劳务作业人员劳动合同
  ①在处理大量的劳动纠纷过程中，分包企业是否与所使用农民工签订劳动合同，是解决纠纷的重要保障。凡是未与农民工签订劳动合同的纠纷，往往在工资分配、劳动时间、医疗保险、工伤死亡等方面难以有效辨别责任，也是纠纷激化的主要原因；
  ②《劳动合同法》第十条规定：建立劳动关系，应当订立书面劳动合同。已建立劳动关系，未同时订立书面劳动合同的，应当自用工之日起一个月内订立书面劳动合同；
  ③项目经理部监要督劳务企业与作业人员签订《劳动合同》。
  3）劳务作业人员工资表和考勤表
  ①劳务作业人员工资表和考勤表，是劳务分包企业进场作业人员实际发生作业行为

工资分配的证明,也是总承包单位协助劳务分包企业处理劳务纠纷的依据。因此,劳务作业人员工资表和考勤表应该作为劳务管理重要资料存档备查;

②《北京市建筑施工企业劳动用工和工资支付管理暂行规定》第十二条规定:建筑施工企业应当对劳动者出勤情况进行记录,作为发放工资的依据,并按照工资支付周期编制工资支付表,不得伪造、变造、隐匿、销毁出勤记录和工资支付表。

4) 施工作业人员岗位技能证书

5) 施工队长备案手册

劳务企业在承揽劳务分包工程时,应当向劳务发包企业提供《建筑业企业档案管理手册》,《手册》中应当包括拟承担该劳务分包工程施工队长的有关信息。劳务企业也可自愿到建设行政主管部门领取《建筑业企业劳务施工队长证书》。劳务发包企业不得允许《手册》中未记录的劳务企业施工队长进场施工。

6) 劳务分包合同及劳务作业人员备案证明

① 劳务分包合同备案证和劳务作业人员备案证是建设行政主管部门和总承包企业对总承包单位发包分包工程及进场作业人员的管理证明,凡是未办理合同备案和人员备案的分包工程及人员,均属违法分包和非法用工;

② 发包人应当在劳务分包合同订立后7日内,到建设行政主管部门办理劳务分包合同及在京施工人员备案。

7) 劳务员岗位证书

劳务员岗位证书是总承包单位和劳务分包企业施工现场劳务管理岗位人员经培训上岗从事劳务管理工作的证明。各项目部必须按照建设行政主管部门和总承包企业要求设置专兼职劳务员,经培训持证上岗。

8) 行业和企业对劳务企业和施工作业队的信用评价资料

① 建筑行业劳务企业施工作业队伍信用评价等级名录;

② 行业协会颁发的'《建筑业施工作业队信用等级证书》。

2. 劳务管理资料日常收集、整理的要求

(1) 总承包企业各单位劳务管理部门是劳务档案资料的职能管理部门,应配备档案管理人员。

(2) 在劳务管理工作中形成的各项资料,应由档案人员按各类档案归档范围的要求做好日常的收集、整理、保管工作。

(3) 档案管理人员应按照年度档案要求进行整理在次年的5月底前根据归档计划,将上一年度档案资料按时存档。

(二) 编制劳务管理资料档案

1. 劳务管理资料档案的编制要求

(1) 劳务资料必须真实准确,与实际情况相符。资料尽量使用原件,为复印件时需注

明原件存放位置。

（2）劳务资料要保证字迹清晰、图样清晰，表格整洁，签字盖章手续完备，打印版的资料，签名栏须手签，照片采用照片档案相册管理，要求图像清晰，文字说明准确。

（3）归档的资料要求配有档案目录，档案资料必须真实、有效、完整。

（4）按照"一案一卷"的档案资料管理原则进行规范整理，按照形成规律和特点，区别不同价值，便于保管和利用。

2. 劳务管理资料档案的保管

（1）劳务管理资料档案最低保存年限：合同协议类8年，文件记录类8年，劳务费发放类8年，统计报表类5年。

（2）档案柜架摆放要科学和便于查找。要定期进行档案的清理核对工作，做到账物相符，对破损或变质的档案要及时进修补和复制。

（3）要定期对保管期限已满的档案进行鉴定，准确的判定档案的存毁。档案的鉴定工作，应在档案分管负责人的领导下，由相关业务人员组成鉴定小组，对确无保存价值的档案提出销毁意见，进行登记造册，经主管领导审批后销毁。

（4）档案管理人员要认真做好劳务档案的归档工作。劳务档案现代化管理应与企业信息化建设同步发展，列入办公自动化系统并同步进行，不断提高档案管理水平。

（5）档案资料使用统一规格的文件盒、文件夹进行管理保存。

主要参考文献

[1] 真金，赵阳，李赞祥. 建筑企业人力资源管理. 北京：北京理工大学出版社，2009.
[2] 全国一级建造师执业资格考试用书编写委员会. 建设工程项目管理. 北京：中国建筑工业出版社，2010.
[3] 建设部建筑市场管理司、重庆大学. 中国建筑劳务用工制度改革与创新论文集. 北京：中国建筑工业出版社，2006.
[4] 董克用. 人力资源管理概论. 北京：中国人民大学出版社，2004.
[5] 中国建筑业协会. 中国建筑业发展战略与产业政策研究报告. 北京：中国建筑工业出版社，2011.
[6] 吴涛，尤完等. 建筑工程专业一级注册建造师继续教育选修课教材. 北京：中国建筑工业出版社，2011.
[7] 吴涛，王彤宙，尤完等. 建筑劳务管理. 北京：中国建筑工业出版社，2012.
[8] 刘伊生，尤完等. 中小建筑企业经营管理者培训教材. 北京：中国建筑工业出版社，2009.
[9] 吴涛，王要武，尤完，贾宏俊等. 现代建筑企业管理. 北京：中国建筑工业出版社，2012.
[10] 全国一级建造师执业资格考试用书编写委员会. 建设工程经济. 北京：中国建筑工业出版社，2010.
[11] 韩世远. 合同法总论（第二版）. 北京：法律出版社，2008.
[12] 吴涛. 加强建筑劳务管理、完善企业用工制度、促进建筑业可持续发展［J］. 项目管理与建筑经理人，2011 年 11 期.
[13] 沈水生. 农民式劳动保障权益维护. 北京：中国劳动社会保障出版社，2011.
[14] 建设部. 建筑业企业资质管理规定. 北京：中国建筑工业出版社，2008.
[15] 翟玉娟. 工伤事故认定与赔偿指南. 北京：中国法制出版社，2012.
[16] 安鸿章，孙义敏. 定员定额培训教程. 北京：中国劳动社会保障出版社，2007.
[17] 袁义海等. 工作分析与劳动定额. 北京：机械工业出版社，2011.
[18] 郝永池. 建设工程招标与合同管理. 北京：北京理工大学出版社，2011.
[19] 唐广庆. 工程项目招标投标与合同管理实践. 北京：机械工业出版社，2010.
[20] 岳宗福，张彦丽. 社会保险法实用问答及应用指南. 北京：法律出版社，2011.
[21] 林义. 社会保险（第 3 版）. 北京：中国金融出版社，2010.
[22] 路焕新，李科蕾. 劳动法概论与实务. 天津：天津大学出版社，2010.
[23] 王桦宇. 劳动合同法实务操作与案例精解. 北京：中国法制出版社，2012.
[24] 剧宇宏. 劳动与社会保障法实务. 北京：中国法制出版社，2012.